ARMAZÉM LITERÁRIO

JOSÉ PAULO PAES

Armazém literário
Ensaios

Organização e apresentação de
Vilma Arêas

COMPANHIA DAS LETRAS

Copyright © 2008 by Dorothea Costa Paes da Silva

Capa
warrakloureiro

Foto de capa
Éder Chiodetto/Folha Imagem

Preparação
Carlos Alberto Bárbaro

Índice onomástico
Luciano Marchiori

Revisão
Maria Sylvia Corrêa
Agnaldo de Oliveira

Dados Internacionais de Catalogação na Publicação (CIP)
(Câmara Brasileira do Livro, SP, Brasil)

Paes, José Paulo
  Armazém literário : ensaios / José Paulo Paes; organização
e apresentação de Vilma Arêas. – São Paulo : Companhia
das Letras, 2008.

  Bibliografia.
  ISBN 978-85-359-1339-2

  1. Crítica literária 2. Ensaios brasileiros I. Título.

08-09963   CDD-869.94

Índice para catálogo sistemático:
1. Ensaios : Literatura brasileira 869.94

[2008]
Todos os direitos desta edição reservados à
EDITORA SCHWARCZ LTDA.
Rua Bandeira Paulista 702 cj. 32
04532-002 — São Paulo — SP
Telefone: (11) 3707-3500
Fax: (11) 3707-3501
www.companhiadasletras.com.br

Sumário

Apresentação — Vilma Arêas 7

Um aprendiz de morto 17
Ainda Machado de Assis... 44
O pobre-diabo no romance brasileiro........................ 50
O *art nouveau* na literatura brasileira....................... 75
Uma microscopia do monstruoso 96
Para uma pedagogia da metáfora 105
O poeta/profeta da bagunça transcendente 128
Revisitação de Jorge de Lima............................... 138
O régio saltimbanco 144
Erudito em grafito... 150
A tradução literária no Brasil.............................. 153
Bandeira tradutor ou o esquizofrênico incompleto 182
Sobre um poema não canônico de Kaváfis 197
O falsário verdadeiro....................................... 206
Sobre as ilustrações d'*O Ateneu*............................ 217
Frankenstein e o tigre 236
Epopéia e miséria humana................................. 245
O escritor que fugia de si mesmo 253
Pinguelos em guerra no mato e na maloca 260
Cinco livros do modernismo brasileiro..................... 271
O surrealismo na literatura brasileira 304
O amigo dos bilhetes....................................... 322
Por direito de conquista 328

Notas... 339
Fontes 361
Índice onomástico... 363

Apresentação

O armazém literário de José Paulo Paes
Vilma Arêas

Escrituras sagradas (como notou são Gregório) são os almazens *de Deus.*

António Vieira

Esta introdução tropeça de saída na dificuldade de selecionar o que seria mais representativo no variado espectro da ensaística de José Paulo Paes. Qualquer que seja o critério da seleção, algo sempre ficará faltando.

Além disso, se já é difícil estabilizar o conceito de ensaio, não será menor a dificuldade de dar conta da complexidade do escritor, a partir das frentes em que militou desde a juventude: edição e criação poética, tradução, magistério e ensaística — só para ficarmos com o aspecto intelectual em sentido estrito. Assim, concluímos que Paes habita um entrelugar, inclusive quanto à universidade, pois embora dela não fizesse parte chegou a dar aulas de tradução na UNICAMP — muito bem-sucedidas — e colaborou no Instituto de Estudos Avançados da USP. Esta introdução tentará ser fiel a tão fecundo desempenho.

Alexandre Eulalio pesquisou o histórico do ensaio brasileiro desde suas origens, num estudo longo e premiado.[1] Encontrou no antigo sentido de *armazém*, originário do *almazen* arábico, a tradução perfeita do *magazine* britânico. Ambos tinham a mesma pretensão à multiplicidade, num momento em que a literatura ainda possuía o sentido genérico de saber, não o específico de belas-letras. Quanto ao redator, sua formação, cultivo e bom gosto "não o faziam um só instante perder de vista o ideal letrado da prosa tersa e clara, na qual expunha os seus pontos de vista".

No interior dessa origem instável, o ensaio faz-se gênero poroso e movediço, "uma península estética de maré muito variável", podendo compreender tanto a erudição quanto "o apontamento ligeiro do *fait divers*", indo da discussão estética da literatura à crônica e incorporando máximas e provérbios. À semelhança de outros gêneros em prosa, não se define pelo tamanho e pode incluir tanto composições longas quanto peças curtas e ligeiras.

Assim também o compreende José Paulo Paes, quando discute o sentido do gênero na "Nota liminar" que introduz *O lugar do outro*,[2] em que defende a equivalência entre artigo e ensaio, nega o caráter exaustivo ou erudito atribuído ao segundo, reafirma o cunho circunstancial de ambos e lembra ao leitor "ser o ensaio um gênero tão flexível quanto o conto".

Além dessa concordância inicial, podemos garimpar na definição de Alexandre Eulalio outros pontos relacionados com a atividade intelectual de José Paulo Paes: a multiplicidade dos temas tratados — requisito da produção contínua na imprensa —, ao lado do ideal de clareza, acrescentando-se o sentido de formação propiciado pela arte, por sua vez resultado de dedicação e trabalho incansáveis. A importância da arte na educação talvez seja o próprio fundamento do ensaio de Paes, pois é reiterativa nele a noção da literatura enquanto veículo de cultura, indispensável para a formação do leitor comum, ou daquele afastado das línguas menos conhecidas por nós. E era para nós que escrevia, nós, parte de uma "tribo", conforme costumava dizer.

Desse ponto de vista, esse ensaísmo de colaboração jornalística, romanticamente imbuído do sentido de missão, cumpre de modo cabal o propósito do autor, que procurou elaborar assuntos e textos de modo a não afugentar da cultura os que não tiveram ocasião de cultivar-se. E se ninguém discorda que em nosso país é muito maior o número de pessoas que lêem jornais do que livros, a meta não parecia absurda.

Na "Nota liminar" a *Os perigos da poesia*,[3] José Paulo escreve: "[os ensaios] buscam servir ao leitor não sofisticado, capaz ainda de encontrar, numa resenha de jornal, instigação para ir em busca de um determinado livro ou alguma sugestão que lhe possa enriquecer a leitura dele".

Que tal escolha pudesse significar um limite era um risco conscientemente admitido pelo autor. Digamos que Paes buscou sempre uma espécie de equilíbrio crítico, segundo seu próprio entendimento: "Se a indignada recusa dos produtos da indústria cultural configura hoje um caso de anacronismo de espírito, ao entusiasmo que por eles afetam muitos *eggheads* subjaz um inegável complexo de inferioridade. Evidentemente, é entre a recusa e o entusiasmo que corre a estrada da compreensão crítica".[4]

O trilhar desse caminho, ao lado da precoce fascinação literária, irão temperar o veio crítico de José Paulo ("Tudo o que não é literatura me aborrece", diz Kafka numa epígrafe). Confiante nesses pontos de apoio, ele contorna as armadilhas do didatismo banal ou da militância quando confundidos com a produção estética. São muitos os textos em que acusa o desastre do ensino convencional da literatura, principalmente o da poesia. "Os autores de compêndios para o ensino da língua portuguesa", afirma, "tinham um faro infalível para escolher sempre o pior, o mais chato e o mais convencional em matéria de versos."[5]

9

Acertadamente sem fazer diferença substancial entre poesia para crianças e para adultos, pois que envolvem as mesmas dificuldades, Paes procura explorar mais decisivamente, e com prazer evidente,[6] o aspecto lúdico da linguagem, a que a criança é sobretudo sensível, "evitando o pior de seus inimigos, o intuito moralizante ou didático".[7] Evoca a própria experiência para exemplificar tal equívoco: "Só no começo da adolescência foi que me livrei dessa falsa idéia de ser a poesia um tipo de linguagem enfeitada, obrigatoriamente rimada e metrificada, que nada tinha a ver com as coisas da realidade e que só servia para aborrecer a paciência dos alunos ou ser recitada, mão espalmada no peito, nas festas cívicas".[8]

Na mesma linha, resenhando a antologia de suposta poesia operária *Ouve meu grito*,[9] suspeita do valor literário do material reunido com vistas a servir de "fonte documentária no contexto de uma pesquisa sobre o operariado",[10] na medida em que na obra examinada parece não haver limites entre as esferas contíguas, mas não inteiramente coincidentes, da história e da literatura.

Acho que a longa atividade de tradutor de José Paulo Paes também faz parte desse empenho formativo, pois entende a tradução literária próxima do ensaísmo, já que ambos são também criações de segundo grau, passando a boa tradução a fazer parte das obras originais.

Certa vez Paes declarou que nunca conseguira escrever ficção, embora o tenha tentado. No entanto, em alguns momentos, sob o nível da análise ou da avaliação crítica dos textos, o ensaio é armado com algo do movimento envolvente da narrativa, com detalhes e alusões que informam e despertam o interesse, ligados a uma espécie de *fait divers*, minudências literárias tão exploradas também por Brito Broca. Todos esses aspectos deixam entrever um narrador próximo do leitor, abordando assuntos maiores e menores com desenvoltura, talvez herdeiro em alguns momentos e com as devidas ressalvas, da compreensão do ensaio em suas tendências extremas, próximo da quase ficção ou da quase política,[11] em obediência às injunções da forma aberta que é.

Esta antologia procura, na medida do possível, recobrir o leque variado e desigual de temas que José Paulo Paes abordou, seu interesse sem preconceitos por textos consagrados e por folhetins, por Machado de Assis e Frankestein, sambas de Adoniran Barbosa e os neogregos, comerciais de televisão e surrealismo brasileiro — só para mencionar alguns itens de *Gregos e baianos*,[12] título genialmente sugerido por Alfredo Bosi para batizar o volume talvez mais instigante que Paes publicou. Essa variedade de temas e de execução não deixa de espelhar os espaços fragmentados que ocupa hoje a literatura.

Diante disso escolhi não respeitar a cronologia e, para facilitar a leitura, organizei os textos tematicamente, segundo tratassem de tradução, narrativa ou poesia, sem forçar distâncias entre ensaios de exigência crítica variada, às vezes opondo-os para sublinhar o contraste, como nos dois estudos sobre Machado que abrem o volume. No conjunto incluí "Epopéia e miséria humana", publicado originalmente em *O lugar do outro*, por perceber a inequívoca admiração do autor por Simone Weil, notável antes de tudo por sua dimensão humana. Assim, o leitor poderá vagar pelas páginas, aceitando o aristotélico convite de quem "ensina passeando", e tomar este ou aquele atalho segundo a inspiração do momento.

As resenhas mais circunstanciais ou as observações ligeiras de livros recém-publicados quase não foram incluídas, porque acho que seu interesse informativo esgota-se no jornal.

O último texto pertence ao conjunto que José Paulo chamou de "Circunstancialidades", em *O lugar do outro*. Trata-se de uma espécie de depoimento, ensaio subjetivo ou canto menor de louvação a São Paulo, em que o escritor narra o modo segundo o qual conseguiu abrir espaço e aperfeiçoar estratégias para ficar mais perto da literatura, ilustrando-se ao compasso do desenvolvimento cultural da cidade. Não por acaso encontramos a referência a Mário de Andrade, autor sempre presente nestes textos.

Concluindo, volto ao início e a algumas observações gerais, por isso mesmo precárias, mas que tentam se aproximar do lugar que José Paulo Paes ocupa no campo da ensaística literária brasileira. A menor tentativa de encaixe encontra uma gama de diferenças, a mais importante entre a produção universitária, com sua fundamentação e medida dos valores (aliás, negados por tendências ditas pós-modernas), e o autodidatismo, que pode correr o risco do ecletismo e da ilusão de originalidade. Por seu turno, a produção jornalística também não é menos diferenciada, entre a informação sumária dos últimos livros publicados e as análises nos suplementos, ou jornalismo de ensaio, que ganhou importância no século XIX e hoje não se sabe bem para onde irá. Não podemos também omitir a tensão entre os ocupantes desses *lugares*, o que às vezes emperra um pouco as coisas e faz esquecer que a complementaridade não pode ser descartada.

Retomo uma vez mais o ensaio de Alexandre Eulalio: nos primeiros tempos o ensaísmo "toma a forma obrigatória de colaboração para a imprensa". Mas embora sinônimos imperfeitos, "articulismo e ensaísmo são obrigados a coincidir de todo nas condições culturais do Brasil".[13] Isso significa que esses campos são porosos e minados, não podendo ser isolados em tubos (de ensaio, claro). Basta-nos pensar no prejuízo para os estudos literários trazido pelo desprestígio da leitura lenta, substituída pelo *fast reading*, além do contato prolongado com o texto literário, sempre presente no autodidatismo, ser hoje preterido a favor da teoria e das especializações da academia, que vem pouco a pouco se desenvolvendo segundo o modelo empresarial, transformando professores em meros burocratas. Desta vez será uma ilusão elevada ao quadrado: a do cientificismo, que na melhor das hipóteses se resume na aplicação dos métodos de outras ciências no que se supõe seja a ciência da literatura, além da crença no alto alcance da suposta técnica burocrática.

Paes é um "verdadeiro homem de letras", conforme anota Davi Arrigucci Jr., "reconhecido como tradutor, crítico e ensaísta";[14] faz parte do grupo de intelectuais autodidatas, de longa e fecunda tradição entre nós, inclusive pela tardia fundação de nossas universidades (nomeio apenas Brito Broca e Fausto Cunha, citados por Paes). Não é difícil perceber que se sentia alinhado junto a estes.

De qualquer modo, conforme já foi observado, Paes tem um pé dentro e outro fora da universidade, posição que acumula também prós e contras. Não recebeu a proteção institucional, o que o fez perder tempo batalhando pela vida, progredindo "aos trancos e barrancos, errando e corrigindo os erros à medida que a experiência me ensinava a detectá-los";[15] por outro lado pôde manter-se longe da política universitária, das tarefas burocráticas e outras atividades que nos dias de hoje envenenam o trabalho acadêmico em seus aspectos teórico e prático. Talvez por isso ele tenha tido condições de definir com severidade a própria medida, atitude quase impossível de ser encontrada entre os acadêmicos.

O resultado é que ninguém parece conhecer mais ou falar melhor de José Paulo Paes do que ele mesmo, com poucas fantasias e poucas ilusões a respeito do próprio trabalho. Considera-se "um animal pedestre" e não se julga "com asas" para a teorização. Por isso sempre inicia a análise por um texto específico, que submete a uma leitura minuciosa, lápis na mão para fazer anotações à margem. Em seguida virá a ordenação de fichas temáticas, que serão ou não desenvolvidas, mas que de qualquer maneira acabarão "ressoando entre si, suscitando novas idéias, num processo quase endogâmico de crescimento e organização do pensamento". A leitura demorada das fichas suscitará os nexos que definirão o plano do ensaio.[16]

Como vemos, a descrição define antes um método de abordagem, aliás necessário, do que conceitos sistemáticos, sublinhando o "paciente artesanato", por sua vez imprescindível à boa proporção do livre comentário estético.

No entanto, essa excessiva severidade da auto-análise é exercida pelo escritor com um grão de sal, que a ela tempera, segundo a ironia ou a sátira em que se estriba grande parte de sua poesia. É o que podemos observar na piscadela de olho que nos dirige em "Epitáfio":

poeta menormenormenormenormenor
menormenormenormenormenor enorme

A oposição dos vocábulos antônimos corrige de forma zombeteira o excesso com que o poeta por meio deles se autodefine, passando dos extremos para o meio-termo, movimento que justamente traduz o sentido da ironia na tragédia grega.[17] Talvez o tom baixo sempre observado nos textos de Paes derive dessa compreensão da ironia, o que lhes confere uma dimensão mais oblíqua e provocativa.

Em outras palavras: talvez no curto-circuito do epigrama, tão bem estudado pelos críticos, se encontre o ponto de fusão das antinomias do poeta e do crítico, conduzindo-as ao desejado ponto de equilíbrio entre o caráter instantâneo da iluminação poética e as hesitações do ensaiador enquanto testa a resistência de seus materiais. Se esse artesanato é incontornável no trabalho do historiador, segundo observa Carlo Ginzburg,[18] também define as artes e os outros domínios que ao desempenho mecânico opõem o ensaio.

ARMAZÉM LITERÁRIO

Um aprendiz de morto

OCASO?

Do *Memorial de Aires* se pode dizer, sem temor de impropriedade, aquilo que seu pretenso editor disse um dia dos olhos das ciganas: é livro oblíquo e dissimulado. A dissimulação já começa no título, que parece prometer uma espécie de autobiografia do conselheiro Aires, no estilo da de Brás Cubas ou de Bentinho, vale dizer: a autobiografia de alguém que *Esaú e Jacó* nos antecipara como um fino observador da comédia humana, homem viajado e vivido, com muito de si para contar, se quisesse. No entanto, o que o *Memorial* nos traz, em primeiro plano, é a história algo dessaborida do casal Aguiar e de seus filhos postiços, narrada por interposta pessoa numa linguagem que, comparada à das *Memórias póstumas*, do *Quincas Borba* ou de *Dom Casmurro*, só se pode chamar de descolorida,[1] de vez que o paralelo com esses livros só faz realçar-lhe a palidez de tintas.

Nos romances da sua chamada "segunda fase", Machado desenvolveu uma arte narrativa muito característica. Arte de quem, leitor constante de Sterne e De Maistre, compraz-se no paradoxo

— tanto ao nível de artifício retórico quanto de visão do mundo —, dele se valendo para pôr habilmente em destaque os aspectos contraditórios da natureza humana. Daí a atração do romancista pelas personagens que, num ou noutro particular, escapem à normalidade, seja por excêntricas ou marginais em relação à norma éticosocial, seja por declaradamente psicóticas. Que haverá, porém, no *Memorial* que mereça o nome de excêntrico? Seus protagonistas são gente comum, cujos conflitos envolvem sentimentos e valores morais que nada têm de turvos ou de aberrantes, confinando-se antes, prudentemente, aos limites do convencional. Diante disso, poderá talvez passar pela cabeça do leitor mais apressado, sem paciência de ler nas entrelinhas ou gosto de demorar-se nas obliqüidades machadianas, a suspeita de que o *Memorial* assinalaria o ocaso da carreira do romancista, seu inevitável momento de decadência.

A suspeita é infundada, mas cumpre, ao refutá-la, evitar o extremo de ver, nesse livro crepuscular, um ápice ou *gran finale*. O que a prudência aconselha é mostrar apenas que, malgrado as aparências, o *Memorial* não destoa dos romances anteriores do autor nem lhes desvia o curso.[2] Prolonga-lhes a diretriz básica, mas com um comedimento que chega à dissimulação. Tem algo de *tour de force* às avessas: em vez de aliciar o leitor com a mestria ostensiva de sua fatura, diverte-se em confundi-lo com o descolorido de sua mestria oculta.

DESCOBRIR E ENCOBRIR

A ocultação é, aliás, um pendor de espírito que calha à personalidade do autor do livro, cujos trinta e tantos anos de carreira diplomática deixaram-lhe na alma o "calo do ofício". A despeito de sua aparente "falta de vocação", que o teria levado ao exercício de uma diplomacia apenas "decorativa", mais acomodada "às melodias de sala ou de gabinete" que à celebração de importantes "tratados de comércio" ou "alianças de guerra", o conselheiro — conforme diz o Machado ortônimo desse seu dileto heterônimo — fora "diplomata excelente", com aguçada "vocação de descobrir e encobrir", "verbos parentes" em que se contém "toda a diplomacia". Pois são precisamente esses dois verbos que presidem a estilística do *Memorial*, onde o explícito só serve como indício do implícito e o encobrimento diplomático quase leva o leitor a esquecer o fato essencial de o livro ser mesmo, no fim das contas, um diário que, por indiretas vias, nos diz tanto acerca de quem o escreve como daqueles a quem descreve.

Desde *Esaú e Jacó* sabia-se que o conselheiro deixaria após a morte, como seu legado principal, sete cadernos manuscritos, em seis dos quais falava mais de si que dos outros; no sétimo, por ele mesmo chamado *Último*, fazia exatamente o contrário. Desses sete cadernos, houve por bem M. de A. (iniciais com que Machado assina, como uma espécie de editor, a "Advertência" do *Memorial*, e que curiosamente são as mesmas do título do livro) só imprimir o *Último*, aquele em que o conselheiro menos falava de si. A justificativa era a de ser esta parte a única capaz de, "decotada de algumas circunstâncias, anedotas, descrições e reflexões", dar "uma narração seguida", virtude que, para um romancista de profissão, certamente sobrelevaria quaisquer outras. Entretanto, a intervenção do editor parece ter-se limitado aos cortes; em nada mais interviria ele no manuscrito do conselheiro, conservando-lhe inclusive a forma de diário, de anotações soltas encimadas por datas e ordenadas cronologicamente.

UM "TUDO" DIPLOMÁTICO

O diário é, por tradição, um gênero confessional de literatura: dele se espera que, a sós com o papel, o autor nos desnude sua alma, pondo por escrito, de forma mais ou menos clara e ordenada, o mundo nebuloso de suas vivências. É o que supostamente se propõe a fazer o conselheiro no *Memorial* quando, dialogando com o papel, chama-lhe "amigo a quem digo tudo o que penso e tudo o que não penso". Veja-se, porém, que esse "tudo" tem de ser tomado *cum grano salis*. Não é o tudo confessional do memorialista de praxe, mas o tudo reticencioso de um ex-diplomata a quem o vezo da profissão sempre levou a guiar "a conversação de modo que mais ouvisse do que falasse", ainda quando a conversação fosse consigo próprio, a ponto de repreender-se nos raros momentos em que, nas suas anotações, solta um pouco a língua: "emenda essa língua, velho diplomata". Desconfia o conselheiro das primeiras impressões, pelo que, em vez de registrar em seguida suas reações diante de acontecimentos de que seja partícipe ou testemunha, prefere esperar que o tempo se encarregue de deixar-lhe na memória só "o que valer a pena guardar". Mesmo quando relata palavras alheias, exclui o acessório em benefício do essencial, como o faz com a história do casal Aguiar que lhe é contada pelo desembargador Campos:

> Eia, resumamos hoje o que ouvi ao desembargador em Petrópolis acerca do casal Aguiar. Não ponho os incidentes, nem as anedotas soltas, e até excluo os adjetivos que tinham mais interesse na boca dele do que lhes poderia dar a minha pena; vão só os precisos à compreensão de coisas e pessoas.[3]

Noutro passo, em que transcreve um adjetivo enfático do mesmo desembargador, acrescenta-lhe um reparo: "eu não amo a ênfase". Esse desamor à ênfase leva-o naturalmente ao gosto da concisão[4] (várias vezes se repete no texto do *Memorial* o verso "resumir" que abre a transcrição acima) e ao desgosto das efusões sentimentais:

Relendo o que escrevi ontem, descubro que podia ser ainda mais resumido, e principalmente não lhe pôr tantas lágrimas. Não gosto delas, nem sei se as verti algum dia, salvo por mama, em menino; mas lá vão.

É bem de ver, entretanto, que o diário do conselheiro, embora não tenha feição abertamente confessional, refletindo antes, no seu comedimento, a índole prudente e reservada de quem o escreveu, funciona como instrumento de catarse na medida em que lhe permite satisfazer "o gosto e o costume de conversar", que "a índole e a vida" nele fizeram tão imperativos. Nas horas de solidão, amiudadas pela velhice, o diálogo com o papel torna-se um simulacro do convívio humano: "Acudo assim à necessidade de falar comigo, já que o não posso fazer com outros; é o meu mal". Isso explica por que o *Memorial*, em vez de tratar sobretudo da vida do seu autor, como de uso nos diários, ocupa-se mais da vida alheia: é dos outros, mais que de si mesmo, que o conselheiro vive. Testemunho particularmente significativo desse seu "mal" dão-nos dois capítulos de *Esaú e Jacó*. No capítulo XXXII, Aires, já aposentado, regressa em caráter definitivo para o Rio, onde vai reinstalar-se na sua velha casa do Catete; ali, "cansado de homens e de mulheres, de festas e de vigílias, resolve elaborar um programa de solidão cuja divisa é um salmo bíblico traduzido por Bernardes: "Alonguei-me fugindo e morei na soedade". Na "soedade", quebrada apenas pelo almoço das quintas-feiras em casa da mana Rita, porfia Aires em viver algum tempo:

> Às noites passeava pelas praias, ou pelas ruas do bairro. O mais do tempo era gasto em ler e reler, compor o *Memorial* ou rever o composto, para relembrar as coisas passadas.

Já no capítulo seguinte, intitulado "A solidão também cansa", vemo-lo aborrecer-se do isolamento que se impusera e padecer "sede de gente viva", sede que o leva de volta ao convívio social, indispensável a ele como o ar que respirava, única coisa capaz de "matar o tempo, o imortal tempo".

Essa "sede de gente viva", traço fundamental do caráter de Aires, justifica o paradoxo de o seu diário falar mais de outrem que dele próprio, o que não quer dizer que o *Memorial* não tenha a sua dose de confessionalismo. Só que é o confessionalismo típico de um diplomata: dissimulado, manifesta-se a espaços, o mais das vezes obliquamente. Os vislumbres que temos da alma do memorialista são-nos dados menos pelas observações que ele faz sobre si mesmo do que pela maneira como vê os atos alheios. Tal maneira de ver não se explicita no plano do significado ostensivo, mas tem de ser rastreada no que há de implícito no texto e a ele o leitor pode chegar através das pistas semeadas por Machado, balizas de um plano de significado subjacente assaz distanciado daquele convencionalismo que as personagens e os incidentes aparentemente banais do enredo ostentam. Mercê desse significado embuçado, entronca-se o *Memorial* na linhagem dos outros romances do autor, pintando a condição humana com aquele mesmo travo de ironia metafísica que, desde as *Memórias póstumas*, aprendêramos a estimar como o timbre machadiano por excelência.

ACORDE DE ABERTURA

A ação do *Memorial* começa a 9 de janeiro de 1888, data que assinala o primeiro aniversário da volta definitiva de Aires ao Brasil. Nessa data, recebe ele uma carta da mana Rita, pedindo-lhe que a acompanhe no outro dia ao cemitério, para uma visita ao túmulo da família, onde ela quer "dar graças" pelo regresso do irmão. Avesso a sentimentalidades de qualquer espécie (já o vimos desgostoso das lágrimas; em outra de suas anotações ele confessa "temer o poético e acaso o patético"),[5] Aires acede a contragosto ao pedido da irmã e vai ao cemitério.

Dessa visita nos dá ele em seu diário, com a data de 10 de janeiro, uma descrição mais ou menos detida, na qual afloram pistas de importância para a melhor compreensão do livro. Conta-nos, por exemplo, que, no dia do sepultamento do marido, Rita colocou-lhe dentro do caixão "um molho dos seus cabelos, então pretos, enquanto os mais deles ficaram a embranquecer cá fora", e que todos os meses manda lavar o jazigo da família, cuidado que a Aires parece excessivo:

> Ora, eu creio que um velho túmulo dá melhor impressão do ofício, se tem as negruras do tempo, que tudo consome.

Enquanto Rita ora, Aires corre os olhos pelo local e dois pormenores lhe ferem a atenção, tanto assim que os registra por escrito: a imobilidade geral do cemitério e, único contraste, os pássaros a esvoaçar:

> A impressão que me dava o total do cemitério é a que me deram sempre outros; tudo ali estava parado. Os gestos das figuras, anjos e outras, eram diversos, mas imóveis. Só alguns pássaros davam sinal de vida, buscando-se entre si e pousando nas ramagens, pipilando ou gorjeando. Os arbustos viviam calados, na verdura e nas flores.

É também nessa visita ao cemitério — episódio inicial do livro, espécie de acorde de abertura a encerrar em si, embrionariamente, as linhas-mestras de desenvolvimento do enredo — que Aires põe a atenção em Fidélia, ali em visita ao túmulo do marido, e a cuja beleza, conquanto aborreça a ênfase, aplica o superlativo dantesco de "gentilíssima". A propósito dela, trava-se uma discussão entre os dois irmãos. Rita, viúva perene, garante que Fidélia não se casará de novo. Ante a dúvida manifestada por Aires, desafia-o então a tentar casar-se com ela. Alegando o impedimento dos seus "sessenta e dois anos", Aires se furta ao desafio e acusa a irmã de querer arrastá-lo a uma "aposta de Deus e de Mefistófeles". Mais tarde, em casa, irá esclarecer a Rita, que "não tem cultura, mas tem finura", o significado da alusão goethiana lendo-lhe o prólogo do *Fausto*.

A entrada seguinte do *Memorial*, com a data de 12 de janeiro, completa a anterior com alguns dados essenciais que o memorialista diz ter-lhe esquecido dizer. O primeiro deles é que Aires, viúvo também, preferiu deixar a mulher enterrada em Viena a trazê-la para o jazigo da família no Rio, pois entende que "os mortos ficam bem onde caem". Rita observa-lhe que Fidélia não é da mesma opinião, tanto assim que fez transladar para São João Batista os restos do marido, morto em Lisboa. Outro esquecimento reparado pelo memorialista é a alusão feita por Rita, dois dias antes, à gente Aguiar, amiga de Fidélia. Esta, até então, fora designada no texto como a viúva Noronha e quando Aires vem a saber que tem por nome Fidélia, comenta logo: "O nome não basta para não casar".

O fato de o autor do *Memorial* colocar-lhe bem no pórtico essa cena de cemitério serve para advertir, quando mais não fosse, que se trata de um livro sobre mortos e vivos, dualidade (dir-se-ia talvez melhor: polaridade) que, desta ou daquela feição, vai reaparecer ao longo dele como um dos seus *leitmotive*. Importa ainda notar que os três protagonistas da cena são viúvos, isto é, vivos subordinados a mortos e simbolicamente vinculados ao mundo deles, que vêm visitar regularmente; só um novo casamento poderia romper esse vínculo. É aliás em torno desse rompimento que gira, implicitamente, a breve discussão dos dois irmãos sobre a possibilidade de a viúva Noronha voltar ou não a casar-se. Rita lhe atribui o mesmo propósito de fidelidade conjugal *post-mortem* em que se empenha há tantos anos, mas um pormenor registrado pelo memorialista dá bem a medida do preço de tal fidelidade: o molho de cabelos pretos guardados no caixão do falecido, enquanto os de cá fora ficam a embranquecer, são a dramática representação metonímica da imolação, no altar da viuvez, do direito à juventude, à vida, ao amor.

A escolha de pormenor de tanta ênfase visual; a idéia de que o tempo tudo deve consumir, tanto a brancura dos túmulos como o apego excessivo aos mortos, cujos restos não carecem de ser trazidos para junto de nosso culto inútil, mas ficam bem onde estão; a expectativa de que a viúva Noronha se volte a casar — eis algumas indicações de que Aires não participa da mística da viuvez. O seu registro da cena da visita ao cemitério deixa igualmente entrever que a mocidade de Fidélia não quadra ali tão bem quanto a velhice dos dois outros viúvos; é uma nota discordante de vida naquela imobilidade de morte, onde se diria ter-se o tempo congelado; ademais, não parece despropositado ver um nexo metafórico entre a viúva que, por bela e jovem, devia antes procurar o amor dos vivos que a saudade dos mortos, e os passarinhos que se buscam, amorosos, por entre as ramagens da necrópole.

Fica assim estabelecida, desde o início do *Memorial*, uma simetria[6] entre velhos e mortos (a idade aproxima aqueles destes: logo estarão entre eles), de par com uma oposição entre juventude-vida e velhice-morte.

NOMES, SOBRENOMES

Digno de nota é o conselheiro chamar a atenção do leitor para o nome de Fidélia, onde está como que engastada a obrigação de fidelidade ao marido morto e a proibição de um novo casamento. Mas a pista onomástica não pára aí: na anotação de 11 de fevereiro, ele estabelece uma possível relação entre esse nome e o título da ópera de Beethoven *Fidélio*. E vai mais longe, ligando o sobrenome de Fidélia, Santa-Pia, a uma personagem d'*A divina comédia*, de que cita um verso: "*Ricordati di me, chi son la Pia*". Detém-se, todavia, nesse ponto, como que deixando ao leitor o encargo de deslindar o restante. O verso citado é uma passagem do Canto V do Purgatório, a qual diz respeito a Pia del Guastelloni. Viúva, Pia casou-se de novo, mas o segundo marido, suspeitoso de ela manter uma ligação adúltera, mandou-a matar. Temos aqui associados, portanto, os motivos da viuvez, do segundo casamento e da traição. A vinculação do nome de Fidélia com o título da ópera quase homônima de Beethoven é ainda mais pertinente, de vez que a música aparece com freqüência nas páginas do *Memorial*. Tanto Fidélia quanto seu futuro segundo marido são bons pianistas e é ao piano que começa o romance entre ambos: ela, quando enviuvou, jurou nunca mais tocar, mas quebra a promessa certa noite em casa dos Aguiares quando Tristão, depois de ter tocado, insiste em que ela também toque; ao anotar o ocorrido, Aires não se esquece de acrescentar: "A música sempre foi uma das minhas inclinações, e [...] diria que é hoje uma das saudades". Tal como já acontecera com a referência onomástica a Pia del Guastelloni, também a menção à ópera de Beethoven é fugaz, sem quaisquer comentários. Entretanto, não se restringe a pertinência da menção à similitude de nomes; ela diz respeito, sobretudo, ao tema da fidelidade conjugal até e além da morte. Recordemos o libreto de *Fidélio ou o amor conjugal*:[7] Leonora, sabendo que o marido Florestan, dado como morto pelo diretor da prisão, Pizarro, está vivo e preso por não se sabe que crime político, disfarça-se de homem e, com o nome de Fidélio, consegue empregar-se como ajudante do carcereiro da prisão onde o marido se encontra. Pizarro, receoso da visita de inspeção de um ministro, resolve matar Florestan e ordena ao carcereiro que abra uma cova nos subterrâneos da prisão. Para estar junto do marido e poder consolá-lo, Leonora ajuda o carcereiro nessa tarefa e, no momento em que Pizarro vai matar Florestan, ela o detém, revólver em punho, conseguindo salvar a vida do condenado.

Estamos agora nos antípodas de Pia del Guastelloni, que falta com o dever de fidelidade ao primeiro marido casando-se de novo e acaba por morrer como traidora às mãos do segundo marido, enquanto Leonora-Fidélio mantém-se fiel ao esposo supostamente morto e sua lealdade pertinaz alcança salvá-lo do túmulo que o esperava. A onomástica de Fidélia revela-se, dessa forma, dúplice: a fidelidade engastada no primeiro nome é desmentida pela traição conotada pelo segundo. Além disso, uma outra alusão truncada do conselheiro reitera, em torno da figura da viúva Noronha, o tema da fidelidade até a morte. Na anotação de 14 de janeiro, em que registra informações sobre o primeiro casamento dela, o memorialista refere a inimizade entre as famílias dos "jovens namorados de Paraíba do Sul", ódio que a união dos dois, celebrada à revelia dos pais, ferrenhos inimigos políticos, não conseguiu dissipar. Natural que à pena letrada do conselheiro ocorresse logo a lembrança de Shakespeare e a menção a "Romeu e Julieta aqui no Rio". Mas aí se detém ela, nessa similitude de ódios familiares, deixando como que propositadamente de lado o essencial, o fato de a tragédia dos amantes de Verona ser um modelo de fidelidade e eles morrerem um por amor do outro.

Pode-se ver também uma recorrência do tema da traição no nome do segundo marido de Fidélia, Tristão, possivelmente inspirado (embora no livro nada se insinue a respeito, como se insinuara nos casos anteriores)[8] no *Tristão e Isolda*.[9] Mais uma pista musical, portanto. Na ópera de Wagner, Tristão conduz Isolda ao seu futuro marido, o rei Mark, mas, por artes de um filtro mágico, apaixona-se por ela durante a viagem e ela por ele. O rei os surpreende em colóquio amoroso e Tristão é ferido na luta com um cortesão; no último ato, os dois amantes morrem, perdoados pelo rei, que vem a saber do filtro amoroso. Há, pois, nesta alusão wagneriana, um elemento atenuante que faltava na referência a Pia del Guastelloni: a absolvição dos adúlteros. Assim, na junção onomástica Fidélia-

Tristão, teríamos a transgressão do dever de fidelidade e a traição à memória do morto como que neutralizados pelo reconhecimento da força mágica do amor e pelo perdão da ofensa.

Neste capítulo das pistas onomásticas,[10] valeria a pena notar, por último, a correlação etimológica entre "Aires" e "Aguiar". O primeiro nome deriva possivelmente da raiz germânica *ar*, que quer dizer "águia", pelo que se vincula de imediato com "Aguilar", port. "Aguiar", cujo significado é "sítio habitado por águias".[11] O vínculo etimológico reforça, de resto, uma polaridade bem marcada no romance: Aires não só é amigo e conviva regular dos Aguiares, mas com eles se alinha em razão da idade, constituindo o grupo dos velhos, ao qual se contrapõe o jovem par Fidélia-Tristão.

O COMPASSO DE DUAS PONTAS

Mas há a considerar o desequilíbrio 3 x 2, ainda mais acentuado por o primeiro grupo constituir-se de um casal mais um viúvo, enquanto o segundo é formado por um casal. Resolve-se facilmente esse desequilíbrio numérico, restabelecendo a simetria casal x casal, quando se reconhece em Aires um elemento lábil que, pela sua própria condição de observador e conforme o ângulo de observação, ora se alinha com os Aguiares, ora com Fidélia-Tristão. Sua labilidade se manifesta não só em termos de angulação como principalmente em termos de empatia. Há, nele, uma permanente ambigüidade de atitudes em relação aos conflitos e aos protagonistas do *Memorial*, ambigüidade típica da sua índole de mediador diplomático; do seu sentido de relatividade das coisas, aguçado pela experiência e pelos anos; de sua complacência confessa:

aquela complacência, que é uma qualidade minha, e não das novas. Quase que a trouxe da escola, se não foi do berço. Contava minha mãe que eu raro chorava por mama; apenas fazia uma cara feia e implorativa. Na escola não briguei com ninguém, ouvia o mestre, ouvia os companheiros, e se alguma vez estes eram extremados e discutiam, eu fazia da minha alma um compasso, que abria as pontas aos dois extremos. Eles acabavam esmurrando-se e amando-me.

Essa complacência de compasso aberto aos dois extremos, se o faz simpatizar com o sofrimento dos Aguiares, de perder os dois filhos de empréstimo, último consolo de uma vida frustrada pela falta de filhos "naturais" ou "legítimos", leva-o também a defender o egoísmo juvenil de Fidélia-Tristão, que têm sua própria vida a viver fora do círculo de giz daquela paternidade postiça. No primeiro caso, a adesão empática se explica pela simetria de idades — à época da ação do romance, Aires tem 62 anos, Aguiar sessenta e Carmo cinqüenta —, assim como por Aires não ter tido filhos e, malgrado alardeie não sentir falta deles, desempenhar amiúde o papel de pai adotivo através de suas amizades moças (Tristão no *Memorial*; os gêmeos em *Esaú e Jacó*, dos quais chega a imaginar-se "pai espiritual")[12]. No segundo caso, a empatia se estabelece por via de uns últimos assomos de juventude que o conselheiro ainda traz em si e que tenta baldamente conter ou dissimular; são eles que tornam compreensíveis as contradições do seu interesse por Fidélia. Na cena paradigmática do cemitério, vimo-lo, escudado na diferença de idade, afastar a idéia, aventada por Rita, de ele mesmo casar-se com a viúva Noronha. Dias depois, quando a revê nas bodas de prata do casal Aguiar, confirma pesaroso a impossibilidade desse hipotético casamento citando a si mesmo um verso de Shelley, que irá repetir outras vezes em suas anotações: "*I can give not what men call love*". Mais adiante, explicará o seu fascínio por Fidélia como simples curiosidade científica: intriga-o o caráter dela e, fazendo-a "objeto de estudo" tão-somente, quer escrutar-lhe "certa feição de espírito", vislumbrada num "sorriso furtivo que já lhe (vira) algumas vezes". Em mais de um passo, porém, desmente-se o desinteresse dessa curiosidade: na anotação de 24 de maio de 1888, narra o conselheiro um sonho que teve, no qual propôs casamento à viúva e foi aceito por ela, sonho compensatório em que o leitor de Machado pronto identifica um dos recursos preferidos do romancista; dias depois, não hesita o memorialista em escrever que as graças de Fidélia lhe "parecem cada vez maiores" e em confessar: "Estive com ela hoje, e se não a arrebatei comigo não foi por falta de braços nem de impulsos". Mas logo se corrige desse arrebatamento atribuindo-lhe razões puramente estéticas:

> Se fosse nos primeiros dias deste ano, eu poderia dizer que era o pendor de um velho namorado gasto que se comprazia em derreter os olhos através do papel e da solidão, mas não é isso; já lá vão as últimas gabolices do temperamento. Agora, quando muito, só me ficaram as tendências estéticas, e deste ponto de vista, é certo que a viúva ainda me leva os olhos, mas só diante deles.

A prova de que as "gabolices do temperamento" — fórmula depreciativa com que Aires designa seus ardores amorosos — nunca se apagaram de todo nele é dada numa das passagens finais do livro quando, de volta a casa, após ter acompanhado a bordo Fidélia e Tristão que, casados, se vão para a Europa, o conselheiro relata uma fantasia sua, espécie de recorrência do sonho já mencionado:

> Não acabarei esta página sem dizer que me passou agora pela frente a figura de Fidélia, tal como a deixei a bordo, mas sem lágrimas. Sentou-se no canapé e ficamos a olhar um para o outro, ela desfeita em graças, eu desmentindo Shelley com todas as forças sexagenárias restantes.

DUAS ALMAS

Confinado assim ao reino dos sonhos e das fantasias compensatórias pela barreira que lhe opõe a sua aguda consciência da idade, o amor sexagenário de Aires irá encontrar, todavia, uma forma vicária de realização. Para entendê-la, voltemos à cena do cemitério, onde há uma alusão ao *Fausto* de Goethe, feita a propósito do desafio de Rita ao irmão, de que tentasse conquistar para si a mão da viúva, desafio por ele reputado "uma aposta de Deus e de Mefistófeles". Com o fito de esclarecer à irmã o sentido da referência, Aires resume-lhe o prólogo no céu do *Fausto*. Eis um outro caso de alusão truncada, recurso que já vimos usado mais de uma vez no *Memorial*. Aqui, a alusão restringe-se ao prólogo do poema dramático de Goethe, ao debate entre Deus e Mefistófeles acerca da possibilidade de a alma do homem ser conquistada para o mal, mas ao leitor avisado não passará despercebido o quanto existe de faustiano nos próprios sonhos e devaneios do conselheiro. Na lenda germânica, o velho doutor vende a alma ao diabo em troca do saber, de poderes mágicos e, sobretudo, de juventude; também Aires aspira a transcender as limitações da idade para poder realizar *in esse* o seu amor por Fidélia. Tal realização não será real como a do Dr. Fausto, mas imaginativa, como convém a alguém que confessa viver "do que ouve aos outros"; não se fará por via de um pacto infernal, mas por via da introjeção vicária. Aires, que já achava na Flora de *Esaú e Jacó* um "sabor particular" pela excentricidade de sua "ambição recôndita" de amar dois homens ao mesmo tempo; que já dizia conhecer bem esses "sentimentos alternados e simultâneos", pois "eu mesmo fui uma e outra coisa, e sempre me entendi a mim" — Aires compraz-se agora em cultivar dentro do peito as *zwei Seelen* da famosa interjeição de Fausto.[13] Uma delas é a sua própria alma de sexagenário cético e prudente, com receio de não poder "dar aquilo a que os homens chamam amor"; outra, de empréstimo, é uma alma jovem, ambiciosa, pela qual ele sente a maior afinidade e que, por isso mesmo, pode introjetar quando lhe apetece. Trata-se, evidentemente, de Tristão. Pouco depois de conhecê-lo, analisando-lhe o caráter, Aires descobre nele "muita compostura e alguma dissimulação", duas virtudes (ou defeitos) que não é difícil identificar desde logo como as virtudes cardeais do próprio Aires. Em vista dessa afinidade de raiz, ganha especial relevo o verbo escolhido pelo memorialista para descrever, no seu diário, a afeição crescente que se vai firmando entre ambos: "*entro* (o grifo é meu) cada vez mais no coração daquele moço". A entrada introjetiva de uma alma na outra, por meio da qual o velho vive, faustiana e vicariamente, a experiência amorosa do jovem, culmina na cena do almoço nas Paineiras, quando Tristão se resolve a confidenciar a Aires seus sentimentos para com Fidélia. A frase com que este estimula o interlocutor à confissão é muito reveladora: "Pois digo o resto. Disponho-me a ouvi-lo *como se eu mesmo fosse rapaz*" (grifo meu, mais uma vez). Não tarda a completar-se o rejuvenescimento imaginativo: "no fim dos charutos, estávamos quase como dois estudantes do primeiro ano e do primeiro namoro, ainda que com outro estilo". A curiosidade com que Aires acompanha o desenrolar do romance entre Tristão e Fidélia chega positivamente às raias do voyeurismo, a ponto de ele não temer confiar ao seu diário: "Estava com desejo de ir passar um mês em Petrópolis, mas o gosto de acompanhar aqueles dois namorados me fez hesitar um pouco, e acabará por me prender aqui". Numa outra entrada do *Memorial*, declara ter recebido do próprio diabo a "arte" de "concertar a cortesia e a curiosidade", e confessa: "Eu gosto de ver impressas as notícias particulares, é bom uso, faz da vida de cada um ocupação de todos", rematando a profissão de fé voyeurista com uma pitada de antevisão científica: "Tempo há de vir em que a fotografia entrará nos quartos dos moribundos para lhes fixar os últimos instantes; e se ocorrer maior intimidade, entrará também".

TOPOLOGIA

Restaria ainda destacar, na cena — insista-se — paradigmática do cemitério, de onde têm sido extraídos até agora, completando-se com subsídios tomados a outras passagens correlatas do texto, os elementos desta interpretação do *Memorial*, um último aspecto, que ali só aparece fugazmente, mas que se vai afirmar com ênfase crescente no resto do livro. Trata-se de uma outra polaridade que, de par com as polaridades já explicitadas (mortos/vivos, jovens/velhos, real/vicário), ajuda a compor as linhas de força subjacentes ao enredo. É a polaridade aqui/lá, implícita na cena do cemitério pelo fato de Rita ali ter ido especialmente "dar graças" pelo regresso do irmão. Este, recorde-se, passara trinta e poucos anos fora do Brasil, no serviço diplomático, servindo em diversas partes do mundo — no Pacífico, em Bruxelas e em Caracas, pelo menos, segundo indicações esparsas no *Memorial* e em *Esaú e Jacó*; durante esse tempo, aqui esteve só umas poucas vezes, em gozo de licença. Quando se aposenta, regressa em definitivo ao Rio, para ali passar seus últimos anos: "Aqui estou, aqui vivo, aqui morrerei". Explicita-se, pois, a polaridade: lá é a Europa, aqui é a pátria. O regresso do conselheiro à sua terra — "era homem de todos os climas, mas tinha particular amor à sua terra", conforme está dito em *Esaú e Jacó* — equivale também a uma volta ao passado; aqui viveu ele a infância e a juventude, das quais ainda procura inutilmente vestígios nas casas, nos homens, nos costumes: "eu nunca esqueci coisas que só vi em menino", diz-nos no *Memorial*, ao recordar as sanguessugas à porta das lojas dos barbeiros; elas não existem mais, não são mais usadas, mas ainda lhe andam pelo cérebro rememorativo, "abaixo e acima, como nos vidros". Em *Esaú e Jacó*, encontramo-lo, recém-chegado da Europa, a passear pelas ruas novas e velhas do seu Rio de Janeiro, cujas vistas "acordam nele uma infinidade de ecos, que pareciam as próprias vozes antigas"; no Passeio Público, junto do mar, vai "revivendo homens e coisas". Mas o passado está morto; o Aires sexagenário diz ter voltado à pátria para nela morrer. O aqui se polariza, assim, como o próprio *locus* do passado, da velhice, da morte. Por oposição, o lá, isto é, a Europa, se marca, na semântica do *Memorial*, como o *locus* da vida. Quando Eduardo, o primeiro marido de Fidélia, morre inopinadamente em Lisboa, seu corpo não é enterrado lá, mas trasladado para cá. No registro que faz de seu almoço com Tristão nas Paineiras e em que lhe ouve confidências acerca de seu amor por Fidélia, o conselheiro deixa escapar uma frase reveladora: "a *vida* que chama Tristão para fora daqui, a *morte* que prende a viúva à terra e às suas saudades" (grifos meus). Nessa frase está claramente explicitada a polaridade aqui-morte/lá-vida, polaridade que, de resto, se espelha em várias simetrias e oposições do livro. Por exemplo, o itinerário de Tristão, o jovem, é simetricamente oposto ao de Aires, o velho. Este faz seus estudos em São Paulo, vive a maior parte da vida fora do país, mas vem morrer aqui. Aquele, brasileiro de nascimento, vai estudar na Europa, acaba por naturalizar-se português, anda pelo Brasil só por uns tempos e, depois de seu casamento com Fidélia, regressa definitivamente à pátria de adoção, onde vai iniciar uma nova vida, ingressando na política como deputado. A idéia de viagem esclarece, aliás, as duas epígrafes, um tanto crípticas, à primeira vista, do *Memorial*. Significativamente, ambas são de velhos trovadores portugueses, escolha explicável menos pelo amor do conselheiro aos clássicos da língua (recorde-se que para o seu programa de solidão ele escolhera um dístico de Bernardes) do que pelo fato de Portugal estar vinculado à própria dramática do livro, em cujo desenlace Tristão e Fidélia se vão para Lisboa, deixando aqui desamparados, numa "orfandade às avessas", os pais postiços. A primeira epígrafe, dois versos de uma cantiga de Joham Zorro, falam de "barcas novas" mandadas "lavrar" em "Lixboa", barcas que são freqüentes nas cantigas desse trovador[14] e das quais se serve el-rei para levar sua amiga; a alusão a Tristão, que vem de Lisboa buscar esposa no Brasil, é clara. Na segunda epígrafe, estrofe de uma cantiga de d. Dinis, a elocução é assumida pela amiga, que diz à mãe: "alá vou, madre", "para ver meu amigo/ que talhou preyto comigo", preito significando, no contexto, pacto, promessa, combinação.[15] Acaso não faz eco, essa estrofe, à despedida de Fidélia e d. Carmo, a quem ela chama "mãezinha", quando parte para "alá", para "Lixboa" por força do "preyto" ou pacto conjugal que "talhou" com Tristão? Curioso notar ainda, no *Memorial*, as repetidas referências à barca de Niterói, espécie de prenúncios *en abîme* da viagem maior, da separação final entre pais e filhos de empréstimo, ominosamente retardada ao longo da narrativa, mas que, com realizar-se, dá-lhe o fecho dramático: é na barca de Niterói que Aires encontra certa feita Tristão, "que olhava para o lado da barra, como se estivesse com desejo de abrir por ela fora e sair para a Europa".

A semantização do lá como vida e do cá como morte, manifesta na cena do cemitério por Rita ter escolhido precisamente esse lugar para dar graças pela volta do irmão — volta que adquire desse modo o caráter de um regresso ao seio dos mortos —, aparece já numa cena de *Esaú e Jacó*: Aires encontra, num bonde, Natividade, que pensa viajar com os filhos e que o convida a acompanhá-los; o conselheiro, reconhecendo que "as viagens fazem bem, mormente na idade deles", declina do convite com uma justificativa na qual se marca bem a múltipla polarização ficar-aqui-velhice-morte/viajar-lá-juventude-vida: "Ah! baronesa, para mim já não há mundo que valha um bilhete de passagem. Vi tudo por várias línguas.[16] Agora o mundo começa aqui no cais da Glória ou na rua do Ouvidor e acaba no cemitério de São João Batista".

UMA FÁBULA FLUMINENSE

Esta menção ao cemitério de São João Batista tem sua contraparte numa frase muito marcante do *Memorial*, quando Aires diz: "Já não sou deste mundo, mas não é mau a gente afastar-se da praia com os olhos na gente que fica". O estado de espírito dúplice revelado na frase — de um lado, o sentimento da morte próxima; de outro, o interesse pela vida que foge — permeia todo o *Memorial*, que não seria errado definir como uma fábula acerca da velhice e da morte, fábula sendo tomada aqui no sentido de narrativa revestida de moralidade final. À maneira dos clássicos do seu convívio diário — ao meter-se na cama, conforme está dito em *Esaú e Jacó*, Aires costuma rezar "uma ode do seu Horácio" —, cuida ele também de, no ocaso da vida, elaborar a sua arte de envelhecer, de preparar-se para a morte. Só que o seu *De Senectude* não é um tratado filosófico como o de Cícero, nem sequer como aquela *Filosofia das tabuletas* que ele próprio pensou um dia escrever. Não é tampouco uma coleção de aforismos ou ditos sentenciosos, como seria de esperar de quem "gostava de estudar adágios" e de perpetrá-los, a ponto de haver pensado, não tivesse os "olhos adoentados", em "compor outro Eclesiastes, à moderna". Vampiro intelectual com inextinguível "sede de gente viva", a subsistir agora vicariamente do que ouve aos outros, Aires elabora, com os conflitos, ilusões, virtudes e defeitos do seu microcosmo fluminense, uma fábula acerca dos desconcertos humanos, fábula irônica a que dá a feição, muito apropriada, de diário, pois que outra forma literária poderia convir melhor àquela implacável fuga do tempo, de que os velhos têm consciência tão aguda?

Na frase acima, o adjetivo "irônico" é usado no mesmo sentido que tinha na tragédia grega, onde os fados ou a vontade dos deuses, ofendidos por algum excesso do protagonista, preparavam-lhe, ao fim e ao cabo, uma reviravolta da fortuna, a peripécia, em que revelavam um intento zombeteiro. Esse intento se adequava à moralidade grega, que via na ironia "uma forma elevada de afirmar o áureo meio, de restabelecer o equilíbrio ali onde o engano de um protagonista conduzisse ao alargamento da brecha entre aparência e realidade".[17] Essa é também a visão que se exprime na fábula do casal Aguiar e de seus filhos postiços, visão cujo porta-voz é o conselheiro Aires, não só por sua natural condição de fabulista como pela natureza mesma do seu espírito, afeito ao equilíbrio, à sobriedade, à moderação. Mas qual o excesso cometido pelos Aguiares contra os fados, de que teria resultado a peripécia de perderem para sempre os filhos de afeição e de se verem naquela "orfandade às avessas", consolando-se com a "saudade de si mesmos", como no-los pinta a breve mas patética cena de encerramento do *Memorial*? Evidentemente, o apego excessivo a Tristão e Fidélia, tanto mais anômalo[18] quanto se tratava de filhos postiços, por via dos quais buscavam compensar-se da severidade do destino que os fizera estéreis. Todavia, querer converter o postiço em legítimo é um engano que mais cedo ou mais tarde tem de dissipar-se para restabelecimento do equilíbrio perturbado e restituição, aos devidos lugares, de aparência e realidade por eles confundidas. É precisamente o que acontece no fim do *Memorial*, com a partida de Tristão e Fidélia para Portugal, onde vão iniciar a vida nova a que sua mocidade lhes dá direito, e com a solidão em que aqui ficam os pais de empréstimo, desfeito o sonho de conservarem os recém-casados ao pé de si, para ajudá-los a morrer.[19] Esse desfecho encerra *in nuce* a moralidade da fábula, explicitada de resto pelo próprio Aires ao tio de Fidélia, quando ambos voltavam da casa dos Aguiares, aonde tinha ido dar-lhes a notícia de que, eleito deputado em Portugal, Tristão não poderia voltar ao Brasil tão cedo:

> Praia fora (esqueceu-me notar isto ontem) praia fora viemos falando daquela orfandade às avessas em que os dois velhos ficavam, e eu acrescentei, lembrando-me do marido defunto:

— Desembargador, se os mortos vão depressa, os velhos ainda vão mais depressa que os mortos... Viva a mocidade!

Campos não me entendeu, nem logo, nem completamente. Tive então de lhe dizer que aludia ao marido defunto, e aos dois velhos deixados pelos moços, e concluí que a mocidade tem o direito de viver e amar, e separar-se alegremente do extinto e do caduco.[20]

ACORDE DE ENCERRAMENTO

Assim como antes se caracterizou a cena do cemitério como uma espécie de acorde de abertura, a conter em si, embrionariamente, as linhas-mestras do enredo, não será fora de propósito ver agora essa fala de Aires, que consta na penúltima entrada do seu diário, como um acorde simétrico de encerramento, a resolver, em irônica consonância, os conflitos que deram matéria ao desenvolvimento da fábula. Com isso se reafirma o *Memorial* um livro sobre vivos e mortos, jovens e velhos — dois pares de oposições equivalentes termo a termo: "a mocidade tem o direito de viver", logo jovem = vivo; para exercício desse direito, ela deve separar-se "do extinto e do caduco", logo morto (extinto) = velho (caduco). A consonância é irônica por mais de uma razão. Primeiro porque o desfecho do livro demonstra-se o contrário do seu começo, uma legítima peripécia, portanto: antes, fidelidade aos mortos e apego filial aos velhos; agora, novo casamento e adeus aos pais de empréstimo. Com isso, anulam-se dois excessos: o de fidelidade aos mortos, que deixaria a viúva Noronha à margem da vida, como já antes deixara Rita, e o de gratidão pelo amor desinteressado, que espera de Tristão que renuncie aos verdadeiros pais e à carreira política para a qual nascera talhado.[21] Outra ironia, esta de cunho bem machadiano, é a de que virtude em demasia se torna vício e atrai a punição dos deuses. O amor dos Aguiares, primeiro por Tristão, depois por

Fidélia, depois finalmente por ambos, é tanto mais desinteressado quanto não resulta de nenhum laço de sangue; é um puro dar de si de almas vocacionadas para a *charitas*.[22] Contudo, seu próprio excesso como que lhe denuncia um laivo de egoísmo: Carmo se compensa nele de sua maternidade frustrada e quer que lhe sirva de lenitivo na hora da morte.

Mas a principal ironia do acorde de encerramento do *Memorial* está naquele "Viva a mocidade!". Menos na exclamação em si que no tom com que o leitor imagina seja ela pronunciada por Aires. Tom que seria de lucidez algo doída, com uma pitada de resignação zombeteira, e em que se resumiria a arte de envelhecer do conselheiro, quando não a própria dualidade do seu caráter, compasso de pontas abertas aos extremos.

Uma das pontas do compasso está cravada na alma dos Aguiares para compartilhar com eles as agruras da idade, que não permite aos velhos sequer o consolo de "afastar-se da praia com os olhos na gente que fica". O caminho da morte é o caminho da solidão e a arte de envelhecer, como ensinavam os estóicos, está em saber desprender-se o indivíduo dos bens do mundo, inclusive das afeições, para não lhes sofrer a falta, inconstantes e precárias que são, na hora decisiva. Não terem sabido os Aguiares alcançar esse desprendimento (ao contrário de Aires,[23] que não quer apegar-se nem mesmo à própria irmã[24] e prefere borboletear pelas vidas alheias, *voyeur* e vampiro sem compromisso) é exatamente o que dá ao desfecho do *Memorial* seu caráter de moralidade fabular, de *unhappy end* por assim dizer pedagógico e, como tal, adequado a um *De Senectude* em forma de romance.

A outra ponta do compasso, centrada declaradamente nos "direitos da mocidade", traz à lembrança uma passagem anterior do *Memorial*, em que o conselheiro faz uma espécie de profissão de fé schopenhauriana no "gênio da espécie". Nessa passagem, ele imagina Fidélia, já então enamorada de Tristão, novamente no cemitério, na mesma postura melancólica em que ali a vira pela primeira vez. Para o memorialista, não há nenhuma contradição nesse amor simultâneo ao morto e ao vivo, porquanto o novo amor é inculcado pelo "gênio da espécie", que "faz reviver o extinto sob nova forma".[25] E há de ser esse mesmo "gênio da espécie" — algo assim como uma força vital por que se manifestaria o determinismo ou lógica da Natureza — que dá à mocidade o "direito de separar-se alegremente do extinto e do caduco". E é o mesmo gênio, força, determinismo ou lógica das coisas — pelo nome não se perca — quem faz, na fábula fluminense, o papel dos deuses ou fados da tragédia grega, papel substitutivo bem ao gosto do conselheiro, que perdera já na infância as ilusões religiosas: "Íamos esconder-nos do confessor embaixo das camas ou nos desvãos da casa. Já então confundíamos as práticas religiosas com as canseiras da vida".

A metáfora do compasso aberto, engenhada pelo próprio Aires e aqui utilizada para descrever-lhe a conduta, configura bem as polarizações que permeiam a estrutura do *Memorial* e que são o reflexo, no plano do estilo, das *zwei Seelen*, da dualidade faustiana do caráter do memorialista. Se, por força dessa dualidade, alcança ele aceitar como natural o segundo casamento de Fidélia e reconhecer à mocidade o direito de "separar-se alegremente do extinto e do caduco", nem por isso se deve fazer vista grossa ao que existe de irônico nesse reconhecimento; no final das contas, Aires se alinha, não com a vida e a mocidade, mas com a velhice e a morte. Indício desse alinhamento final encontramo-lo na cena do enterro do corretor Miranda, a que Aires comparece. No cemitério, vai ele visitar o túmulo do marido de Fidélia, onde vê flores frescas, colocadas pela própria Fidélia, nessa altura já de amores com Tristão. Então, o velho se identifica com o morto, atribuindo-lhe inclusive aquele mesmo verso de Shelley — "*I can give not what men call love*" — de que se servira anteriormente como justificativa de sua incapacidade de amar:

Agora que a viúva está prestes a enterrá-lo de novo, pareceu-me interessante mirá-lo também, se é que não levara tal ou qual sabor em atribuir ao defunto o verso de Shelley que já pusera na minha boca, a respeito da mesma bela dama: *I can* etc.

Esse "enterrá-lo de novo", somado às pistas onomásticas acima deslindadas, que acentuam obliquamente o dever de fidelidade conjugal *post-mortem*, e à discreta nota de simpatia com que o memorialista vê os extremos de ternura de Carmo para com os filhos postiços,[26] mostram que, apesar de ter dito à irmã certa vez que "a vida tem os seus direitos imprescritíveis; primeiro os mortos e seus consórcios; os mortos e os enterros que esperem", Aires acaba por identificar-se com o morto reenterrado e a tomar o partido de sua velhice ("os dois velhos vão com a minha velhice, e acho neles um pouco da perdida mocidade"), aceitando-a como uma preparação para a morte.

O PASSADO ABOLIDO

A preocupação com a proximidade da morte ajuda a esclarecer um último ponto curioso do livro, qual seja o destaque com que nele aparece o episódio da Abolição. O que vem fazer num estudo puramente de caracteres[27] como o *Memorial,* onde não transluz o mínimo empenho de documentar costumes de época ou aspectos sociais, um acontecimento histórico desses? Lembre-se, a propósito, que, quando surge o problema de se os libertos de Santa-Pia, a quem Tristão sugere seja dada a fazenda, irão saber cultivá-la e "corresponder à boa vontade de sinhá-moça", Aires confessa-se desinteressado do assunto: "É outra questão, mas não se me dá a ver ou não resolvida; *há muita outra coisa neste mundo mais interessante*" (grifo meu). E por que, a despeito dessa falta de interesse, dedica ele espaço no seu diário — cujo editor declara ter decotado de "circunstâncias, anedotas, descrições e reflexões" que pudessem perturbar a "narração seguida" — ao registro do Treze de Maio e de suas repercussões, desimportantes dentro da semântica do romance, na vida de duas das personagens?

É de pensar-se que, num livro de estrutura tão econômica e tão coesa quanto o *Memorial,* esse episódio aparentemente digressivo só há de figurar porque serve a propósito mais importante que o de apenas datar a narrativa ou dar-lhe uns toques de realismo. De fato: pode-se ver a Abolição como um divisor de águas histórico, a separar o Brasil imperial do Brasil republicano, o mundo dos patriarcas do mundo dos bacharéis, os tempos velhos dos tempos novos. E em que pesem seus entusiasmos de juventude pela revolução de 1848 em França ou a simpatia com que recebeu a Lei Áurea, o conselheiro Aires pertence, em verdade, ao Brasil abolido, ao Brasil do velho imperador, que foi quem lhe conferiu, explica ele a Flora em *Esaú e Jacó,* o título de conselheiro. A pátria à qual Aires decide regressar, quando se aposenta, para nela morrer, é, como vimos ao estudar a polaridade do aqui e do lá, seu próprio passado, as coisas só vistas em menino e nunca mais esquecidas, as "próprias vozes antigas" a lhe falarem a cada canto da cidade que ele vem reencontrar praticamente inalterada: "Também a cidade não lhe pareceu que houvesse mudado muito. Achou algum movimento mais, alguma ópera menos, cabeças brancas, pessoas defuntas; mas a velha cidade era a mesma".

Dentro dessa perspectiva, o episódio da Abolição ganha um significado particular dentro da semântica do *Memorial.* É o paralelo, no plano da vida coletiva, daquelas mesmas dicotomias ou polarizações que já explicitamos no plano das vidas individuais: jovens e velhos, mortos e vivos, aqui e lá. É o sinal histórico da separação definitiva entre o velho e o novo, simétrico, nisso, do adeus de Tristão e Fidélia aos Aguiares e a Aires. É o prenúncio da morte final do passado e, como tal, quadra bem no diário de um saudosista que forceja por não se desligar inteiramente do presente, por não perder de vista "a gente que fica", mas que, cada vez mais, vai-se afeiçoando ao hábito de comparar "vozes vivas com vozes defuntas", como a preparar-se, ele que tanto viajou em vida, para a última viagem, onde só "as saudades da vida é que são agradáveis". Enfim, para dizê-lo em poucas palavras, quadra bem no diário de um aprendiz de morto.

Ainda Machado de Assis

No seu livro sobre Machado de Assis, Lúcia Miguel Pereira traçou, do Mestre, um retrato psicológico até hoje inexcedido. Logo no primeiro capítulo do volume, estudando as sutis conexões existentes entre o homem de carne e osso que Machado foi em vida, e a falaciosa estátua de bronze que a posteridade dele quis fazer, observa sagazmente a biógrafa:

> Prestou-se, como ninguém, a ser estereotipado. Teve, para isso, todos os requisitos necessários. Possuiu uma meia dúzia de gestos, hábitos e frases típicas, mantidos por uma certa tendência a se repetir. Parece ter escolhido, ele próprio, os clichês em que se perpetuaria, deformando-se. E ter aceito, de bom grado, essa deformação que lhe resguardaria a intimidade e a verdadeira fisionomia. Com uma docilidade espantosa, ajeitou-se nas fôrmas da sua futura estátua, encolhendo aqui, esticando acolá, aparando excessos, acolchoando vazios.[1]

Não é descabido pensar-se que Machado teria olhado, com particular simpatia, os esforços da posteridade para fazer dele o paradigma do puro homem de letras, pairando olimpicamente acima das agitações políticas ou dos conflitos de doutrina, inteiramente votado ao ofício de bem escrever. As contribuições mais recentes da crítica, todavia, especialmente aquelas devidas a Astrogildo Pereira, Brito Broca e, sobretudo, R. Magalhães Júnior e J. Galante de Souza — esses dois incansáveis arqueólogos que vêm exumando da vala comum do periodismo oitocentista tudo quanto o Mestre houve por bem nela deixar enterrado — desmentiram o paradigma e deram inteiro crédito à sagacidade de Lúcia Miguel Pereira.

Astrogildo Pereira foi, ao que sei, o primeiro a refutar, num ensaio hoje clássico na bibliografia machadiana — "Machado de Assis: romancista do Segundo Reinado"[2] —, as acusações assacadas contra o autor de *Dom Casmurro* por críticos apressados que não souberam ler, nas entrelinhas de uma obra aparentemente absenteísta, o testemunho de um espírito profundamente imerso na vida da sua época. Críticos como aquele Pedro do Couto que, nos idos de 1910, pontificava: "Quanto aos fenômenos morais e sociais que em todas as cerebrações atuam, e especialmente nos mais desenvolvidos, Machado de Assis não mostra em nenhum livro deles ter sequer conhecido a existência. Dir-se-ia que longe deles, isento de sua influência, o escritor se achava".

Brito Broca, de cujo volume *Machado de Assis e a política e outros estudos*[3] foi tirada a citação acima, trouxe novos subsídios à tese de Astrogildo Pereira ao demonstrar o quanto estivera Machado de Assis, particularmente nos primórdios de sua carreira jornalística, ligado às grandes questões políticas da época. Recorda o ensaísta, em especial, um poema das *Crisálidas*, "Os Arlequins", que, malgrado a obscuridade de certas alusões, parece ter sido uma sátira visando o histrionismo do Imperador; na terceira estrofe do poema, há, mesmo, uma referência a "régio saltimbanco", epíteto que faria longa carreira durante a campanha republicana, tendo servido inclusive de título ao famoso, desabusado e medíocre panfleto de Fontoura Xavier. Convém lembrar, de passagem, que, ao publicar "Os Arlequins", Machado fê-los acompanhar de uma nota explicativa, na qual afirmava não ter intentado sátira pessoal, mas visado genericamente uma classe — a dos oportunistas e vira-casacas.

A importância das pesquisas de R. Magalhães Júnior é hoje sobejamente reconhecida, sendo, pois, escusado insistir no assunto. Detendo-se em aspectos pouco estudados da vida e da obra de Machado de Assis, pôde Magalhães Júnior corrigir certas deformações ainda em curso, particularmente aquelas relacionadas com o famigerado absenteísmo machadiano. Lembra ele, entre outras coisas, que Machado de Assis, fazendo eco à indignação de todo o país, inflamou-se patrioticamente quando do incidente Christie e, do mesmo modo que Fagundes Varela e outros poetas da época, escreveu também o seu poema de circunstância, um *Hino dos Voluntários*, que foi publicado em edição especial, com ilustração de Henrique Fleiuss, sendo parte do produto da venda destinada a uma subscrição nacional para a compra de armamentos, a serem usados no caso de um conflito armado entre a Grã-Bretanha e o Brasil. A Guerra do Paraguai está presente, outrossim, na obra de Machado de Assis, não apenas em artigos de jornal ou em referências ocasionais nas páginas dos seus romances, como especialmente em outro poema de circunstância, "O acordar do Império", lido em cena aberta, a 5 de maio de 1865, pelo ator Furtado Coelho.

J. Galante de Souza, finalmente, a quem devemos uma detalhadíssima *Bibliografia de Machado de Assis*, publicou uma coletânea de trabalhos esparsos de Machado sob o título de *Poesia e Prosa* (Civilização Brasileira, São Paulo, 1957). Entre os textos em verso incluídos no volume figuram, além do "Hino patriótico" (o mesmo "Hino dos Voluntários" citado por Magalhães Júnior) e de "A cólera do Império" (ou "O acordar do Império", como era também conhecido na época), dois outros poemas de circunstância igualmente curiosos: "Daqui, deste âmbito estreito" e "Minha musa".

O primeiro foi lido pela atriz Ismênia dos Santos, a 23 de fevereiro de 1870, num festival em benefício das vítimas da seca alagoana. Tanto pela freqüência de certas metáforas, como pela sua eloqüência cantante, traz-nos à mente, inelutavelmente, a poesia de Castro Alves. Atente-se, por exemplo, para a oposição entre o "âmbito estreito,/ cheio de risos e galas" do festival beneficente, e as regiões mais sombrias onde campeia a miséria humana exacerbada pelo flagelo da seca. Ou para o uso repetido de tríades como "sem pão, sem água, sem luz", tão semelhante à "sem luz, sem ar, sem razão" com que Castro Alves evocou o estado aviltante dos escravos confinados aos porões asfixiantes do Navio Negreiro. Ou, finalmente, para certas antíteses de cunho eminentemente castro-alvino: "filhos da mesma bandeira,/ remidos na mesma cruz; a terra lhes foi avara,/ a terra a tantos fecunda". Castroalvina é esta estrofe candente:

> *Trêmulos braços alçando*
> *Entre os da morte e os da vida,*
> *Solta a voz esmorecida,*
> *Sem pão, sem água, sem luz,*
> *Um povo de irmãos, um povo*
> *Desta terra brasileira,*
> *Filhos da mesma bandeira,*
> *Remidos na mesma cruz.*

A estrofe seguinte foi buscar elementos ao rico arsenal de interpelações retóricas com que o autor de "Vozes d'África" recheou os seus versos:

A terra lhes foi avara,
A terra a tantos fecunda:
Veio a miséria profunda,
A fome, o verme voraz.
A fome. Sabeis acaso
O que é a fome, esse abutre
Que em nossas carnes se nutre
E a fria morte nos traz?

O segundo poema apareceu em 1816, nas páginas da *Marmota Fluminense*, o jornal de Paula Brito que deu guarida às primeiras produções do jovem aprendiz de tipógrafo da Imprensa Nacional, então se iniciando na carreira das letras. O tema de "Minha Musa" é um dos lugares-comuns da poesia política de todos os tempos: o poeta, enumerando os ideais que lhe animam o estro, dá ênfase especial à inspiração libertária. Nos versos de Machado de Assis, esses ideais incluem, a par do amor a si mesmo ("A Musa, que inspira-me os versos nascidos/ De mágoas que sinto no peito a pungir"), do amor a Deus ("A Musa, que inspira-me os cantos de prece/ Que nascem-me d'alma, que envio ao Senhor") e do amor à pátria ("A Musa, que o ramo das glórias enlaça,/ Da terra gigante — meu berço infantil"), o amor à liberdade e o ódio às tiranias:

A Musa, que inspira meus cantos é livre,
Detesta os preceitos da vil opressão.
O ardor, a coragem do herói lá do Tibre,
Na lira engrandece, dizendo: — Catão!

Eis, pois, mais uma vez comprometida a decantada abstenção de Machado de Assis. Poeta político foi ele nos primórdios da sua carreira, semelhantemente a tantos outros jovens escritores românticos que, inflamados pela leitura de Michelet, Peletan ou

Victor Hugo, se inculcavam por arautos de vindouras utopias. É bem verdade que sua contribuição nesse terreno foi de pouca monta e que toda a sua obra posterior, verdadeiro *tour de force* de sutileza psicológica e finura estilística, muito pouco se coaduna com o generoso desleixo de suas primeiras produções.

Foi certamente tendo em conta a mediocridade desses tentames juvenis que Machado os desprezou quando da organização, em 1901, das suas *Poesias completas*. Ademais, a época não estava para versos políticos: a desilusão republicana e a estesia parnasiana haviam condenado a musa da revolução a um prolongado ostracismo. Muitos poetas parnasianos que, em tempos idos, sacrificavam no altar da arte interessada, renegavam agora suas demasias juvenis. Basta lembrar, à guisa de exemplo, Raimundo Correia, um dos arautos da Idéia Nova que, ao preparar para um editor lisboeta uma seleção dos seus melhores versos, não incluiu entre eles nenhum dos poemas participantes das *Sinfonias*.

No caso de Machado de Assis, havia ainda o agravante daquela sua tendência natural tão bem caracterizada por Lúcia Miguel Pereira — a tendência à auto-estatuária. Dócil às exigências da posteridade, que o queria olímpico, desapaixonado e sereno, o antigo poeta libertário assumiria a grave postura de Cavaleiro da Ordem da Rosa e de Presidente da Academia Brasileira de Letras, para gáudio dos filisteus de ontem como de hoje. Mas os que, conhecedores dos seus pecadilhos de mocidade, atentarem para os lábios da estátua, descobrirão neles um leve sorriso de mofa, de resto perfeitamente machadiano...

O pobre-diabo
no romance brasileiro

O NOME E A COISA

Como acontece com alguma freqüência nas frases feitas, o sal da expressão "pobre-diabo" está em seu caráter paradoxal. Nessa expressão, um núcleo de negatividade se abranda numa aura de positividade. O foco da negatividade é evidentemente a palavra "diabo", que nomeia o espírito do mal, o decaído de Deus exilado para sempre no mundo inferior das trevas, de onde costuma se escapulir para vir praticar maldades em nosso mundo terrestre e desviar-nos do caminho da salvação, que é o do mundo celeste. E como a perdição constitui o máximo de feiúra moral, "diabo" designa também figurativamente o "homem de mau gênio", o "indivíduo feio". Todo esse feixe de acepções negativas de que o nosso espírito virtuosamente se retrai é abrandado, porém, por um adjetivo que não só as neutraliza como chega até a lhes inverter o sinal. "Pobre" se diz de quem se acha falto ou privado do necessário; de quem foi mal dotado ou pouco favorecido; por extensão, de quem seja infeliz, desprotegido, digno por isso de lástima e compaixão. Compadecer-se é, etimologicamente, padecer junto, mas — atenção — em posição de superioridade. Magnanimamente abdicamos, por um momento, do nosso conforto de não sofredores para, sem risco pessoal, partilhar o sofrimento de alguém *menos* afortunado e por conseguinte *inferior* a nós. De alguém a quem possamos entre depreciativa e compassivamente chamar de "pobre-diabo".

Imagino que a expressão se tenha originado de alguma das muitas lendas em torno do demo. Num dos contos de La Fontaine, fábulas de gente cuja malícia é de ordem bem mais carnal que a de suas fábulas de bichos, aparece o diabo de Papafiguière, a quem o fabulista chama expressamente de "pauvre diable"[1] quando se dispõe a nos contar como, devido à sua ingenuidade tão pouco diabólica, acabou sendo logrado e posto em ridículo por um casal de camponeses espertos. Câmara Cascudo, por sua vez, fala de um "ciclo do diabo logrado"[2] na classificação brasileira dos contos populares, de onde desconfio tenha passado para a linguagem corrente a figura do pobre-diabo. De qualquer modo, foi num ensaio de Moysés Vellinho que vi pela primeira vez tal expressão ser usada para caracterizar um determinado tipo de herói, ou, melhor dizendo, de anti-herói de ficção. Esse ensaio, "Dyonélio Machado: do conto ao romance", que consta em *Letras da província* (Porto Alegre, Livraria do Globo, 1944), ao referir-se às atribulações de Naziazeno, o personagem central de *Os ratos*, um "infeliz que se consome sem heroísmo, à procura do dinheiro com que pagar a conta do leite", chama-o de pobre-diabo. Na narração de um só dia de sua vida, seqüência de "pequenos fracassos, detalhes sem cor nem relevo, incidentes medíocres em si mesmos, mas que se projetam sobre o desfibrado ânimo de Naziazeno como sombras duras e aplastantes", o romancista só podia mesmo valer-se, no entender do ensaísta, "de um estilo que fosse, como o próprio destino de Naziazeno, baço e incolor". Lembrava ainda Vellinho, como possível fonte de influência no caso, a ficção de Dostoiévski. O Dostoiévski de *Humilhados e ofendidos* e de *O eterno marido*, suponho eu, que Gilberto Amado já sentira lançar sua "sombra densa, opressiva" sobre aquele que, sendo a obra-prima de Dyonélio Machado, é também o mais radical romance de pobre-diabo encontrável na literatura brasileira.

Em seus comentários acerca de *Os ratos*, Vellinho nos fornece alguns pontos de referência úteis para delimitar, numa primeira aproximação, o que se deva entender por romance de pobre-diabo. Note-se que falo especificamente em romance, ainda que o pobre-diabo possa também aparecer na área do conto, como o dão a perceber tantas das histórias curtas de Dalton Trevisan. Mas para tornar convincente uma figura assim tão falta de interesse dramático, tão sem surpresas ou gestos marcantes, o ficcionista precisa de espaço mais amplo que o da história curta. Só no espaço do romance cabe a longa enfiada de "incidentes medíocres em si mesmos", fixados num estilo apropriadamente "baço e incolor", de cuja somatória de insignificâncias possa ressaltar a significância do seu protagonista. E, de par com ela, a vocação para o fracasso que lhe é consubstancial. Embora o pobre-diabo se situe por definição num dos estratos inferiores da pirâmide social — sua mesma pobreza o condena a eles —, não pode pertencer nem ao proletariado nem ao lumpemproletariado. Naquele, costuma a ficção politicamente engajada ir buscar os seus heróis, antecipando nisso a reviravolta de valores sociais (os últimos serão os primeiros) a ser trazida pela revolução. E do lumpemproletariado provém, como se sabe, a maioria dos heróis do romance picaresco, os quais têm mais de diabos propriamente ditos que de pobres diabos: sua astúcia e sua desfaçatez lhes facultam aproveitar-se das desigualdades sociais, fazendo-se exploradores dos exploradores. Já o pobre-diabo, patético pequeno-burguês quase sempre alistado nas hostes do funcionalismo público mais mal pago, vive à beira do naufrágio econômico que ameaça atirá-lo a todo instante à porta da fábrica ou ao desamparo da sarjeta, onde terá de abandonar os restos do seu orgulho de classe.

Com esses pontos de referência em mente, o leitor poderá descobrir por si mesmo, além do caso paradigmático de *Os ratos*, outras encarnações literárias do pobre-diabo. De minha parte, para não me alongar demasiadamente, escolhi quatro delas que me parecem exemplificar bem a trajetória, no romance brasileiro, desse anti-herói por excelência.

PELA PRÓPRIA NATUREZA

O Coruja, de Aluísio Azevedo, foi publicado pela primeira vez em 1887. Sem se afastar inteiramente da linha do romance de costumes a que pertence *O cortiço*, seu enfoque o aproxima antes do estudo de caracteres. Salvo melhor juízo, trata-se do nosso primeiro romance de pobre-diabo. De "pobre-diabo, sem eira nem beira"[3] é aliás qualificado o seu protagonista, a páginas tantas, por outro dos personagens. Falei em protagonista, mas este termo tem de ser tomado aqui com mais do que um grão de sal. Embora seja André, depreciativamente apelidado de Coruja pelos seus colegas de internato, quem dê título ao romance, este não se ocupa apenas em relatar as desventuras de sua vida, do nascimento à idade madura. Na verdade, o centro de interesse da narrativa está na personalidade e na ascensão social e política de Teobaldo, condiscípulo a quem o Coruja se liga desde cedo por uma amizade que raia pela fidelidade canina e que se mantém inabalada até quase o fim do livro, a despeito de ser constantemente posta à prova por toda a sorte de ingratidões.

Penso que o recurso ao método plutarquiano das vidas paralelas se deveu, no caso de *O Coruja*, não só a uma opção estratégica em matéria de técnica de narrar como também à circunstância de o romance dos fins do século XIX não estar ainda historicamente maduro para o advento do anti-herói pleno. Para impor à atenção de um público ledor ainda habituado às tintas fortes do drama, quando não do melodrama, a figura descolorida de um pobre-diabo como o Coruja, Aluísio Azevedo se viu compelido ao uso de uma técnica de contraste. Pela riqueza da paleta de que se pôde valer para pintar a vida rica de incidentes de Teobaldo, pólo oposto a André, o romancista como que subornou o leitor para a aceitação da monotonia do cinzento a que teve necessariamente de recorrer para retratar o desvalimento do Coruja. Mas já é mais do que tempo de dizer-se que esse apelido fora inspirado pela feiúra física de André e pela sua expressão carrancuda. Há algo do Quasímodo hugoano na descrição que Aluísio nos faz do seu anti-herói, "com a sua disforme cabeça engolida pelos ombros, com o seu torvo olhar de fera mal domesticada, com os sobrolhos carregados, a boca fechada a qualquer alegria, as mãos ásperas e curtas, os pés grandes, o todo reles, miserável, nulo". Também no íntimo desse outro "enjeitado da natureza" luzia uma grande bondade para com os mais fracos, os bichos em especial, assim como uma infinita capacidade de resignação às injustiças. Órfão de pai e mãe com poucos anos de vida, ficou entregue à caridade do vigário de um lugarejo de Minas onde nascera. O bom vigário cuidou de livrar-se assim que pôde do incômodo e desgracioso fardo pondo o menino a estudar, como aluno praticamente de favor, num colégio interno. Foi ali que, desprezado dos colegas pela feiúra, mas temido pelo vigor com que sabia defender-se de suas maldades, André veio um dia a conhecer Teobaldo, o belo e mimado filho do Barão de Palmar, ao livrá-lo de um traiçoeiro ataque dos outros internos. Desde então os dois se tornam amigos inseparáveis. Teobaldo convida-o a passar férias na fazenda do pai e quando segue para o Rio a fim de estudar para os preparatórios leva-o consigo como uma espécie de agregado e repetidor de lições. Desse modo, ao longo do romance, o leitor irá acompanhar *pari passu* os dois destinos tão paralelos quão diversos.

O de Teobaldo, não obstante a ruína econômica do pai, que o deixou da noite para o dia sem nada, mas da qual se recuperou por meio de um casamento de conveniência, vai sempre de vento em popa. O seu encanto de "jovem príncipe aborrecido", as suas maneiras insinuantes convertem-no numa atração permanente dos salões da Corte. E a sua "sede de luzir, parecer grande, dominar", servida por uma capacidade de imitação que aos olhos do vulgo passava por talento, se sacia numa carreira política que em tempo mínimo o leva de uma cadeira de deputado a uma secretaria de Estado. Nesse processo de ascensão, a ajuda obscura e desinteressada do Coruja se faz repetidamente sentir. É ele quem lhe prepara as lições da Academia, quem lhe paga as contas nos dias de necessidade, quem o livra das importunações das amantes, quem lhe dá idéias e informações para os artigos que o notabilizam, quem o socorre com todas as economias que tão suadamente guardara, salvando-lhe uma vez o crédito, outra a honra. Tudo isso sem nada pedir em troca, só pelo gosto de poder ser útil, já que, conforme diz André consigo na sua filosofia de pobre-diabo: "Quem tem asas — voa; quem não as tem fica por terra e deve julgar-se muito feliz em não ser logo esmagado por algum pé". Por terra sempre fica o Coruja, vítima da incompreensão e da maldade humana em geral, do egoísmo e da ingratidão de Teobaldo em particular. À medida que a narrativa se desenvolve, sua figura de pobre-diabo se vai tornando cada vez mais patética, mais grotesca. O desfecho do romance tem ares de moralidade de fábula: esmagado sob o peso de sua própria nulidade, Teobaldo morre cônscio de toda a sua vida ter sido uma grande mentira; o Coruja, desiludido de tudo, não consegue abdicar daquela bondade de alma que só lhe trouxera sofrimentos. Tal moralidade fabular se coaduna bem à sua personalidade. Nele, em vez do pobre-diabo sociologicamente considerado — o pequeno-burguês pauperizado na desesperada luta por manter sua identidade de classe —, Aluísio Azevedo nos propõe o pobre-diabo biologicamente considerado, ou seja, o que foi destinado pela própria natureza a esse que é o mais humilde dos papéis ficcionais.

UM "MEA-CULPA"

Se *O Coruja* assinala a aparição inaugural do pobre-diabo nas letras imperiais, é às *Recordações do escrivão Isaías Caminha* (1909), de Lima Barreto, que, nas letras republicanas, cabe igual primazia. Livro escrito na primeira pessoa do singular, coloca-se sob o signo da confissão. Mas não me parece seja o signo mais adequado à representação literária do pobre-diabo. Como tivemos oportunidade de ver mais atrás, o tipo de compaixão involucrado nessa frase feita conota necessariamente uma posição de superioridade do compadecedor em relação ao compadecido. Sem essa superioridade, em que transluz uma ponta de desdém, não se justificaria o uso da expressão. Na ficção de índole confessional, o escritor, ao abrir-nos a intimidade de sua alma, nos convida antes à cumplicidade ou à empatia, que é uma relação de igual para igual.

Durante a narrativa dos seus dias de pobre-diabo no Rio de Janeiro, o protagonista das *Recordações do escrivão Isaías Caminha* não esconde a revolta, a amargura e o rancor com que os lembra. Mulato, e ainda por cima filho de padre pobre, trocara na adolescência sua cidadezinha capixaba pela Capital Federal em busca de uma carta de doutor: "Ah! Seria doutor! Resgataria o pecado original do meu nascimento humilde, amaciaria o suplício premente, cruciante e onímodo da minha cor".[4] Mas o sonho doutoral não tarda a espatifar-se contra as arestas da realidade. O deputado para o qual trouxera uma recomendação o despacha com uma desculpa qualquer, sem arranjar-lhe o emprego público que lhe possibilitaria custear os estudos. Tampouco consegue Isaías, já no fim dos magros recursos de que dispunha para manter-se os primeiros dias no Rio, colocação alguma, por humilde que fosse, nas várias outras portas a que bate. Sua cor era uma desvantagem difícil de superar. Começa então a sofrer fome, a passar o tempo desalentado nos bancos de jardim, uma entre tantas "fisionomias fatigadas, tristes, tendo estampada na comissura dos lábios sem forças a irreparável derrota da vida". Ao sentimento inicial de raiva contra a "opressão da sociedade inteira", sucede "uma grande covardia e um pavor sem nome [...] em face das cordas, das roldanas, dos contrapesos da sociedade; senti-os por toda a parte, graduando os meus atos, anulando os meus esforços; senti-os insuperáveis e destinados a esmagar-me, reduzir-me ao mínimo; a achatar-me completamente". O modesto emprego de contínuo da redação de *O Globo* que finalmente consegue e que o salva da fome e do desabrigo só o faz confirmar-se na sua resignação de pobre-diabo temeroso de perder o pouco que conseguira: "Eu tinha cem mil réis por mês. Vivia satisfeito e as minhas ambições pareciam assentes. Não fora só a miséria passada que assim me fizera; fora também a ambiência hostil, a certeza de que um passo para diante me custava grandes dores, fortes humilhações, ofensas terríveis".

A partir desse ponto, as *Recordações* voltam-se inteiramente para a crítica de costumes, concentrando-se nas mazelas do jornalismo, "a mais tirânica manifestação do capitalismo [...] grandes empresas, propriedades de venturosos donos, destinadas a lhes dar o domínio sobre as massas, em cuja linguagem falam, e a cuja inferioridade mental vão ao encontro, conduzindo os governos, os caracteres para os seus desejos inferiores, para os seus atrozes lucros burgueses". Não obstante o *handicap* da cor, cujo estigma sente o tempo todo com dolorosa pungência, Isaías acaba caindo nas graças do diretor de *O Globo* e é promovido de contínuo a repórter, com o que termina a fase pobre-diabo da sua vida. A fase posterior, conquanto encerre algumas das páginas mais mordazes e literariamente mais bem logradas do livro, fica além do nosso restrito campo de interesse. Que é a fenomenologia da pobre-diabice, se assim se pode dizer, e de que as *Recordações* nos dão, além das passagens já citadas, duas outras introvisões essenciais. Uma é o encontro casual de Isaías, num banco do Passeio Público, com uma mocinha de cor pobremente vestida. Ela lhe faz uma pergunta qualquer, a que, absorvido na leitura de um livro, ele responde distraidamente, com indiferença. Ofendida, ela desabafa: "Que tipo! Pensa que é doutor...". E a passagem assim termina: "Considerei as ruas, as casas, as fisionomias dos transeuntes. Olhei uma, duas, mil vezes, os pobres e os ricos. Eu estava só". Neste pequeno episódio está *in nuce* o drama de consciência de Isaías. O sentimento da cor, tão vivo quando ele se sentia vítima de alguma humilhação pessoal, não servia para aproximá-lo dos seus irmãos de pele e de humilhações. Separando-o deles, havia sempre a barreira da superioridade intelectual, tão bem simbolizada, no episódio revelador, pelo livro em que ele estava enfronhado. Outro episódio igualmente revelador é a descrição do motim provocado pela lei dos sapatos obrigatórios, medida cuja impopularidade dava uma boa medida do quanto a República dos ex-escravocratas, dos grandes burgueses e dos oportunistas de todo tipo, desancada por Lima Barreto nas crônicas de *Bruzundangas*, estava distanciada das classes menos favorecidas. São essas classes que promovem a agitação de rua de que resultou a revogação da medida antipopular. Da janela do seu jornal, Isaías descreve a composição social da turba amotinada: "Havia a poeira de garotos e moleques; havia o vagabundo, o desordeiro profissional, o pequeno-burguês, empregado, caixeiro e estudante; havia emissários de políticos e descontentes [...] unidos pela mesma irritação e pelo mesmo ódio à polícia, onde uns viam o seu inimigo natural e outros o Estado, que não dava a felicidade, a riqueza e a abundância". Particularmente digno de nota aqui é a presença do "pequeno-burguês, empregado, caixeiro e estudante" no protesto contra uma medida discriminatória que não os atingia a eles, gente calçada. Aderiam todavia ao motim levados por uma dinâmica social que, não encontrando no quadro das instituições nenhuma via normal de manifestação, via-se forçada a recorrer às vias extra-institucionais para patentear o seu descontentamento com o *status quo*.

Ainda que, conformista e pávido, o pobre-diabo resista a deixar-se arrastar por essa dinâmica, ela nos será útil mais adiante para entender as razões de seu surgimento entre nós como personagem de ficção.

MAIS POR DENTRO AINDA

Pela vertente confessional, as *Recordações do escrivão Isaías Caminha* nos proporcionaram acesso à interioridade do pobre-diabo, complicada ali por um componente que dela não é parte necessária. Refiro-me à dúplice consciência de culpa de Isaías: do mulato que se sente separado, pela cultura livresca, dos seus irmãos de cor, e do escritor que, a despeito da sua posição crítica em face da sociedade a que abomina, acaba por ela derrotado: "Sentia-me sempre desgostoso por não ter tirado de mim nada de grande, de forte, e de ter consentido em ser um vulgar assecla e apaniguado de um outro qualquer. Tinha outros desgostos, mas esse era o principal. Por que o tinha sido? Um pouco devido aos outros e um pouco devido a mim".

Essas palavras poderiam ter sido subscritas por Luís da Silva, o protagonista de *Angústia*, de Graciliano Ramos. Publicado em 1936, um ano depois da revolta militar da Aliança Nacional Libertadora e um ano antes da implantação do Estado Novo, portanto, esse romance traduz incomparavelmente, no seu psicologismo sombrio, o clima de sufoco que se iria seguir. Mas enquanto o drama de consciência de Isaías Caminha se articula todo no âmbito da lucidez auto-analítica, o de Luís da Silva vai mais longe, às torvas regiões da subconsciência. Escrita também na primeira pessoa do singular, a narrativa de *Angústia* transita o tempo todo entre o passado e o presente do seu protagonista, o qual se confessa a certa altura: "Tenho-me esforçado por tornar-me criança — e em conseqüência misturo coisas atuais e coisas antigas".[5] A transição entre o agora e o outrora se faz o mais das vezes por meio da metonímia, como nas fusões cinematográficas: um objeto, uma pessoa ou uma palavra que faça lembrar a Luís da Silva determinada passagem de sua infância desencadeia de pronto o processo rememorativo. Neto de Trajano Pereira de Aquino Cavalcanti e Silva, a quem a decadência econômica não fez jamais abdicar do orgulho e da autoridade de potentado rural, passou a meninice na fazenda dos seus maiores. Estudou na escola do vilarejo e, após a morte do avô, quando se consuma a ruína da família, sai mundo afora para ganhar a vida, "vida de cigano, transformado em mestre de meninos. [...] Depois, era a caserna. [...] Em seguida, vinha a banca de revisão, seis horas de trabalho por noite, os olhos queimando, cinco mil réis de salário, multas, suspensões. E coisas piores [...] Empregos vasqueiros, a bainha das calças roídas, o estômago roído, noites passadas num banco de passeio, importunado pelo guarda".

Este périplo de misérias e humilhações não tarda a transformar o neto de Trajano Pereira de Aquino Cavalcanti e Silva num "Luís da Silva qualquer", num "pobre-diabo". Estas são as palavras com que se refere a si mesmo logo no começo do romance e que sinonimicamente reitera em mais de uma ocasião: "Uma criaturinha insignificante, um percevejo social, acanhado, encolhido para não ser empurrado pelos que entram e pelos que saem".

Para exprimir isomorficamente o drama desse percevejo social, que vive agarrado a um empreguinho de amanuense e que aluga sua pena aos poderosos do dia para suprir com uns ganhos extras a insuficiência do seu ordenado, a arte de Graciliano Ramos cria uma estrutura ficcional onde o simbólico e o alusivo preponderam. Há inclusive, em *Angústia*, uma topologia e uma gestualística que têm a ver de perto com o seu pervasivo clima de derrota moral. Atente-se, por exemplo, para o local dos encontros amorosos de Luís da Silva e Marina: "De todo aquele romance que se passou num fundo de quintal as particularidades que melhor guardei na memória foram os montes de cisco, a água empapando a terra, o cheiro dos monturos, urubus nos galhos da mangueira farejando ratos em decomposição no lixo". E o protagonista de *Angústia* gosta de fazer longos passeios de bonde aos arrabaldes, "quintais" da cidade, como que a fugir dela, numa impossível ânsia de retorno à simplicidade de vida do mundo sertanejo de sua infância, antípoda nisso da cidade que reduzira o neto de senhor rural a um dos "parafusos insignificantes da máquina do Estado", uma daquelas criaturas que "se resignam a viver num fundo de quintal, olhando canteiros murchos, respirando podridões, desejando um pedaço de carne viciada". Outro *locus* bem marcado na semântica do poema é o café, ponto de encontro fortuito do pobre-diabo com a sua antítese social. Ali, enquanto conversa em voz baixa com amigos tão pérapados quanto ele, Luís da Silva ouve "um capitalista que fala alto". Ali também topa às vezes com Julião Tavares, o subliterato ricaço que é a seus olhos a própria figuração do "dinheiro e propriedades, que [lhe] dão sempre desejos violentos de mortandade e outras destruições".

O gesto mais característico dos personagens de *Angústia* é a cabeça baixa.[6] Seu Ramalho, pai de Marina, a sensual vizinha por quem Luís da Silva se enrabichara, "falava de cabeça baixa, os olhos no chão, os músculos da cara imóveis, a boca entreaberta, a voz branda, provavelmente pelo hábito de obedecer". Também a mãe de Marina, d. Adélia, que antes do casamento "olhava os homens cara a cara", agora "estava mole, encolhida, machucada" pelas durezas da vida, "habituara-se a falar cochichado, e a baixar a cabeça diante de toda gente". Luís da Silva sublinha o significado social da oposição espinha reta x espinha curva quando compara, ao "espinhaço aprumado em demasia" de Julião Tavares, o rico sedutor de Marina, sua própria aparência de "boneco desengonçado" que não consegue "manter a espinha direita", sempre curvado naquela "posição que adquirira na carteira suja de mestre Antônio Justino, no banco do jardim, no tamborete de revisão, na mesa da redação".

Vem a propósito lembrar, dentro da mesma ordem de idéias, que o ato de revolta por meio do qual o protagonista de *Angústia* se redime afinal de sua passividade de pobre-diabo — a obsessão de matar Julião Tavares — foi-lhe inspirado pela visão de Marina baixando a cabeça como a mãe e tentando passar despercebida, após ter sido abandonada, grávida, pelo mesmo Julião. Luís da Silva a espera à saída da casa da parteira onde ela se foi submeter à purgação social do aborto para amenizar seu erro. É então que a vê perdendo a altivez e o vigor da sua sexualidade de fêmea jovem, convertendo-se numa réplica da mãe derrotada pela vida: "Seria para o futuro um trapo como d. Adélia. [...] Marina permaneceria de vista baixa, esconder-se-ia como um rato e falaria gemendo, concordando".

Pouco importa que o ato de revolta de Luís da Silva se cumprisse no plano do imaginário, não do real. Mesmo simbólico, é quanto basta para dar-lhe um toque de herói trágico, com isso comprovando a inadequação da voz narrativa em primeira pessoa para a construção do pobre-diabo ficcional.

INTERIORIDADE NO GRAU ZERO

As peripécias da ascensão mundana de Teobaldo em *O Coruja*, os perfis satíricos de figurões do jornalismo e da literatura nas *Recordações do escrivão Isaías Caminha*, a viveza dos incidentes e figurantes da meninice sertaneja de Luís da Silva em *Angústia* podem ser vistos, de certo modo, como interlúdios cuja função fosse aliviar com um pouco de variedade a monotonia e a opressiva insignificância em que transcorre a existência de seus protagonistas. Isso não quer dizer que sejam excrescência ou ornato. A arte de Aluísio Azevedo, de Lima Barreto e de Graciliano Ramos soube incorporá-los tão intimamente à estrutura ficcional que se tornaram parte indispensável de sua semântica. Já em *Os ratos*, de Dyonélio Machado, publicado pela primeira vez em 1935, não há nada que afaste a atenção do leitor, um instante que seja, da miúda tragédia de seu protagonista. Romance de total despojamento, mal se pode dizer que tenha enredo ou entrecho. Este se resume por inteiro nas aflitas tentativas de Naziazeno Barbosa, desde manhã até de noite, de conseguir 53 mil réis para pagar o leiteiro. Sem a quitação da dívida em atraso, lhe seria suspenso, a partir do dia seguinte, o leite necessário ao sustento do filho ainda pequeno.

A ação do romance transcorre num único dia, o que por si já é significativo. O leiteiro concedera só mais um dia de prazo a Naziazeno; ele, por sua vez, acuado que vive pela penúria, sempre às voltas com dívidas insaldáveis, tem de batalhar dia por dia a sobrevivência da família, sem outra perspectiva de futuro que não seja reiniciar a batalha perdida a cada manhã. Quanto ao foco narrativo, ele se centra no protagonista e se articula, salvo nos diálogos diretos, na terceira pessoa, que é tradicionalmente a voz da objetividade tanto quanto a da onisciência. Ainda que tal foco dê ao narrador livre acesso ao íntimo de seu anti-herói, é pouco o que de lá ele eventualmente nos traz: algumas vagas e desconexas lembranças de uma infância rural e interiorana, lembranças que, diferentemente das tão vivas e marcantes de Luís da Silva, em pouco ajudam a desvendar os desvãos da interioridade de Naziazeno. Dir-se-ia que nem existem desvãos, tão absorvido o vemos no aqui e agora da luta pela sobrevivência, imediatez estilisticamente marcada pela narração no presente do indicativo, muito de raro em raro substituído por algum pretérito, o dos farrapos de recordações de infância de Naziazeno, por algum condicional ou futuro, nos curtíssimos momentos de devaneio em que ele se imagina uma vida menos apertada. Essa opacidade, esse quase grau zero de interioridade faz lembrar a do protagonista de *O estrangeiro*, de Camus.

Dir-se-ia, outrossim, que na ascética economia de meios de *Os ratos* sequer há espaço para as reverberações do simbólico. Tanto assim que, não obstante o título do livro, os ratos só vão aparecer-lhe nas últimas páginas e mesmo ali restritos ao simples papel de roedores (ou roedores de papel, se me permitem o trocadilho), sem nenhuma das virtualidades metafóricas exploradas em *Angústia*. Os 53 mil réis finalmente conseguidos na boca da noite, graças à proficiência do Duque, amigo e mentor de Naziazeno na difícil arte da mordida, do penhor, da renovação de cautelas e de outros estratagemas, são deixados pelo nosso anti-herói sobre a mesa da cozinha para o leiteiro recolher de madrugada. Mas o receio de os ratos, que costumam rondar por lá durante a noite, roerem as notas, mantém Naziazeno insone, ainda que, pobre-diabo total, lhe falte ânimo para levantar-se e ir conferir. Todavia, e nisto me parece estar o melhor da arte de Dyonélio Machado, a intensidade com que são recriadas as miudezas do cotidiano é tal que elas parecem investir-se de uma significação transcendental. Repare-se, nessa narrativa pontilhista — ou minimalista, para usar o rótulo em moda —, em como a moeda, o troco miúdo, vai assumindo importância cada vez maior dentro do que se poderia chamar de uma estética do mínimo. Alguns tostões sobrados de uma mordida num conhecido para o cafezinho possibilitarão a Naziazeno tentar a sorte no jogo de bicho e na roleta. Excusa dizer que perde num e noutra, mas no salão de jogo depara um sujeito vagamente conhecido, a quem qualifica consigo mesmo de "pobre-diabo". Fundamental notar que o qualificativo em nenhum momento é aplicado ao próprio Naziazeno: sua qualificação como tal será um juízo a que o processo cumulativo de texto irá levar a mente do leitor.

Mas voltemos à moeda como índice do próprio caráter minimalista do entrecho de *Os ratos*, em que incidentes miúdos, de reles valor dramático em si, vão-se somando uns aos outros pelo dia afora. Não se esqueça que o Graal a que visa a demanda de Naziazeno é também uma soma, para ele considerável, de unidades monetárias ou réis: 53 mil deles. Daí que as andanças do anti-herói, sozinho ou junto com Alcides e o Duque, seus companheiros de demanda, sejam sempre por locais vinculados ao ritual financeiro: o mercado e seu café anexo, onde corretores, biscateiros e mordedores entabulam negócios; o banco e a loja de penhores. As frustrações que a demanda vai sofrendo ao longo de tal via-crúcis são outras tantas moedas somando-se em sentido inverso ao perseguido. E quando começam a amiudar-se no texto as referências ao fim do dia — o dia comercial em que permanece acesa em Naziazeno a esperança de conseguir o dinheiro de que precisa —, elas se centram numa imagem cuja eficácia contextual a redime do pecado da convencionalidade: "a moeda em brasa do sol".[7] Foi sob o signo ominoso desse astro que se passou o dia de Naziazeno, tão cheio de azáfama e de frustrações. O triunfo do anti-herói, seu regresso a casa com dinheiro para o leite, brinquedo para o filho, comida para si e para a mulher, só foi possível quando o sol-moeda se apagara do céu: era já noite quando Duque conseguiu renovar a cautela de um anel empenhado e arranjar assim dinheiro para o amigo. Amigo que lhe admira a figura batalhadora de "agente, o corretor da miséria". Diante da pertinácia de lutadores como o Duque e Alcides, Naziazeno se sente inferiorizado. Dentro dele não há senão "um desejo de imobilidade, de inatividade", de "quem quer as coisas contínuas, imutáveis". Como de resto as quer todo pobre-diabo que se preze.

UM LUGARZINHO NO QUADRO

Acredito que esta breve incursão pelo texto de quatro romances nos quais a figura do pobre-diabo se foi progressivamente arredondando aos nossos olhos ajudou a pôr algumas carnes ficcionais no magro esqueleto teórico de que havíamos partido. Estamos agora em melhores condições para tentar cumprir uma outra tarefa: achar, no quadro geral do romance como forma, o lugar modesto, mas específico, que caberia ao romance de pobre-diabo. Para tanto, não sei de roteiro melhor que *A teoria do romance*, de Georg Lukács, onde a concepção hegeliana do romance como a epopéia da burguesia foi brilhantemente desenvolvida pelo prisma de uma filosofia das formas. Aqui não se pode evidentemente ir além de um apanhado grosseiro de algumas de suas idéias; creio, porém, seja o quanto basta para o fim em vista.

Lukács parte do conceito de civilização fechada, por ele entendida como uma totalidade histórica de sentido acabado e perfeito cuja significação se pode abarcar de um só olhar. Nessa totalidade, o único problema é descobrir "o lugar que convém a cada indivíduo";[8] a criação artística, por sua vez, não faz mais do que "estabelecer a síntese das essências visíveis e eternas". Uma totalidade assim era o mundo da epopéia grega, em que humano e divino não estavam separados por nenhuma barreira, mas formavam um *continuum* intercomunicante. Nele, essência e existência coincidiam, pelo que o caráter de herói épico jamais era posto em jogo na aventura nem era por ela afeiçoado. O herói nascia feito e as peripécias narradas na *Ilíada* e na *Odisséia* apenas vinham ilustrar a justeza do adjetivo *polýtropos* (empobrecedoramente traduzido por "astuto"), desde sempre associado ao nome de Ulisses ou Odisseu como uma espécie de marca reveladora de sua essência.

Já no mundo cristão, humano e divino se afastam infinitamente um do outro, se bem que a totalidade ainda se mantenha. Para preencher a astronômica distância que vai da "alma irremediavelmente pecadora" posta a viver no decaído mundo dos homens até "a absurda certeza de uma redenção" cria-se uma nova "escala das hierarquias terrestres e celestes", tão bem cartografada nessa epopéia do além que é *A divina comédia*, de Dante.

No mundo burguês do romance, o divino é definitivamente expulso do real, o que corresponde à demonização deste: onde não haja divindade auxiliadora, fica o campo inteiramente livre para a impedidora, a divindade demoníaca. Não se trata mais, como no mundo épico, de achar o lugar que cabe ao indivíduo numa totalidade orgânica. Agora, a incoerência estrutural do mundo ameaça a serenidade da forma artística e o próprio indivíduo se problematiza. Ele já não tem uma essência definida, pronta a atualizar; esta se irá constituindo ao longo do processo histórico da existência dele. Eis por que o "romance é a forma da aventura, aquela que convém ao valor próprio da interioridade; o conteúdo consiste na história dessa alma que entra no mundo para aprender a conhecer-se, que procura aventuras para se experimentar nelas e, por meio desta prova, dá a sua medida e descobre a sua própria essência". Todavia, o rompimento do pacto épico entre o herói e o mundo abrirá uma brecha intransponível entre o real e o ideal, do que dá testemunho o primeiro dos romances, o *Dom Quixote*, de Cervantes. Doravante, à juvenil confiança do herói épico na sua vocação ou destino, sucederá a ironia melancólica do herói romanesco, que bem conhece o "baixo revés que representa o fato de se adaptar a um mundo para quem todo o ideal é uma coisa estranha e, para triunfar sobre o real, de renunciar à irreal idealidade da alma".

Desse corte radical entre "a interioridade e a aventura", o ideal e o real, a alma e o mundo, nasce aquele a quem Lukács chama de "herói problemático", que é o herói romanesco por definição. À frente dele abrem-se dois caminhos dilemáticos. O primeiro, o caminho do "romance de formação" tipificado pelo *Wilhelm Meister*, de Goethe, mostra-nos o herói buscando, nas suas peregrinações pelo mundo da realidade social, um jeito de com ele conciliar os ideais que traz dentro de si, mas sem traí-los. O outro caminho, ilustrado pelo chamado "romance da desilusão", de que Lukács toma como modelo *A educação sentimental*, de Flaubert, leva o herói, após o malogro de seus ideais, à descrença na possibilidade de qualquer forma de conciliação, pelo que só lhe resta "de um lado, o acomodamento com a sociedade por via da aceitação resignada das suas formas de vida, por outro lado, o recuo sobre si mesmo e a conservação em si de uma interioridade que só se pode realizar na alma".

É fácil ver que o romance de pobre-diabo está tão longe das esperanças, ainda que utópicas, do romance de formação, quanto perto está da desesperança do romance da desilusão. Melhor dizendo: representa a forma mais extremada, mais radical deste último. A tensão entre o herói e o mundo, tensão que supunha certo equilíbrio de forças, desaparece. Forçado, como o herói desiludido, à aceitação das "formas de vida" que lhe são impostas pela sociedade, o pobre-diabo já não tem mais a força daquele para recuar sobre si e conservar intacta na alma, ainda que frustrada, a interioridade dos seus ideais. Isso porque as formas de vida social a que está submetido são as mais tirânicas delas. A necessidade econômica em nível de quase penúria e a ameaça sempre iminente da degradação última de classe fazem dele um joguete sem vontade, cuja pavidez e cuja resignação rondam os limites da saturação. Daí que a sua interioridade entre em processo de dissolução, como a do protagonista de *Angústia,* ou se apague num grau zero que é a do anti-herói de *Os ratos.* O rompimento da tensão mínima capaz de manter a interioridade reconhecível em face do real hostil conduz a do pobre-diabo à demonização ou reificação: ei-la totalmente invadida pelas coisas do mundo — não as da natureza, bem entendido, mas a sua fetichização em mercadoria ou dinheiro — a ponto de delas se tornar indistinguível. A interioridade de Naziazeno, tal como nos é franqueada pelo olho onisciente do narrador de *Os ratos*, está de todo posta na demanda que a atormenta; já não existe por si.

O FRACASSO É NOSSO

Resta-nos, por fim, indagar: existiria algum nexo de significatividade entre o surgimento do pobre-diabo como protagonista de romances brasileiros e o contexto sociocultural em que isso se deu, vale dizer: a sua circunstância brasileira?

Questão muito parecida preocupou Mário de Andrade no fim da vida, fase que para ele foi, como se sabe, de acerto de contas. Acerto de contas consigo mesmo (*Meditação sobre o Tietê*), com o Modernismo a que chefiara (*O movimento modernista*) e com a *intelligentsia* brasileira a que pertencia ("A elegia de abril"). Neste último texto, incluído nos *Aspectos da literatura brasileira*,[9] confessa-se ele intrigado com "esse herói novo, esse protagonista sintomático de muitos dos nossos melhores novelistas atuais: o fracassado". Um tipo de herói "desfibrado, incompetente para viver, e que não consegue opor elemento pessoal algum, nenhum traço de caráter, nenhum músculo como nenhum ideal, contra a vida ambiente". Timbrava porém Mário em distingui-lo de outros grandes fracassados da literatura — Dom Quixote, Otelo, Madame Bovary —, "seres dotados de ideais, de ambições enormes, de forças morais, intelectuais, físicas". Entre os representantes desse "fracassado nacional" incluía ele indistintamente quer o Carlos senhor de engenho de *Bangüê* quer o Luís da Silva amanuense e escriba de

Angústia; tanto "os fracassados cultos" de romances de Cordeiro de Andrade, Cecílio J. Carneiro e Gilberto Amado quanto "outro, caipira, do escritor Leão Machado, e um nordestino do povo, figura central de *Mundo perdido* de Fran Martins". Curiosamente, deixava de constar nesse inventário o Naziazeno de *Os ratos*, livro que no entanto ele conhecia desde sua primeira edição, conforme dá a entender uma carta sua de outubro de 1944 a Dyonélio Machado.[10]

A princípio julgara Mário discernir no "fenômeno [...] algumas raízes tradicionais", mas logo depois se convencera de que o dito fenômeno "não tem raízes que não sejam contemporâneas e não prolonga qualquer espécie de tradição". Por dois dos exemplos aqui trazidos à colação, *O Coruja* de Aluísio Azevedo e as *Recordações do escrivão Isaías Caminha* de Lima Barreto, sabemos que o fenômeno não era exclusivo dos anos 30-40, mas anterior a eles. Talvez Mário assim considerasse porque a sua "Elegia de abril" era, no fundo, um texto de admoestação aos seus confrades brasileiros daqueles anos "em que o Estado se preocupou de exigir do intelectual a sua integração no corpo do regime". Voltava-se ele severamente contra tal "dolorosa sujeição da inteligência a toda espécie de imperativos econômicos" e via em muitos dos intelectuais brasileiros seus contemporâneos tão-só "cômodos voluntários dos abstencionismos e da complacência", quando não "da pouca vergonha". Considerando o herói fracassado da ficção brasileira de então como sobretudo "um tipo moral", Mário apontava por causa do seu aparecimento a existência, "em nossa intelectualidade contemporânea", do que descrevia como "a preconsciência, a intuição insuspeita de algum crime, de alguma falha enorme, pois que tanto assim ela se agrada de um herói que só tem como elemento de atração a total fragilidade, o frouxo conformismo".

Qual fosse esse crime ou falha enorme, ele já o deixara explicitado por antecipação no mesmo texto: era o que seria mais tarde tecnicamente denominado de "cooptação" do intelectual pelo

Estado, nomeadamente o Estado Novo. Cooptação é, aliás, o conceito-chave do livro de Sérgio Miceli, *Intelectuais e classe dirigente no Brasil (1920-1945)*,[11] uma análise sociológica das relações entre a nossa *intelligentsia* e o Poder no período em causa. E, por sociológica, essa análise se interessa quase exclusivamente pela biografia real do escritor, ficando fora do alcance de sua vida o imaginário da literatura propriamente dito. Contudo, neste é que se traçam os nexos mais sutis, mais ricos de significado (bem mais ricos, em todo caso, do que as fontes autobiográficas privilegiadas no livro de Miceli) da obra de imaginação com sua circunstância histórica. Em *Angústia,* por exemplo, tem especial pertinência, para a ordem de preocupações evidenciadas na "Elegia de abril", a incapacidade de Luís da Silva de se relacionar com os freqüentadores de um botequim de arrabalde, pessoas do povo que ele sentia aproximadas entre si por "qualquer coisa [...] com certeza os remendos, a roupa suja, a imprevidência, a alegria, qualquer coisa. Eu é que não podia entendê-las. 'Sim senhor. Não senhor.' Entre elas não havia esse senhor que nos separava. Eu era um sujeito de fala arrevezada e modos de parafuso". Mau grado o isolamento intelectual, e ainda que não compartilhasse as idéias de Moisés, seu amigo comunista, Luís da Silva se insurgia também contra a ordem social do "dinheiro e propriedades". Mas na sua revolta não havia uma opção ideológica; havia somente o ressentimento do pequeno-burguês reduzido "a uma espécie de níquel social", a inadaptação do antigo sertanejo às complicações da vida urbana: "estou feito um molambo que a cidade puiu e sujou". Cônscio da dubiedade da sua revolta — "Está claro que não inspiro confiança aos trabalhadores", reconhece ele em certo momento —, pergunta-se ceticamente, ele a quem irritava a insistência de Moisés na "tecla de sempre, arte como instrumento de propaganda política", se quando "houver uma reviravolta, utilizarão as minhas habilidades de escrevedor?".

A radicalização política dos anos 30 costumava reclamar dos escritores simpatizantes da luta ideológica ou nela engajados a criação de um romance proletário brasileiro. Jorge Amado terminava a nota de abertura de *Cacau* (1933), onde pretendera contar "com um mínimo de literatura para um máximo de honestidade" a vida dos trabalhadores cacaueiros do sul da Bahia, com uma interrogação aflita: "Será um romance proletário?". A idolatria obreirista dessa década, prolongada às duas subseqüentes, fazia-se acompanhar de um grande desprezo pelo pequeno-burguês. A ponto de Carlos Drummond de Andrade ter achado necessário sair em defesa dele, a certa altura, para minimizar a acepção do qualificativo de "vacilante [...] que se pregou ao paletó do modesto pequeno-burguês, como um rabo grotesco" e para lembrar que, na luta entre possuidor e despossuído, quem mais sofre é "muitas vezes o que está no meio, acusado por uns de se vender ao ouro dos plutocratas, por outros de se deixar intimidar ante a cólera dos proletários".[12]

A esta luz percebe-se melhor que em *Angústia* não se refratava apenas o remorso da "dolorosa sujeição da inteligência a toda espécie de imperativos econômicos" de que falava Mário de Andrade, ou da cooptação, para repetir o tecnicismo algo pernóstico. Ali se manifestava principalmente a coragem de desafiar de frente os dogmas do proletarismo literário e de colocar no centro do palco romanesco a vilipendiada figura do pequeno-burguês; pior ainda, do pobre-diabo. E se no caso de *Angústia* ainda poderia ser invocado como atenuante o rigor autocrítico com que o seu protagonista desvelava suas mazelas de classe, nem sombra de atenuante se encontrava na inteireza sem brechas da objetividade de *Os ratos:* Naziazeno era um pobre-diabo totalmente "assumido", como se diria hoje.

Tenho para mim que ao promover o pequeno-burguês fracassado a herói de ficção, os nossos romancistas estavam propondo, no plano imaginativo e por isso mesmo tantas vezes divinatório da arte, um homólogo daquilo que só mais tarde a sociologia política iria referendar. Já em fins do século XIX Sílvio Romero discernia na sociedade brasileira, em oposição a uma minoria de "fazendeiros, senhores de engenhos, negociantes e herdeiros de capitalistas, mais ou menos desempenhados", a grande maioria dos que chamava de *pobres da inércia* e que cuidava de diferençar dos "operários rurais e fabris". Esse contingente majoritário, de uma ainda incipiente classe média opondo-se sozinha à burguesia latifundiário-mercantil, constituía o fracassado "mundo dos médicos sem clínica, dos advogados sem clientela, dos padres sem vigararias, dos engenheiros sem empresas e sem obras, dos professores sem discípulos, dos escritores, dos jornalistas, dos literatos sem leitores, dos artistas sem público, dos magistrados sem juizados ou até com eles, dos funcionários públicos mal remunerados".[13] Guerreiro Ramos, em meados da década de 50, aprofundou e levou avante as formulações pioneiras de Sílvio Romero. Num notável ensaio intitulado "A dinâmica da sociedade política no Brasil",[14] mostra ele que desde cedo se formou aqui uma avultada classe média que não encontrava oportunidades de trabalho nos estreitos limites de uma economia escravista. A seu ver, foi essa classe que amiúde impulsionou a dinâmica política de nossa história, a qual reflete "os percalços e as vicissitudes de uma classe média em busca de enquadramento social". Esta mesma classe esteve à frente dos movimentos revolucionários do Brasil Colônia, tomou a si as causas progressistas do Brasil Império, teve parte decisiva na proclamação da República, apoiou os levantes tenentistas, ajudou a fazer a revolução de 30 e dividiu-se entre os radicalismos de esquerda e de direita na nova época por ela inaugurada. Mas é bem de ver que, em todas essas ocasiões, o poder ou suas benesses maiores acabou indo parar nas mãos de alguma oligarquia, ficando sempre frustradas as esperanças da pequena-burguesia. Foi o que já pudemos ver, em abismo, nas páginas de *O Coruja*, em que à trajetória fulgurante de Teobaldo, rebento da oligarquia rural, corresponde a decadência cada vez mais acentuada de André, o obscuro professor de liceu que tanto o ajudou a subir na vida.

Para concluir, creio não haver despropósito em chamar a atenção para o nexo de simetria, pelo menos curioso, entre o destaque dado ao pobre-diabo nalguns romances brasileiros e o frustrado papel de vanguarda que a pequena-burguesia teve na nossa dinâmica social. Talvez haja algo mais do que uma curiosidade nessa simetria. Pelo que ela possa valer, aí fica como sugestão de pesquisa para os sociólogos da literatura e/ou os literatos da sociologia.

O *art nouveau*
na literatura brasileira

I

Desde que foi criado por Tristão de Ataíde, em fins dos anos 30, para designar o período que se estende dos fins do simbolismo aos primórdios do modernismo, o termo "pré-modernismo" vem-se constituindo em incômoda pedra no sapato de nossos historiadores literários. Conforme observou Alfredo Bosi,[1] um dos mais equilibrados e percucientes estudiosos desse período, o termo é ambíguo na medida em que ora dá a entender uma simples precedência cronológica — e pré-modernistas seriam, a rigor, quantos houvessem atuado literariamente depois do simbolismo e antes do modernismo —, ora inculca uma idéia de precursor — e pré-modernistas seriam, nesse caso, supostos modernistas anteriores ao modernismo propriamente dito, cujo início oficial se dá em 1922, como se sabe, com a Semana de Arte Moderna.

A solução de compromisso proposta no volume III de *A literatura no Brasil*, dirigida por Afrânio Coutinho, de substituir o rótulo de Tristão de Ataíde pelos de "sincretismo", "penumbrismo" e "impressionismo", só veio colocar mais pedras no sapato periodo-lógico. Sincrético, a bem dizer, é todo período literário: nem sempre é fácil encontrar, em qualquer um deles, expressões "puras" da estética dominante que lhe dá nome; encontram-se, as mais das vezes, variados graus de simbiose dela com a que a precedeu ou com a que irá sucedê-la. Outrossim, como se verá adiante, os termos "impressionismo" e "penumbrismo" são demasiado restritos para compendiar os traços definidores da poesia e da prosa mais representativas do período em questão.

Tenho para mim que o termo cunhado por Tristão de Ataíde e hoje consagrado pelo uso continua válido desde que se cuide de delimitar-lhe com maior precisão o campo de abrangência, concentrando, de um lado, quanto cheire mais fortemente a retardatário, isto é, o neo parnasianismo, o neo-simbolismo e o neonaturalismo, a fim de deixar espaço livre, do outro lado, para aquilo que de fato aponte para o modernismo vindouro como uma espécie de batedor ou precursor. Talvez seja menos trabalhoso delimitar esse espaço efetivamente pré-modernista na periodologia da nossa literatura se, a exemplo do que já se fez tão frutuosamente com os conceitos de barroco e rococó, se puder transpor, do campo das artes visuais (e aplicadas) para o campo da arte literária, o conceito de *art nouveau* ou "arte nova". Semelhante transposição não constitui novidade absoluta: em *A vida literária no Brasil — 1900*, Brito Broca implicitamente a sugere, e Flávio L. Motta, na sua *Contribuição ao estudo do "Art nouveau" no Brasil*, praticamente a propõe quando aponta, entre as características da nossa arte nova, a de que "antecedeu e contribuiu para o nosso movimento modernista".[2] Tal precedência e contribuição da arte "nova" em relação à arte "moderna" já se deixa ver, aliás, no estreito parentesco semântico entre os dois qualificativos; antes, porém, de ilustrar mais pormenorizadamente a aplicabilidade do conceito a boa parte de nossa produção literária entre 1890 e 1920, convém recordar, ainda que de modo sumário, as origens históricas da diligência artenovista e os princípios estéticos que a informaram.

II

Diferentemente do que costuma acontecer com as correntes inovadoras, a arte nova não se deu a conhecer por manifestos radicais ou por proclamações teóricas de caráter polêmico. Afirmou-se, antes, pela silenciosa mas eloqüente atividade criadora de artistas de vários países europeus que, sem estar propriamente arregimentados num movimento ou escola, tinham em comum o empenho de reagir contra o academicismo — em especial no campo da arquitetura e das artes ditas aplicadas, onde campeava a imitação do gótico, do renascentismo, do orientalismo —, para, com os novos materiais e as novas técnicas postos à sua disposição pelo progresso industrial, criar formas novas, em vez de copiar as antigas. Estranho que esse empenho inovador coexistisse, às vezes, com uma nostalgia passadista, claramente perceptível nos precursores ingleses do *art nouveau* — o pintor e crítico de arte John Ruskin e o poeta e artesão William Morris, um e outro fascinados pela unidade de concepção da arte medieval. Então, arquitetos, pintores e demais artífices trabalhavam conjuntamente numa obra total cuja estrutura e decoração obedeciam aos mesmos princípios orgânicos, à mesma "coerência estilística", ao contrário do elenco pré-fabricado de motivos decorativos copiados da Renascença, os florões, cornucópias, rosetas, cupidos etc. que no século XIX eram arbitrariamente aplicados como enfeite às construções. Se essa valorização da artesania medieval levava Morris a rejeitar reacionariamente a máquina e a só ver feiúra e aviltamento social no industrialismo, por outro lado inculcava o ideal de uma unidade de propósitos nas diversas artes, de que resultaria, afinal, um corretivo para aquela falta de estilização deplorada por Ortega y Gasset no realismo do século XIX.[3] O *art nouveau* é não só um estilo de época comum às várias artes — a arquitetura, a pintura, o desenho, as artes aplicadas do mobiliário, da vidraria, dos adereços, da tipografia, da ilustração, do vestuário etc. e, *the last but not the least*, a poesia e a prosa de ficção —, mas até mesmo, como quer Champigneulle, "uma filosofia, uma ética e um comportamento".[4] Esse estilo tão expressivo da maneira de vida da *belle époque* se manifesta tanto nos edifícios de Horta, Van der Velde ou Gaudí quanto nos desenhos de tecidos de Morris ou nos painéis decorativos de Whistler; tanto nos vasos de Gallé ou Tiffany quanto nas pinturas ou desenhos de Valloton, Munch, Klimt, Toorop ou Beardsley; tanto nos cartazes de Toulouse-Lautrec e Mucha quanto nos móveis de Mackintosh e Serrurier-Bovy; tanto nos ornatos de ferro de Guimard quanto na *écriture artiste* dos Goncourt e de Wilde ou no monismo panteísta de certos poemas de Rilke e Stefan Georg — para citar apenas alguns dos expoentes da arte nova.

Da Inglaterra, onde Morris o iniciara com a Arts & Crafts Exhibition Society (1886), o impulso renovador propagou-se à França para ali ser consagrado como "Art nouveau", nome dado por Bing à sua galeria de objetos da nova estética, embora os franceses mais esnobes insistissem em chamar-lhe, à inglesa, Modern Style. Na Alemanha ficou conhecido por Jugendstil, nome da revista que o propagou, *Jugend*. Em Viena se impôs como Sezession, na Itália como Style Nuovo ou Liberty, na Espanha como Arte Jovem ou Modernista ou Style Gaudí, nos Estados Unidos como Style Tiffany. Um marco histórico da arte nova foi a exposição universal de Paris, em 1900, onde ela estava representada com um destaque que lhe apressou a popularização nos demais países. Aliás, a própria Torre Eiffel, erigida dez anos antes para comemorar o centenário da Revolução Francesa, já era um monumento artenovista, com a sua desnuda ossatura de ferro a apontar o caminho do moderno e do estrutural.

Embora não seja fácil destacar características comuns na

grande variedade de manifestações da arte nova, pode-se começar repetindo que foi a arte típica da chamada *belle époque*, isto é, daquele longo interregno de paz que se estendeu de 1870 até a Primeira Guerra Mundial e durante a qual prosperou uma rica sociedade burguesa, brilhante e fútil, amante do luxo, do conforto, dos prazeres, em cujas camadas mais cultas os artífices do *art nouveau* encontraram os seus clientes de eleição. Esta circunstância explica por si só o fato de o movimento renovador ter florescido especialmente no campo das artes aplicadas, assim como lhe explica o pendor para o ornamento, palavra que define *in nuce* a sua estética. A arte nova se aproxima do barroco pela sua exuberância ornamental, no mesmo passo em que se afasta do naturalismo do século XIX, voltado antes para os aspectos mais grosseiros e amiúde mais sombrios da vida cotidiana. Longe de servir de espelho às misérias do dia-a-dia, o *art nouveau* aspirava a "criar uma imagem de um mundo de beleza e felicidade universais" (Barilli).[5] Daí a sua oposição ao naturalismo significar não uma recusa do natural em si, mas sim a negação de reproduzi-lo no que tivesse de mais superficial ou ostensivo; ao contrário do naturalismo mais ou menos fotográfico, preocupava-se em descobrir a estrutura interior das coisas, os processos ocultos de criação das variadas formas de vida vegetal e animal, para depois estilizá-los, processos e estruturas, em formas artísticas. A animar essa vontade de estilização ornamental da arte nova, havia uma exaltação dionisíaca da vida, um vitalismo de cuja formulação filosófica se encarregara Nietzsche, o pensador mais prestigioso da época, ao lado de Schopenhauer, não sendo pois obra do acaso que uma irmã de Nietzsche tivesse tido papel de relevo na constituição dos primeiros grupos do Jugendstil, a vertente alemã da arte nova.

Por seu vitalismo, distinguia-se esta portanto do simbolismo e do decadentismo a cuja sombra nasceu e com cujos refinamentos esteticistas é freqüentemente confundida. Perante a vida, a atitude simbolista quase sempre foi de recusa; esforçava-se por substituí-la pelo sonho ou pelo devaneio imaginativo, tal como o faz exemplarmente Axel de Auersburg, o personagem de Villiers de L'Isle Adam que não só se nega a realizar os seus sonhos ("Por que realizá-los? São tão belos!") como até mesmo a viver: "Viver? Nossos criados farão isso por nós...".[6] De outra parte, com a sua preocupação de abstrair das estruturas e processos vivos as linhas-de-força que iria depois converter na trama intrincada dos seus sinuosos e entrelaçados ornamentos, o *art nouveau* distinguia-se frontalmente do impressionismo, cujo empenho era não estilizar o natural por abstração mas fixar fielmente as impressões luminosas por ele produzidas na retina do observador-pintor. Enquanto o pintor impressionista dissolvia a forma do objeto numa poalha multicolorida, o artenovista lhe acentuava os traços de contorno, num linearismo antecipado por pós-impressionistas como Gauguin, Lautrec ou Redon e tão à vista nas fortes barras de delimitação do *cloissonisme*.

Para estilizar-lhe as linhas estruturais nas volutas dinâmicas, serpeantes e caprichosas com que buscavam exprimir as tensões das forças naturais em seu embate dramático durante o processo de criação, os artistas estudavam plantas, flores e animais com minuciosidade de naturalista: exemplo eloqüente disso é o pintor brasileiro Eliseu Visconti, aluno de Grasset, um dos mestres do *art nouveau* francês, a esquadrinhar sob microscópio a estrutura de tecidos vegetais para dali tirar padrões de ornamento.[7] Tal estilização do natural em ornamental irá fornecer à arte nova suas formas de base, os típicos motivos fitomorfos e biomorfos: os ciclamens, libélulas e borboletas com que Émile Gallé decorava seus objetos de vidro e de que Odilon Redon povoava a sua pintura onírica, como símbolos das forças da natureza, tanto mais intensas quanto obscuras, forças igualmente figuradas nas ondas tempestuosas criadas por Endell para ornar a fachada de um estúdio fotográfico em Munique; as aves de longas caudas imponentes pintadas por Whistler na sua Sala dos Pavões; as juntas nodosas, a lembrar esqueletos de animais, das cadeiras e mesas de Riemersschmid, a que fazem *pendant* as formas contorcidas e protuberantes, como se fossem ossos de animais pré-históricos, do mobiliário desenhado por Gaudí para o Palácio Güell. Essa arte por assim dizer esqueletal encontrava um equivalente arquitetônico no uso do ferro aparente, pioneiramente introduzido pela Torre Eiffel e tão bem exemplificado no Edifício Solvay, de Horta, onde a estrutura de ferro à vista deixava inclusive aparecer as roscas e cabeças de parafusos.

Com ir buscar à flora e à fauna seu repertório de motivos ornamentais, os artífices do *art nouveau* cumpriam a missão a que se propunham, de, pela intermediação da arte, aproximar ciência e técnica do mundo da natureza, da qual as sentiam tão distanciadas por força daquela exacerbada oposição entre artificial e natural que a mecanização trouxe consigo. Dentro do próprio bastião do industrialismo, a grande cidade moderna, e, mais especificamente, dentro das moradas dos homens, reinstalaram eles, sob a forma de estilização e reminiscência decorativa, o palpitar da natureza. E o fizeram sob o mesmo imperativo de unidade com que os artífices da Idade Média, articulando num só gesto criativo o arquitetônico, o pictórico e o ornamental, erigiam suas catedrais *ad majorem Dei gloriam*. Só que a glória celebrada na unidade estilística da arquitetura, da pintura e das artes aplicadas do *art nouveau*, onde o ornamental servia não para esconder, mas para realçar o estrutural, era a do novo deus Progresso.

III

Não é difícil entender a inexistência de um *art nouveau* propriamente brasileiro. Estética sem manifestos categóricos e sem combativos chefes de fila a trombetear-lhe os princípios e a recrutar-lhe adeptos, o movimento artenovista (se é que se pode usar este termo, no caso) teve curta vigência na Europa, cerca de apenas dois decênios, sendo que o seu florescimento entre nós, no terreno das artes visuais, foi de todo obstado pela inércia de um academismo a que só a agressividade modernista conseguiu enfim contrapor-se vitoriosamente. Eis porque, afora as exceções pioneiras de Eliseu Visconti e Lucílio de Albuquerque, o nosso apoucado *art nouveau* foi obra de estrangeiros, os arquitetos Carlos Eckman e Victor Dubugras e os artífices italianos do Liceu de Artes e Ofícios de S. Paulo, criadores do estilo dito "macarrônico", que chegaram a ser contemplados com medalha de ouro na Exposição Universal de St. Louis (1904) por uma vitrina giratória em estilo *art nouveau*. Não obstante tal pouquidade, através dos objetos de luxo e das revistas importadas da Europa, sobretudo de Paris, o novo estilo rapidamente se popularizou no Brasil e, imitado por toda parte, marcou indelevelmente a nossa paisagem urbana e a nossa vida mundana, artística e literária, definindo o *Zeitgeist* do pré-modernismo. Conforme assinala Flávio L. Motta,[8] de cujos preciosos estudos extraio estes dados, a arte nova "compôs grande parte da nossa paisagem e dos nossos ambientes; esteve nas salas de refeições, nos escritórios, nas praças, nos cemitérios, nas ferrovias, nos costumes e nas revistas tipo *Seleta, Careta, Fon-fon, Vida Moderna, Kosmos, Pirralho* etc". Aliás é nas charges de melindrosas e pelintras criadas pelos caricaturistas destas publicações — J. Carlos, Voltolino, Pederneiras e sem esquecer o primeiro Di Cavalcanti — que vamos encontrar os melhores exemplos de uma adaptação brasileira do linearismo *art nouveau*.

O novo estilo de arte e de vida importado da Europa, aonde fôramos sempre buscar as nossas novidades, estava particularmente adequado ao momento histórico que então vivíamos. Pois, guardadas as proporções, passávamos aqui também por uma espécie de *belle époque*. Amainadas as agitações do período que se seguiu à Abolição e à queda da monarquia, inicia-se na antiga Capital Federal uma quadra de rápida modernização, em que o beco dos tempos coloniais e imperiais vai ceder o lugar à avenida dos tempos republicanos. É a época do Bota-Abaixo comandado pelo prefeito Pereira Passos, de "o Rio civiliza-se" alardeado pelos cronistas sociais. As modificações trazidas por essa quadra de modernização urbana à vida literária, mostrou-as admiravelmente Brito Broca em livro citado no início deste artigo. Limitemo-nos a lembrar que a "febre de mundanismo" então vivida pelo Rio e a cujo afrancesado luxo de imitação o *art nouveau* fornecia uma cenografia a caráter, destronou de vez a figura do poeta boêmio, pitoresco e marginal, em prol da figura do escritor mais ou menos aburguesado, quando não convertido em dândi. Na topografia social da nossa literatura, correspondentemente, o salão mundano, a casa de chá e a Academia substituem o café, o botequim e a confeitaria de outrora.

Se se tivesse de escolher um paradigma de escritor *art nouveau*, a escolha só poderia recair em João do Rio. Nele, a famigerada definição de literatura como "o sorriso da sociedade", então proposta por Afrânio Peixoto e que um observador superficial tomaria como a própria divisa das letras nessa época de refinamento mundano, encontra a sua mais cabal personificação. Personificava-a desde a elegância do chapéu-coco, do monóculo e das polainas com que era caricaturado até a pletora de palavras francesas e inglesas que enfeitava as suas crônicas sociais, gênero de que foi o introdutor entre nós; desde o culto votado aos corifeus do *art nouveau* literário, Gabriele D'Annunzio e Oscar Wilde (de quem traduziu Salomé, aqui publicada com as ilustrações famosas de Beardsley) até a fauna de fidalgos arruinados, milionários *blasés* e mulheres fatais que lhe povoam os contos e romances habilidosos, mas fúteis. Importa ainda notar que não se ocupou apenas da vida elegante do Rio da *belle époque*; imitando embora Jean Lorrain, escritor francês hoje esquecido e cuja ficção, consoante o gosto decadentista, se voltava para o anômalo, o sórdido e o monstruoso do *bas-fond* parisiense do tempo dos apaches, João do Rio debruçou-se também sobre a vida popular de sua cidade, deixando-nos em *A alma encantadora das ruas* e *As religiões do Rio* os seus dois melhores livros, a que é preciso acrescentar os contos de *Dentro da noite*, cujos temas e personagens chocantes ou perversos iriam configurar, ao lado da literatura-sorriso, uma literatura-esgar não menos típica do nosso *art nouveau*.

Aquilo que Lúcia Miguel Pereira[9] apontou como defeitos na obra de João do Rio, o "estilo enfeitado" e o "desejo de armar efeitos", constituíam na verdade traços distintivos do nosso prémodernismo. Se repontam como defeitos nos escritores menores, nem por isso deixam de afirmar-se como qualidade nos maiores, a exemplo de Augusto dos Anjos, Euclides da Cunha e Graça Aranha. Aliás, tanto o gosto do enfeite como a preocupação do efeito marcam a *écriture artiste* dos irmãos Goncourt, em que não será despropositado ver um homólogo estilístico, no terreno da prosa de ficção, das caprichosas volutas com que o ornamentalismo característico do *art nouveau* se afirmou no campo das artes visuais. Em apoio desta aproximação entre escrita artística e arte nova, talvez convenha lembrar que foi Edmond Goncourt quem deu a esta uma de suas denominações, a de Yatching Style.

Coube a Raul Pompéia introduzir entre nós a escrita artística ou a "prosa de arte", como lhe chamam os italianos. Nas anotações íntimas que deixou, há referências explícitas aos Goncourt assim como críticas à "expressão fria" de Mérimée e à falta de ritmo da prosa "sem forma literária" de Stendhal. Em vez da neutralidade stendhaliana, copiada da do Código Civil, preconizava Pompéia "o processo original de dizer — a eloqüência própria" de cada escritor, visto que "a prosa tem de ser eloqüente para ser artística, tal qual os versos" e que "o grande fator do pitoresco, da prosa como do verso, são imagens no ritmo".[10] Tal concepção teórica de uma

84

quase indistinção entre poesia e prosa, ele a levou à prática não só nas Canções sem Metro, em que o martelamento silábico do verso é substituído pela flexibilidade rítmica do poema em prosa, como n'*O Ateneu*, onde a freqüência da metáfora e a riqueza inventiva do adjetivo configuram uma prosa de cunho ornamental, bem diversa, nisso, da discrição da prosa machadiana sua coeva. Mas ornamento, no caso, não é acréscimo nem excrescência gratuita; é estilização consubstancial, organicamente ligada ao empenho de caricatura d'*O Ateneu*, pelo que, conquanto este tenha sido publicado antes da voga artenovista entre nós, se pode vê-lo como seu precursor no campo da prosa de ficção.

A ênfase no ornamento — o traço mais ostensivo do *art nouveau*, quando mais não fosse por ele ter florescido sobretudo no terreno das artes aplicadas, as artes ditas "decorativas" — é tida por Alfredo Bosi[11] como a principal característica do pré-modernismo brasileiro, cujo conto regionalista ele vincula à prosa de arte e em cujo romance detecta uma oscilação entre ornamento e documento. E David Salles,[12] no estudo que consagrou a Xavier Marques, um dos ficcionistas medianos e por essa razão bem representativo desse período, propõe a designação de "Transição Ornamental" para o mesmo período. Mas para poder separar o joio do trigo nesse espaço histórico intervalar, é de toda conveniência polarizar-lhe o campo, distinguindo entre ornamentação superficial e ornamentação consubstancial.

O primeiro tipo de ornamentação ocorre, simetricamente, naqueles contos e romances que se contentam em fixar, num costumismo de superfície, as elegâncias e vícios mundanos da nossa *belle époque*. É o caso já citado da obra de João do Rio, com a sua linguagem enfeitada de palavras estrangeiras e paradoxos wildeanos, modelo em que se podem incluir romances como *A esfinge*, de Afrânio Peixoto, *Dona Dolorosa*, de Theo Filho, *Guria*, de Benjamim Costallat, ou *Madame Pomméry*, de Hilário Tácito. O tema do "eterno feminino", que no *art nouveau* esplende no estereótipo da mulher moderna, liberta dos preconceitos da vida burguesa, ainda que o preço dessa liberdade seja a prostituição mais ou menos de alto bordo, gerou toda uma literatura de *garçonière*, de que são representativos os romances de Benjamim Costallat e Hilário Tácito há pouco citados assim como os dois primeiros volumes da trilogia *Os condenados*, de Oswald de Andrade, com sua prosa trabalhada a antecipar, malgrado o "entulho *art nouveau*"[13] nela denunciado por Haroldo de Campos, a inventividade paródica, esta sim verdadeiramente modernista, do *Miramar* e de *Serafim Ponte-Grande*, que reatam, em outra clave, a linha caricatural da prosa de Raul Pompéia. Um que outro lampejo de inventividade transluz também na ficção sensacionista de Adelino Magalhães, pelo menos quando tenta substancializar o ornamento neológico ou hiperbólico em sinal estilístico da "nevrose" da vida moderna, como em "Um prego! Mais outro prego!". No caso deste autor, costuma-se falar em "prosa impressionista", rótulo depois estendido a outros ficcionistas do pré-modernismo. Embora conte com o respaldo de Arnold Hauser,[14] o qual entende o impressionismo como uma forma de percepção típica do dinamismo da vida moderna, não me parece descreva apropriadamente tal conceito as características ornamentais da prosa de um Raul Pompéia, de um Graça Aranha ou mesmo de um Adelino Magalhães. Nesta, prepondera uma vontade de estilização, um intento de construir efeitos que, por sua deliberação conceptual, pouco tem a ver com o registro impressionista de sensações e percepções. Talvez fosse melhor falar então em "expressionismo", tendência da qual foram precursores alguns dos artistas capitulados no *art nouveau*, como Gaudí ou Munch.

A ornamentação superficial não comparece apenas na ficção urbana do pré-modernismo. Está igualmente presente naquele "regionalismo de fachada, pitoresco e elegante" de que fala Alfredo Bosi[15], onde prepondera o verbalismo de efeito, servindo o registro dialetal, as mais das vezes, de mero enfeite para disfarçar a penúria da matéria propriamente ficcional. É o que acontece com os contos de Alcides Maia e, em certa medida, de Afonso Arinos, Valdomiro Silveira ou Hugo de Carvalho Ramos. Só em Simões Lopes Neto iremos encontrar maior consubstancialidade entre o ornamentalismo do linguajar gauchesco e as peculiares de ambiente e situações humanas por ele expressas.

Mas o autor pré-modernista em que culmina o verbalismo ornamental é, reconhecidamente, Coelho Neto. Seu amor à descrição se espraia numa exorbitância léxica cujo caráter cumulativo, destacado por Fausto Cunha, faz lembrar aqueles interiores atapetados de alfaias e bibelôs em que se comprazia o *horror vacui* dos vitorianos e a que o romantismo artenovista não foi de todo estranho. Bem outro é o caso d'*Os sertões*, onde a opulência da linguagem, prestando embora tributo ao ornamentalismo da época, está a serviço de uma ótica do titânico e do dramático. Pode parecer extravagância catalogar numa estética cujo campo de atuação foi a mundanidade elegante um livro de tão sertaneja rudeza, de um autor que confessava não desejar "a Europa, o *boulevard*, os brilhos de uma posição" e sim "o sertão, a picada malgradada, e a vida afanosa e triste do pioneiro".[16] É bem de ver que esta catalogação não leva em conta apenas os enredados modos de expressão de Euclides, a escrita "com cipó" de que falava supostamente Nabuco e que se pode aproximar, em homologia estilística, das "lianas da floresta, cujas linhas ondulantes aparecem em relevo nas construções, nos móveis, engendrando a famosa 'chicotada' tornada símbolo do Modern Style" (Champigneulle).[17] Leva igualmente em conta o fato singular de *Os sertões* ser obra a um só tempo de ciência e de literatura. Como se disse acima, uma das diligências do *art nouveau* foi aproximar da natureza a ciência e a técnica, sob o signo da estilização, e outra coisa não fez Euclides ao transfundir em "prosa de arte" o vocabulário científico de sua época, utilizando-o expressionisticamente para presentificar a sua descoberta pessoal de uma natureza atormentada e violenta, sobre a qual ele via o avanço inevitável (e necessário, a seu ver) do progresso: "A civilização avançará nos sertões impelida por essa implacável 'força motriz' da história que Gumplowicz, maior do que Hobbes, lobrigou, num lance genial, no esmagamento inevitável das raças fracas pelas raças fortes".[18]

O viés racista, típico da ciência do século XIX e tão pronunciado em Euclides na oposição entre raças "fracas" e raças "fortes", reformulava, à luz do darwinismo, a velha dicotomia entre civilização e barbárie, litoral e sertão, aqui estabelecida desde o momento inicial da colonização. Com fixar-se apenas na faixa litorânea do país, o colonizador português determinou-lhe *a priori* o futuro itinerário de conquista da sua identidade cultural, qual fosse integrar o exterior ao interior, o alienígena ao autóctone, num processo de aculturação que o fatalismo biológico do século passado encarava como de esmagamento do mais fraco pelo mais forte, e que a ufania paródica, mas ufania *quand même*, do modernismo veria antes como de devoração antropofágica, transferindo assim a ênfase para o interior e o bárbaro, no que fora de resto antecipado por Araripe Júnior com a sua teoria da obnubilação.

Nenhuma outra obra de ficção terá estilizado melhor do que *Canaã*, de Graça Aranha, a metafísica desse processo que Oswald de Andrade e seus companheiros preferiram considerar pelo prisma da paródia. Desde o início do romance, o vitalismo nietzschiano (em que a arte nova, como já se disse, encontrou a sua plataforma filosófica) está implícito no encantamento do imigrante Milkau com a terra bárbara do seu exílio, encantamento que não lhe faz esquecer, a despeito da tranqüilidade crepuscular da paisagem capixaba, "o ruído incessante da vida, o movimento perturbador que cria e destrói" — aquele ciclo dionisíaco da morte e da ressurreição, do eterno retorno celebrado por Nietzsche em *Ecce Homo*. Nas páginas inaugurais de *Canaã*, sente-se o mesmo viés racista d'*Os sertões* na piedade com que o alienígena vê, num menino da terra, o "rebento fanado de uma raça que se ia extinguindo na dor surda e inconsciente das espécies que nunca chegam a uma florescência superior, a uma plena expansão da individualidade" e a que contrapõe, páginas adiante, a energia dos colonos alemães seus compatriotas, nascida do "caráter camponês e militar que fundou a obediência e a tenacidade de sua raça". Ainda no capítulo inicial de Canaã, o utopismo que lhe transparece já no título e que se diferencia frontalmente do pessimismo de Euclides, antevê a síntese dessa oposição no "futuro povo" que há de surgir do combate entre as duas raças, a forte e a fraca, "uma com a pérfida lascívia, outra com a temerosa energia, até se confundirem num mesmo e fecundante amor". A imersão lustral do europeu "habituado às grandes cidades modernas" na natureza primitiva e bárbara da terra brasileira, sem ele esquecer, não obstante, que há "uma poesia mais forte e sedutora na vida industrial de hoje", deixa entrever muito bem o espírito *art nouveau* desse romance de idéias cujo recheio propriamente ficcional — o drama de Maria — é menos importante do que as suas excrescências especulativas, suas longas tiradas filosóficas. E a cena de Maria adormecida na floresta, com o corpo todo coberto de pirilampos acesos, é um *tour de force* do nosso artenovismo literário, propondo um homólogo brasileiro para aquelas misteriosas mulheres revestidas de pedrarias que Gustave Moreau retratou para oferecer ao *art nouveau* uma antecipação de seus próprios caminhos.

IV

Parece-me mais difícil delimitar na poesia·do pré-modernismo o espaço artenovista que procurei delimitar até aqui na sua novelística. Se a quase inexistência de uma prosa de ficção simbolista possibilita distinguir com maior nitidez o ornamental *art nouveau* do documentário naturalista, o mesmo não acontece com a poesia, onde a linguagem "figurada" ou "ornada" é própria do gênero. Tem-se de trabalhar por exclusão, deixando de lado o que demonstre ser retardatariamente parnasiano ou simbolista, para distinguir, no restante, o que ainda não seja ostensivamente modernista e então caracterizá-lo como um resíduo especificamente artenovista.

Foi isso que fez, de certo modo, Jost Hermand ao organizar a sua antologia da lírica do Jugendstil, ou seja, da vertente alemã do *art nouveau*, assim por ele conceituado:

> Considerado do ponto de vista da sua cosmovisão, ele (o estilo-juventude) presta vassalagem ao mesmo esteticismo que marca as correntes decadentistas, simbolistas e neo-românticas da virada do século e que são consideradas como uma reação contra o feio e o disforme da época naturalista. Tanto ele como elas constituem-se em refúgio de pequenas elites autônomas, um mundo de belas aparências onde a pessoa não tem de avir-se com as questões cada vez mais urgentes da realidade técnica, econômica e social. No centro dessa arte, está uma cultura de palacete cujos principais sustentáculos são o esteta e o dândi, para os quais não existe nada de mais alto do que o requinte artístico de suas próprias salas de estar.[19]

À luz desta conceituação, Hermand distingue a seguir várias fases no estilo-juventude. Vem, primeiro, a fase carnavalesca, de embriaguez e vertigem urbana, de cujo moto "Gozai a vida enquanto floresce a juventude" o estilo tirou o seu nome. Vem, depois, uma fase floral onde predomina a ornamentação botânica; o turbilhão de lianas entrecruzadas se misturava à dança de sílfides e ondinas, comunicando a esses seres etéreos "redondezas eróticas" e conduzindo-os a um "Reino de instintos insofridos, em que o mundo reto e correto de todos os dias tinha de curvar-se ao princípio da exaltada e serpentina linha sinuosa".

Na terceira e última fase, simbólica, o naturismo erótico da fase anterior ganha uma unção religiosa, dionisíaca, que "faz lembrar Nietzsche", acentua Hermand; nessa fase, uma visão monística da unidade entre o homem e o universo soma-se à visão ornamental da flora, tal como ilustrado na poesia de Richard Dehmel, onde "numa natureza floralmente vista [...] homem e mulher se encontram como Adão e Eva na madrugada da criação".

Para selecionar, na lírica alemã de 1900, os poemas passíveis de serem considerados como do Jugendstil, criou Jost Hermand doze rubricas temáticas que pormenorizam os temas e/ou motivos predominantes nas três fases em que ele dividira o movimento. São elas: dança e vertigem; embriaguez da vida; o grande Pã; entrelaçamento monístico; sensações primaveris; magia das flores; lago e barco; cisnes; sonho ao crepúsculo; horas de entorpecimento estival; a maravilha do corpo; paraíso terrestre.

Só uma releitura atenta dos poetas do nosso pré-modernista permitiria dizer se tais rubricas temáticas são úteis como pedras de toque para destacar-lhes, nas obras, aquilo que deva ser considerado artenovista, ou se, ao contrário, elas descrevem peculiaridades da lírica alemã da virada do século não encontráveis na nossa. À guisa de experimento, percorri duas antologias dedicadas a esse período — o volume quinto do *Panorama da poesia brasileira*, "O prémodernismo", organizado por Fernando Góes e o segundo volume do *Panorama do movimento simbolista brasileiro*, de Andrade Muricy, acerca do neo-simbolismo. Neste último há inclusive um rol de "temas, tipos e lendas do simbolismo" que, cotejado com as rubricas de Jost Hermand, não apresenta nenhum item em comum, salvo "o sonho e a contemplação", comparável a "sonho ao crepúsculo"; tal dissimilaridade é interessante na medida em que ajuda a diferençar, pelo menos tematicamente, simbolismo e arte nova.

Em sã consciência não posso dizer que, ao fim dessa leitura apressada, minha colheita de exemplos fosse copiosa; tampouco foi decepcionante. Tal mediania estaria a indicar, de uma parte, que é limitada a aplicabilidade do elenco temático de Hermand à nossa lírica pré-modernista, como o são, de resto, todos os esquemas simplificadores, e, de outra parte, que a amostragem das duas antologias está longe de ser a ideal para os fins em vista, por conterem elas muitas peças de nítido corte parnasiano e simbolista.

O tema da dança e da vertigem, da primeira fase do estilo-juventude, a fase de predomínio da atmosfera urbana do carnaval e do cabaré, encontra ecos brasileiros não só n'*As máscaras*, de Menotti del Picchia, cuja impregnação *art nouveau* transluz no gosto pelas frases de efeito, à Wilde, engastadas nas falas de Pierrô, Colombina e Arlequim, os três clássicos personagens da ilusão carnavalesca, assim como no próprio título do segundo livro de Manuel Bandeira, *Carnaval*, publicado em 1919 e portanto de rigorosa cronologia pré-modernista; nele, há peças facilmente classificáveis em algumas das rubricas de Hermand, em especial na primeira. Mas uma das atualizações mais comuns do tema da dança e da vertigem no nosso pré-modernismo é o bailado de Salomé, motivo vincadamente artenovista, quando mais não fosse por ter sido popularizado pela peça de Oscar Wilde. Vamos encontrá-lo, por exemplo, em Ernâni Rosas, um simbolista tardio até hoje pouco conhecido, mas cuja poesia ostenta certa radicalidade mal-larmaica que o aproxima de Sá-Carneiro e do surrealismo; personificação da *femme fatale*, Salomé, "vestida de oiro-luz de um sol que não brilhou" e "ébria de perversão", protagoniza-lhe esse estranho poema que é "Contam que teu olhar urde...". Curioso que a figura da mulher fatal ou da "*belle dame sans merci*" tão exaustivamente estudado por Mario Praz, sobretudo na obra de Swinburne e D'Annunzio, um dos expoentes do *art nouveau* literário, não tenha sido tematizado por Jost Hermand no seu elenco. No entanto, é o mesmo tema artenovista, a que já se fez referência, do "eterno feminino", da mulher liberta do estigma da inferioridade e convertida em dominadora, em supermulher homóloga do super-homem nietzschiano, como as amazonas wagnerianas de "Cavalgada das Valquírias", poema de Moacir de Almeida incluído por Fernando Góes na sua antologia do pré-modernismo, ou as melindrosas pérfidas e sensuais que Marcelo Gama via desfilarem pela Avenida Central e que, "com o mais impertinente interesse de esteta", descreveu no seu poema "Mulheres", tão característico da *belle époque* carioca.

O segundo tema arrolado por Jost Hermand, a embriaguez da vida, comparece reiterada e hiperbolicamente na poesia de Gilka Machado, o primeiro testemunho literário, entre nós, da liberação feminina: sua dicção audaciosa e abertamente erótica extravasava da sensualidade acadêmica do parnasianismo, pouco tendo a ver, outrossim, com as vaguidades simbolistas; correlatos da embriaguez vital são, nela, os motivos do maravilhamento com o próprio corpo e da comunhão de seus sentidos exaltados com a natureza toda. Idêntico "entrelaçamento monístico" — para usar a fórmula de Hermand — do homem com o cosmos ecoa na "Prece da tarde", de Amadeu Amaral, cujo elocutor, comungando com "a alma abismal das coisas", sente-se "viver de intensa e obscura vida/ que por tudo circula e em tudo se revela". Outra figuração mitológica da totalidade da natureza é o grande Pã, também elencado por Jost Hermand; por mitológico, vincula-se ao helenismo parnasiano, como acontece em *O Evangelho de Pã*, livro da primeira fase de Cassiano Ricardo cuja data de publicação, 1917, mostra uma persistência já pré-modernista do motivo.

O terceiro tema do rol de Hermand, "sensações primaveris", pode ser rastreado num poema de Pedro Kilkerry, simbolista tardio cuja modernidade de dicção foi ainda recentemente posta em destaque por Augusto de Campos: refiro-me a "Evoé", que consta na antologia de Andrade Muricy e em cujas primeiras quadras cavaquinhos e um pandeiro abrasileiram o tema europeizante:

Primavera — versos, vinhos...
Nós — Primavera em flor
E, ai! corações! Cavaquinhos
Com quatro cordas de Amor!

Requebrem árvores — ufa!
Como as mulheres, ligeiro:
Como um pandeiro que rufa,
O sol, no monte, é um pandeiro!

Da magia das flores, quiçá o tema mais marcadamente *art nouveau* de todos os arrolados por Hermand, os exemplos são fáceis de encontrar na nossa poesia de 1900: *Jogos florais* chamava-se o livro de estréia de Mendes de Oliveira, publicado em 1905, e, na sua "Canção dos cavaleiros e da beleza", Martins Fontes transfigurava artenovisticamente a mulher em corola, na hora do amor:

É o momento em que a pele se umedece:
Em que, orvalhada, é que a mulher parece
Uma grande corola rosicler.

O motivo do lago está presente em poemas pré-modernistas como "Equatorial", de Maranhão Sobrinho, ou "A lagoa", de Artur de Sales, ao passo que o dos cisnes comparece em "Hora azul", peça bem representativa da lírica crepuscular de Onestaldo de Pennafort que Andrade Muricy justificadamente vê como "característica do período já limítrofe com a arrancada modernista". A esse mesmo período limítrofe pertence, retardatariamente, o baiano Sosígenes Costa, poeta por excelência do "sonho ao crepúsculo", tantas vezes versado nos seus *Sonetos pavônicos*, de par com a ave que Whistler tornou emblemática do ornamentalismo *art nouveau*, vale dizer, o pavão.

Penso que não é preciso levar mais adiante esta exemplificação de que o elenco temático proposto por Jost Hermand como representativo da lírica do Jugendstil também tem certa pertinência para a nossa lírica pré-modernista. Deliberadamente deixei para o fim o nome de um poeta que, por ter sido o mais original desse período intervalar e um dos maiores da língua portuguesa, não se enquadra a rigor na temática vitalística e jubilosa de Hermand. Falo, evidentemente, de Augusto dos Anjos, cuja poesia necrofílica parece ter resistido até agora aos esquemas classificatórios. Vejo-o, todavia, como o mais artenovista dos nossos poetas, na medida em que leva ao paroxismo a preocupação de estilizar as linhas-de-força do processo da criação natural. Leva-os às fronteiras do *kitsch*, até onde, aliás, não as temeu levar Gaudí. Mas isso é bem matéria para um outro artigo.

Uma microscopia do monstruoso

Em "Le monstre", um dos ensaios de *Certains*, J. K. Huysmans, que além do inovador e influente romancista de *À rebours*, foi também um crítico de arte dos mais perspicazes, discute o problema da representação artística do monstruoso. Problema que, se já teve fundamental importância na escultura antiga e medieval, hoje não tem praticamente nenhuma. Isso porque, ao ver de Huysmans, os monstros da arte "não mais parecem ser capazes de suscitar em nós as sensações às quais os destinou o artista que quis simbolizar as divindades malignas e o crime, e suscitar o horror".[1] No seu ensaio, Huysmans se compraz em sumariar algumas das figurações históricas do monstruoso, desde os touros androcéfalos da Assíria e os deuses egípcios de corpo de gente e cabeça de bichos, passando pelos gigantes indianos de múltiplos braços e pernas e pela esfinge grega de complicada "estrutura bestial e humana", até os monstros empoleirados nos balcões de pedra de Notre Dame nos quais estavam exemplificadas instâncias da emblemática zoológica cristã. No abutre se corporificava a rapacidade do demônio, na lebre a prudência da alma perseguida pela tentação, no elefante a desmesura do orgulho, no caracol a ressurreição dos mortos, na rã e no lagarto a avareza e a luxúria. Todavia, por se entremesclarem nos hieróglifos de pedra de Notre Dame, tais símbolos vão adquirir uma complexidade de significados cuja compreensão cabal escapa hoje aos iconógrafos em virtude do rompimento do fio de continuidade histórica da linguagem dos emblemas.

Embora não chegue a formular uma teoria explícita do monstruoso, Huysmans nos dá no seu ensaio algumas indicações úteis para se chegar a ela. Do seu inventário de exemplos ressaltam pelo menos duas características de base da representação estética do monstruoso. Uma é a exageração ou deformação dos traços de animalidade; a outra, a simbiose do bestial com o humano. Enquanto na primeira se põe em questão a escala de magnitude e simetria, na segunda avulta a noção de aberração e incongruência. As civilizações antigas conservavam, ainda que atenuado, aquele vínculo totêmico do homem com o animal e o vegetal a que estava tão afeito o pensamento chamado selvagem. Daí a animalização do humano não ter então o caráter aberrante que passou a ter para a sensibilidade cristã. Nesta, a nitidez da linha de demarcação entre o homem e o animal decorria da separação escatológica entre divino e demoníaco. Tanto que a simbologia zoológica deste último era bem mais copiosa do que a do outro, praticamente restrita ao cordeiro e ao pelicano. A extremada hegemonia do espiritual sobre o carnal na ética da Igreja tinha por si só o condão de demonizar o animalesco fazendo-o signo dos apetites e instintos mais baixos. Não era de estranhar portanto que a simbiose do bestial com o humano adquirisse de pronto o caráter de monstruoso.

O afrouxamento cada vez maior das coerções mais drásticas dessa ética ao longo da Idade Moderna deve certamente ter contribuído para o progressivo enfraquecimento do poder de choque do monstruoso. E o desgaste se acentuou grandemente no século XIX com a linha de ininterrupta continuidade estabelecida pelo evolucionismo darwinista na escala zoológica que vai da ameba ao homem. Huysmans não chega a tocar nisso; contenta-se em sugerir que o enfraquecimento adviria da circunstância de a "estrada dos monstros" ter sido demasiadamente trilhada desde então por artistas como Lochner, Schongauer, Bosch, os Brueghel, Callot, Goya, Ingres, Hokousai. Contudo, não se furta ele a reconhecer, algo contraditoriamente, que essa estrada é "ainda nova". E o reconhece para poder chegar ao ponto culminante de sua argumentação: o de, "mais engenhosa desta vez que o homem, a natureza ter criado os verdadeiros monstros, não nos 'animais de grande porte', mas no 'infinitamente pequeno', no mundo dos animálculos, dos infusórios e das larvas cujo supremo horror nos é revelado pelo microscópio". Entende que a "idéia do monstro", possivelmente nascida no espírito humano sob o influxo das visões das noites de pesadelo, jamais conseguiu igualar "a angústia e o pavor difundidos pelas pululações dessas tribos atrozes" do mundo microscópico.

Tudo isso serve apenas de prólogo ou nariz-de-cera para a parte principal do ensaio, que é chamar a atenção para a novidade da obra de Odilon Redon. No entender do crítico, Redon era o único dos pintores da época que podia ser tido como um "apaixonado do fantástico". Só que, em vez de se confinar ao domínio tradicional das "feras exageradas dos velhos mestres", preferira explorar um domínio até então intocado pela arte: o dos "seres líquidos e fosforescentes, vesículas e bacilos, corpúsculos orlados de pêlos, cápsulas providas de cílios, glândulas aquosas e felpudas [que] voam sem asas e se enredam nas tiras das triquinas e das tênias". Em meio "à fauna dos vermes filarídios [...], das colônias de parasitas", Redon fazia aparecer "subitamente a face humana". Huysmans não se esquece de sublinhar que, não obstante o caráter de novidade do fantástico microscópico de Redon, o *frisson* do monstruoso é mais uma vez alcançado pelo recurso aos "antigos conceitos" de casar o humano com o bestial para "criar de novo o monstro". Isso acontecia na série de litografias por ele feitas para ilustrar *A tentação de Santo Antão*, de Flaubert, e que foram publicadas em álbum entre 1888 e 1896.

Da primeira vez que li o ensaio de Huysmans, ocorreu-me aplicarem-se os argumentos nele invocados à poesia de Augusto dos Anjos sem necessidade de qualquer outro ajuste que não fosse transferi-los do campo das artes visuais para o da arte literária. Mais tarde, refletindo melhor no assunto, dei-me conta de que não se tratava de uma coincidência fortuita e sim de um parentesco espiritual que tinha a ver com um mesmo clima de época e com um mesmo gosto pelo fantástico e pelo onírico vistos da ótica do biológico; melhor dizendo: do microbiológico.

No tocante ao clima de época, há um óbvio atraso do poeta brasileiro em relação ao gravurista francês. Redon viveu, desde os anos 1870, um momento cultural que Augusto dos Anjos só iria viver vinte anos depois, naquele atraso típico do periférico em relação ao central. Nesse momento, para nos restringirmos à área da pintura, o realismo de Courbet e Manet abrira caminho para o impressionismo de Monet e Pissarro, para o pontilhismo de Seurat, para o "cloisonismo" de Gauguin e Van Gogh, para o simbolismo de Moreau e do próprio Redon, e para o decorativismo dos Nabis. Este último nos leva diretamente ao decorativismo da Arte Nova, entre cujos numes tutelares Renato Barilli não hesita em incluir o mesmo Redon: "nenhum outro pintor merece tanto ser incluído no *art nouveau* quanto Odilon Redon, um contemporâneo dos impressionistas que também se sentia atraído pela natureza [...] Mas a natureza que interessava Redon não era a das aparências superficiais e sim uma natureza mais profunda que ele examinava *como que ao microscópio* [grifo meu], ouvindo-lhe cada pulsação: uma natureza de embriões, de sementes, do microcosmo".[2]

O trecho grifado, cujo teor concorda estritamente com as idéias de Huysmans há pouco citadas, requer um comentário. Não obstante as tendências irracionalistas que, principalmente pelo influxo da filosofia de Schopenhauer e Nietzsche, iriam marcar a atmosfera decadentista-simbolista do último quartel do século XIX, esse foi sobretudo um século cientificista. E, das ciências, iria ele privilegiar, como modelo epistemológico de sua reflexão sobre a vida e o mundo, a biologia, não fossem os Oitocentos também, *et pour cause*, o século do evolucionismo. Ora, como, no domínio da biologia, a microbiologia iria então conhecer, com Pasteur e seus continuadores, um grande desenvolvimento, era natural que nela fossem Odilon Redon e Augusto dos Anjos buscar alguns dos motivos iterativos de suas respectivas artes.

Em outro lugar,[3] para tentar explicar a novidade da poesia cemiterial de Augusto dos Anjos, que Anatol Rosenfeld já antes comparara ao expressionismo necroscópico de Gottfried Benn,[4] procurei caracterizá-la como arte-novista. Não no sentido de perfilhar ostensivamente um programa de escola (nem se pode dizer que tivesse jamais existido uma escola literária arte-novista), mas no sentido de ter refletido as tendências de uma época cujo gosto do ornamentalismo encontrou sua expressão mais refinada no *art nouveau*. Refinada porque ali o ornamento não era um acréscimo arbitrário: era algo consubstancialmente ligado à essência da coisa ornada. Esta surgia como o fulcro do ornamento que, por sua vez, era uma espécie de emanação dela.

Na poesia de Augusto dos Anjos, o vocabulário científico-filosófico exerce uma função reconhecivelmente ornamental na medida em que serve para cunhar-lhe algumas das metáforas mais originais assim como para, com suas extravagantes sonoridades, enriquecer-lhe o estrato sonoro de aliterações e choques consonantais que configuram a música dissonante do *Eu*. Note-se, porém, que esse vocabulário está consubstancialmente ligado a uma visada não menos típica da arte do século XIX em geral e do *art nouveau* em particular, visada que Mario Praz chamou de *telescópico-*

microscópica.[5] Como o próprio nome indica, tal visada articula organizadamente, num mesmo espaço de representação, o muito longe ao muito perto. Na poesia cosmogônica do *Eu*, a articulação se faz, reiteradamente, entre o reino infinitamente pequeno do germe e do átomo e o reino infinitamente grande do espaço cósmico, mediados sempre pela figura humana, as mais das vezes a do próprio poeta anunciada desde o título do livro. Não é de surpreender a dualidade microscópico-telescópica nesse confesso discípulo do monismo de Buechner e Haeckel. Em *Os enigmas do universo*, o mais popular dos seus livros, Haeckel ia da microbiologia à astronomia em busca de um suposto álibi científico para as suas elucubrações filosóficas, que temerariamente se propunham a converter numa ontologia a teoria evolucionista de Darwin, para susto do próprio Darwin e para reconforto dos "autodidatas de espírito ousado e de precária formação histórico-filosófica [mas] curiosos e sôfregos de respostas definitivas",[6] como era o caso do nosso Augusto dos Anjos.

Antes, porém, de discutir a pertinência da visada microscópica para a figuração do monstruoso nos poemas do *Eu*, é conveniente considerar outras figurações mais tradicionais dele que ali compareçam. Como a do cemitério assombrado, ligada amiúde ao motivo da necrofagia e da necrofilia: na seção VIII de "Os doentes", os defuntos oferecem ao poeta carne apodrecida e roída pelos vermes; no "Poema negro", o mesmo poeta arranca os cadáveres das lousas para examinar-lhes as partes podres. Mas o cemiterial não se confina, no *Eu*, à necrópole propriamente dita, mas dela extravasa para contaminar toda a paisagem urbana, à guisa de uma *imago mundi* obsessiva. As suas figurações se fazem sempre acompanhar de sensações de asco às quais não falta um certo paradoxal comprazimento nele. Em "As cismas do destino", de uma ponte de Recife, o poeta tem uma visão da "falta de unidade da matéria" através de um desfile de imagens alucinatórias: fetos a estender-lhe as mãos rudimentares, uma criança de estômago esfaqueado, um pedaço de víscera escarlate, a hemoptise dos tísicos a lhe encher a boca, os bêbados a vomitarem gosmas amarelas, os olhos de defuntos a perseguirem-no com suas escleróticas esverdeadas.

Voltando agora às duas características de base que deduzimos do exemplário de Huysmans, aqui também a monstruosidade dessas figurações, típicas de quem se intitulava "o poeta do hediondo" e se acreditava nascido para "cantar de preferência o Horrível", decorre da escala de sua magnitude e de sua aberração. A insistência nelas, obsessiva a ponto de as converter, insista-se, em *imago mundi*, funciona como uma espécie de lente de aumento que lhes monumentaliza as proporções e as retira da esfera da normalidade, de que são uma componente natural na medida em que se mantenham no terreno daquilo que, por desagradável ou chocante, só se menciona quando indispensável, e assim mesmo com a maior discrição. A par disso, a simbiose do asco com o comprazimento, nos versos do *Eu*, aponta enfaticamente para o caráter aberratório de tal confusão de sentimentos. Todavia, a despeito do teor de originalidade e do vigor expressivo dessas figurações do hediondo, nascidas todas sob o signo paradoxal do asco comprazido, remontam elas reconhecivelmente à estética da *charogne* e do paradoxo contestatário em que exceleu a arte de Baudelaire, cuja influência sobre a de Augusto dos Anjos foi desde sempre admitida.

Se a monstruosidade envolve por definição uma magnificação de traços — donde a "grandeza desmedida" ou a "conformação extravagante" de que falam os verbetes de dicionário ao conceituá-la —, pareceria haver algo de paradoxal no intento de figurá-la pela pequenez dos corpúsculos, dos vermes ou das larvas, como o faz Redon, e a visada microscópica do germe ou bactéria, tão iterativa na imagética do *Eu*, leva a seu ponto mais extremo. Sem dissipar-se de todo, o paradoxo atenua-se grandemente, porém, quando se tem em mente ser a visada microscópica também magnificadora na medida em que põe ao alcance da visão humana aquilo que, por diminuto demais, ela não consegue enxergar quando desajudada de instrumentos. A par disso, a enorme velocidade de proliferação dos microrganismos como que lhes agiganta, compensativamente, a pequenez. Por isso tudo, tal visada microscópica tem, homorganicamente, tanto poder aumentativo quanto aquela ênfase retórica, de índole predominantemente visual e táctil, que, malgrado suas impregnações simbolistas, a poesia de Augusto dos Anjos herdou do parnasianismo.

A noção de magnificação implícita no conceito de microscopia é no entanto remota demais para afiançar por si só o poder de impacto de uma pequenez monstruosa. Tal poder lhe viria antes de outra característica estrutural — a de irmanar o bestial ao humano, como no exemplário de monstros tradicionais arrolado por Huysmans. Nem por ser microscopicamente diminuto deixa o microrganismo de ser bestial, um qualificativo no qual se entrecruzam os eixos semânticos do não humano e do ameaçador. Na poesia necrofílica de Augusto dos Anjos o poder de impacto desses dois eixos é potencializado pela introjeção: o bestial que nos ameaça está *dentro* de nós. É a "bacteriologia inventariante" que no "Monólogo de uma sombra" oficia o apodrecimento do corpo. E o "quimiotropismo erótico" dos micróbios a rondarem o organismo canceroso de "Os doentes". Dentro de nós se abriga, insidiosa e terrível, a mesma fauna larvar ou microscópica que formiga no estrume — o sarcode, o vibrião, o colpode e outros irmãos da ameba arrolados em "Noite de um visionário" —, com o que se confirma o indestrutível vínculo genésico entre o homem e o barro em que foi afeiçoado pelo Demiurgo no mítico dia ou noite da Criação.

Esta alusão, que pode parecer descabida no caso de um poeta ortodoxamente cientificista como Augusto dos Anjos, é todavia pertinente. Por sob o seu cientificismo à século XIX, cuja terminologia pedante ele soube transfundir numa dicção poética surpreendentemente nova, há pulsões mítico-religiosas. Em outra parte, tive ocasião de estudar, a propósito do que chamei de evolucionismo às avessas, a figura do Cristo evolucionário[7] que, no *Eu*, sofre a paixão dos seres rudimentares e das forças indiferenciadas do universo. Na introjeção da bestialidade microscópica a que acabamos de fazer referência não é difícil tampouco perceber antecedentes religiosos. Assim como Huysmans pôde, a despeito da "estrutura tão moderna" das figurações larvares de Odilon Redon, fazê-las remontar à simbólica religiosa do Medievo, não será despropositado vermos nas figurações microbiológicas do *Eu* um avatar cientificista da possessão por íncubos e súcubos com que aquela época dita das trevas se comprazia em representar a humana fragilidade ante as aporias do bem e do mal, da perdição ou da salvação.

Com atualizar a força de impacto do monstruoso no limiar da Modernidade, artistas como Odilon Redon e Augusto dos Anjos consorciaram mais uma vez o histórico ao mítico. Pois, na infinita variedade de suas manifestações, a arte não tem feito senão reelaborar, sem jamais lhe esgotar o poder de sedução, um mesmo repertório de arquétipos míticos no qual a condição humana se espelha na sua essencialidade.

Para uma pedagogia da metáfora

As considerações que se vão seguir têm dois pontos de partida. O primeiro é uma citação literária; o segundo, uma observação da vida cotidiana. Proponho-me a mostrar que, embora não estejam ligados por qualquer nexo de consubstancialidade, ambos os pontos de partida acabam levando, por caminhos homólogos, ao que parece ser uma mesma apetência ou propensão humana.

A citação a que me refiro, usada por Gérard Genette como epígrafe do seu livro *Figuras*, diz: "Figura traz ausência e presença, prazer e desprazer".[1] É de Blaise Pascal e foi tirada do artigo x dos seus *Pensamentos*.[2] Nesse artigo, onde se ocupa do que chama de "os figurativos", Pascal insiste em que o Velho Testamento não deve ser tomado ao pé da letra, pois os sucessos ou "coisas visíveis" ali narrados não passam de figurações "de uma santidade invisível". A existência de dois sentidos, um literal e outro figurado, é indispensável para provar que o Messias prometido pelos profetas de Israel é de fato o Jesus Cristo do Novo Testamento. Neste segundo Testamento estaria a "chave" para o correto entendimento do primeiro, chave de resto antecipada pela "interpretação mística que os próprios rabinos deram à Escritura".

Pascal não chega a dizer o que entende exatamente por figura. Mas nada faz supor tivesse em mente o sentido demasiadamente lato do termo na retórica clássica, em que designa quaisquer mudanças efetuadas na sintaxe usual da frase com vistas a obter algum tipo de efeito. Longino, por exemplo, capitulava entre as figuras o assíndeto ou ausência de conjunções, o hipérbato ou inversão dos termos da frase, a perífrase ou circunlóquio etc.[3] Pelos exemplos que aduz no artigo X, Pascal estava era se referindo especificamente a *imagens* ou *metáforas*. Assim, a passagem do mar Vermelho por Moisés seria uma "imagem da Redenção" e a ruína de Jerusalém uma "figura da ruína do mundo". Ou seja: o invisível ou espiritual metaforicamente significado pelo visível ou concreto.

Para esclarecer o porquê do dúplice sentimento de prazer e desprazer que vê associado à presença e ausência induzidas pela figura, Pascal recorre ao exemplo do retrato: "Um retrato traz ausência e presença, prazer e desprazer. A realidade exclui a ausência e o desprazer". Prazer evidentemente na medida em que o retrato torna iconicamente presente a coisa retratada; desprazer na medida em que o ícone[4] não alcança substituir satisfatoriamente a realidade palpável. O estatuto de inferioridade que a figura tem aqui em relação ao figurado explica-se pela ótica ortodoxamente cristã dos *Pensamentos*, a qual inverte o sentido usual de "real": este passa a designar não a concretude do sensível e do visível e sim a intangibilidade do espiritual e do divino. Ademais, tal ótica, por privilegiar a coisa figurada em detrimento da coisa figurante, é de índole claramente maniqueísta.

Os judeus seriam um "povo indigno" do reino de Deus porque "amaram tanto as coisas figurantes e as esperaram tanto que desconheceram a realidade quando ela veio no tempo e da maneira preditos". A "realidade" no caso é, quase excusava dizer, Jesus Cristo e a sua doutrina; com isso, a importância do Antigo Testamento passa a ser de ordem meramente instrumental e suas figurações um substituto implicitamente *descartável* daquilo que figuram: "Foi o que fizeram Jesus Cristo e os apóstolos. Tiraram o selo, rasgaram o véu e descobriram o espírito". Todavia, quando da ótica teológico-cristã passarmos para a ótica especificamente literária, veremos que figurante e figurado vão alcançar estatuto de plena equiponderância na economia do processo metafórico.

Antes, porém, devemos voltar-nos para aquela observação da vida cotidiana que constitui o nosso segundo ponto de partida. Essa observação diz respeito a um certo tipo de comportamento infantil da fase anterior à aquisição da fala. É a fase em que a criança começa a explorar o mundo à sua volta e a reconhecer gestos e expressões das pessoas. Uma das brincadeiras mais comuns a que costuma recorrer o adulto para atrair-lhe o interesse é esconder o próprio rosto atrás de um anteparo qualquer para, uns instantes depois, voltar a mostrá-lo de surpresa. A expressão de alarma com que a criança reage à ocultação prolonga-se por um átimo após o reaparecimento do rosto e logo se desfaz num sorriso de aliviado reconhecimento.

É bem de ver que o interesse do jogo não se esgota na primeira vez; prolonga-se e aumenta nos ulteriores encobrimentos/descobrimentos. A reiteração do sorriso, que amiúde se amplia num riso de satisfação, dá a entender que a criança experimenta prazer com a repetitividade.[5] Como todo jogo, porém, este também tem as suas regras. O sumiço do rosto conhecido não pode ser demorado, sob pena de o alarma da criança abeirar-se do choro, ou então ela perder o interesse, desviando a atenção para alguma outra coisa. Tampouco pode ser tão rápido que ela nem chegue a perceber o desaparecimento.

Aquele átimo em que, da primeira vez, dura a expressão de alarma logo após a reaparição do rosto é, tudo faz crer, o tempo que a criança leva para reconhecê-lo como o mesmo que acabara de sumir. E seu primeiro sorriso deve resultar do alívio trazido pelo reconhecimento. Mas dificilmente seria de supor que, nas vezes subseqüentes, os mesmos sentimentos continuassem a atuar. Mais verossimilmente, eles se transmudam, a partir de então, naquele "elemento de tensão e solução" que Huizinga, em vez de postular um "instinto de jogo" já tido por Frobenius como "uma confissão de impotência perante o problema da realidade", prefere apontar como o condicionador psicológico da "alegria" propiciada pelas formas mais elementares de atividade lúdica.[6] Essas formas o infante humano as partilha com os animais. Gatinhos novos ficam longo tempo tentando agarrar a ponta de um cordel que seu dono faça aparecer e desaparecer atrás de um móvel ou abertura de porta; já mais crescidos, transformam a perseguição a camundongos e baratas numa atividade que tem a ver menos com a busca de alimento que com o prazer lúdico de perseguir o que tenta fugir-lhes. Com esse prazer têm a ver igualmente os brinquedos infantis de esconde-esconde. Como deixar de supor, nestes casos, a transmutação do gesto venatório e utilitário da busca de alimento no gesto gratuito do comprazimento lúdico?

A esta altura já se dão a perceber os nexos de homologia do jogo de encobrir/descobrir com a citação de Pascal. Nos dois casos, há uma alternância de presença e ausência a que se associam, concomitantemente, sensações de prazer e desprazer. Mas, diferentemente da leitura cristã das Escrituras que, com deslocar toda a ênfase para o espiritual figurado em prejuízo do concreto figurante, põe a perder a labilidade da presença ausente *ou* ausência presente — e o *ou* é a marca gramatical dessa labilidade —, o jogo do encobrir/descobrir jamais a perde, pois nela tem a sua própria razão de ser.

Daí tal jogo servir à maravilha para ilustrar, em paralelo por assim dizer didático, a dinâmica do processo metafórico. Em sua

Arte retórica, onde discorre longamente acerca da técnica persuasiva do discurso em prosa nos seus três gêneros, o deliberativo, o demonstrativo e o judiciário, Aristóteles introduz a certa altura duas noções básicas para a descrição do funcionamento da metáfora. Em primeiro lugar, a noção de *desvio* do "sentido ordinário" das palavras como meio de dar elevação ao discurso; em segundo lugar, a noção da admirativa *estranheza* que tais desvios suscitam: "importa dar ao estilo um ar estrangeiro, uma vez que os homens admiram o que vem de longe e que a admiração causa prazer". Registre-se, de passagem, a correlação de desvio com o gesto de ocultação no nosso jogo homológico, e de estranheza com o esforço de reconhecimento do rosto reaparecido como o mesmo que pouco antes desaparecera. Aristóteles distingue as metáforas como "o meio que mais contribui para dar ao pensamento [...] o ar estrangeiro de que falamos", e delas diz outrossim que "são enigmas velados".[7] Não passe sem registro tampouco a correlação de "enigma" e "velado" com o gesto de ocultação do rosto.

No discurso em prosa de que se ocupa a *Arte retórica*, a metáfora tem um papel secundário em relação ao entitema. Silogismo oratório baseado em premissas apenas prováveis, contrariamente às premissas verdadeiras do silogismo lógico, o entitema é um dos meios principais de persuasão do discurso retórico, onde a metáfora desempenha apenas funções subalternas de ornamentação ou realce. Já na *Arte poética*, o papel desta última é nuclear. A começar do próprio conceito aristotélico da poesia como arte de imitação, conceito que, *lato sensu*, dá a entender a própria poesia como uma metáfora do mundo. Pois não se funda a imitação na analogia e não é a analogia o ponto de partida da metaforese? E não se pode ver a conversão do particular em universal — graças à qual a poesia se torna "mais filosófica e de caráter mais elevado que a história"[8] — como uma transposição metafórica da espécie para o gênero? Disso trata Aristóteles no breve capítulo XXI da sua *Arte poética*, onde conceitua metáfora "como a transposição do nome de uma coisa para outra, transposição do gênero para a espécie, ou da espécie para o gênero, ou de uma espécie para outra, por via de analogia".

Para bom entendimento de tal conceituação, convém lembrar que em Lógica o gênero é definido como uma classe cuja extensão se divide em outras classes, denominadas "espécies" relativamente à primeira. Assim, para citar exemplos do próprio Aristóteles, "deter-se" é um verbo genérico do qual "lançar ferro" é uma espécie, donde haver metáfora quando, em vez de dizer "a nau aqui lançou ferro", dizemos "a nau aqui se deteve". Já em "Ulisses levou a efeito milhares e milhares de belas ações", a transposição é da espécie, "milhares a milhares", para o gênero, "muitas". Acrescenta Aristóteles que há analogia "quando o segundo termo está para o primeiro, na proporção em que o quarto está para o terceiro, o segundo em lugar do quarto".[9] Assim, em "a tarde (1) é a velhice (2) do dia (3), e a velhice é a tarde da vida (4)", velhice = tarde e vida = dia.

Na *Arte poética*, Aristóteles não distingue imagem de metáfora, distinção que, embora considere ser de pequena monta, cuida de estabelecer na *Arte retórica* com o exemplo do Aquiles "que se atirou como leão", uma imagem, contraposto ao do "Este leão atirou-se", uma metáfora. A diferença estaria, pois, no uso ou não da conjunção comparativa quando do estabelecimento do nexo analógico. Outrossim, ainda na *Arte poética*, ao condenar o "abuso das metáforas" por tornar o estilo "enigmático", ele implicitamente reputa o enigma um procedimento abusivo.[10] Mas no capítulo XI do livro III da *Arte retórica*, quando trata dos "meios de tornar o estilo pitoresco", não deixa de louvar as metáforas "engraçadas" que provocam uma "certa mistificação" no espírito do ouvinte ou leitor, levando-o no entanto a dizer mais tarde consigo: "Como é verdade! Eu é que estava enganado". No rol dessas metáforas engraçadas coloca Aristóteles os "enigmas bem feitos", os quais lhe parecem "agradáveis" por ensinarem "alguma coisa" através de "expressões novas" onde "o pensamento é paradoxal". Nele coloca também os "jogos de palavras" pelo seu "efeito de surpresa" mercê do qual "a expectativa do ouvinte é lograda".

A sensibilidade de nossos dias está bem mais perto deste gosto do paradoxal e do enigmático que do ático senso de moderação e de clareza postulado na *Arte poética*. Assim como está plenamente afinada com o dinamismo metafórico que, no mesmo capítulo XI da *Arte retórica*, Aristóteles louvava no Homero empenhado em "animar o inanimado" com versos como

> *por mãos audazes atiradas, vão as lanças*
> *cravar-se, algumas, bem no meio do grande escudo erguido,*
> *e muitas outras, em vez de lhe atingir o corpo branco,*
> *cravam-se em pé no chão, vorazes de carne onde fartar-se.*[11]

Estas lanças mostradas no ato de atingir o alvo e cuja voracidade mais se assanha por não encontrar a carne que buscava, são uma ilustração viva de como, pela dinâmica da metáfora, o inanimado se anima. Mais que isso, um estatuto de duplicidade passa a consorciar labilmente entre si as coisas e os seres, o humano e o não humano. Pelo vínculo da metáfora predicativa (uma qualidade animal, "voraz", metaforicamente atribuída a um ser inanimado), a lança de Homero passa a ser *também* uma boca. Ou melhor, a ser e não ser uma boca, já que na contínua alternância entre o sim/não encontra a metáfora o motor da sua dinâmica, assim como o encontra nosso jogo na reiteração do encobrir/descobrir.

O nexo lábil que o dinamismo da metáfora estabelece entre o real e o imaginário (no sentido de pensar por imagens) traz à mente as operações do pensamento dito selvagem, tal como as descreve Lévi-Strauss. Para Lévi-Strauss, que não perfilha o construto de primitivo proposto por Lévy-Bruhl — um ser de mentalidade pré-lógica, incapaz de entendimento por via de conceitos e atrelado, pela afetividade, a uma mística participação no mundo da natureza que não lhe permitia distinguir-se dele, — o pensamento selvagem é tão capaz de abstrair e de distinguir quanto o pensamento civilizado. Sem confundir o mundo da cultura ao da natureza, busca todavia "julgá-los como totalidade",[12] pelo que tem a natureza por uma linguagem a cujo entendimento pode aceder pelo deslinde dos seus nexos de semelhança com a vida dos seres humanos.

O pensamento selvagem se exprime por imagens concretas que, embora estejam sempre rentes do sensível, da singularidade de percepção, nem por isso deixam de alcançar a generalidade da conceituação, donde Lévi-Strauss o descrever "como um sistema de conceitos imersos nas imagens".[13] É, ademais, um tipo de reflexão que opera por *bricolage*, ou seja, pela recombinação de fragmentos de materiais culturais já elaborados, conforme se pode ver na mítica, onde elementos de um determinado mito ou mitemas ressurgem com muita freqüência, diferentemente agrupados, em outros mitos. Nesse particular, não seria despropositado ver também na metáfora uma forma de *bricolage*. À diferença da nomeação propriamente dita, que cria novos nomes para novas coisas ("automóvel"), a metaforização as designa por uma recombinação de itens lexicais preexistentes ("arranha-céu").

A certa altura de *O pensamento selvagem*, referindo-se ao caráter metafórico dos nomes próprios, Lévi-Strauss observa, na esteira de Roman Jakobson: "é por causa do papel paradigmático exercido pelos nomes próprios, num sistema de signos exterior ao sistema da língua, que sua inserção, na corrente sintagmática, quebra perceptivelmente a continuidade da mesma".[14] Trocando em miúdos essa observação e transferindo-a para a questão da metáfora: quando, em vez de dizer "ele entrou num edifício tão alto que parecia arranhar o céu", diz-se simplesmente "ele entrou num arranha-céu", há uma quebra na continuidade lógica da frase ou sintagma. Isso porque ali "arranha" mantém relações sintagmáticas, isto é, imediatas ou de presença, com "céu", mas apenas relações paradigmáticas, isto é, virtuais ou de ausência, com "edifício", "alto" e "parecer".

A quebra da continuidade lógica da frase pelo "enigma" da metáfora gera os efeitos de surpresa e mistificação assinalados por Aristóteles. Surpresa e mistificação que se trocam em prazer no momento em que o ouvinte ou leitor atina com as relações virtuais escamoteadas da frase e as restitui a ela, restaurando-lhe assim a continuidade lógica, mas agora enriquecida das reverberações do paradoxo metafórico. No nosso jogo do encobrir/descobrir, isso corresponde àquele breve instante de reconhecimento das feições do rosto desaparecido no rosto recém-reaparecido, reconhecimento que faz a criança sorrir de prazer. Jean Cohen o caracteriza como a etapa de *redução* do desvio[15] ou impertinência semântica que a metáfora introduz no sentido corrente das palavras.

Para exemplificar o mecanismo dessa redução, Cohen cita o exemplo de "tranças de ébano". Embora não sejam madeira, como o é o ébano, as tranças em questão têm a mesma cor negra dele; tão logo nos damos conta disso, fica automaticamente reduzido o desvio que o "embora" há pouco explicitava. Trata-se, no caso, de uma impertinência parcial, a que Cohen contrapõe, como exemplo de impertinência total, os "azuis ângelus" de Mallarmé. Cohen vê aí uma predicação metafórica indecomponível em unidades menores e, portanto, de impertinência irredutível. Todavia, se se tiver em mente que o ângelus é o toque de sino anunciador do fim da tarde, momento de paz e de recolhimento, após o dia de trabalho, em que o azul do céu começa a se adensar com a chegada da noite, percebe-se que a sensação de "paz" sugerida por esse tipo de azul, mais do que um valor "puramente subjetivo",[16] é um traço de significação passível de redução analítica, como se acaba de ver.

A esta altura, já é mais que tempo de ressaltar a diferença capital entre uma metáfora de invenção como "azuis ângelus" e metáforas de convenção como "arranha-céu" ou "cabelos de ébano".

Pelo excesso de uso, estas últimas perderam seu antigo poder de surpresa e de mistificação, o "ar estrangeiro" que lhes dava interesse, para se converterem em lugares-comuns. Ocorreu, portanto, uma redução *definitiva* do desvio que elas outrora introduziam na fala corrente, a cujo âmbito desde há muito passaram a pertencer, tanto assim que o usuário do idioma automaticamente as entende como designação direta. São, agora, substitutos de pronto descartáveis, de dinâmica e labilidade no grau zero e que trazem presença sem nenhuma promessa de ausência. Em termos de nosso jogo de encobrir/descobrir, correspondem a sumiços e reaparições do rosto do adulto demasiado demorados para que a criança se possa interessar por eles, donde a sua ineficácia lúdica.

Ao embotar-se-lhes o caráter de "desvios do sentido ordinário" das palavras, as metáforas desgastadas ou cediças terminam ingloriamente seus dias como meros sinônimos no dicionário da língua, que é um vasto cemitério delas. Se este já registra "ébano" com o sentido figurado de "aquilo que é negro", ao dizer "cabelos de ébano" estaremos então recorrendo a uma metáfora de mero enfeite e de gosto mais que duvidoso para emprestar à nossa elocução um tom "literário" — no mau sentido de afetado, pernóstico, *demodé*. Em pólo oposto, a labilidade dinâmica da metáfora de invenção instala, entre o real e o imaginário, uma ponte de mão dupla por onde a surpresa da descoberta irá transitar comprazidamente num repetido ir e vir. Esse tipo de metáfora imanta com suas linhas de força toda a extensão da fala e não apenas o ponto dela em que instaurou uma impertinência semântica. Com isso funda o próprio discurso poético, o qual se constitui num desvio tão radical da lógica da fala comum que Julia Kristeva o define como o discurso da negatividade. Ou, conforme diz Platão no *Sofista*, pela boca de Teeteto, referindo-se aos discursos do "produtor de imagens", que neles "o ser se enlaç(a) ao não ser, de maneira a mais estranha".[17]

Mais atrás, a propósito das vorazes lanças-bocas de Homero,

vimos a alternância lábil entre o ser e o não ser, entre o sim e o não, que a dinâmica da metáfora de invenção institui. Um exemplo tomado à poesia moderna tornará isso mais claro. Para descrever uma mulher hiperbólica, o surrealista grego Níkos Eggonópoulos recorre em "Eleanora" a um catálogo predicativo onde, para dizê-lo aristotelicamente, o "ser como" da imagem se alterna com o "é" da metáfora:[18]

> *os seus cabelos são como cartão*
> *e como peixe*
> *os seus dois olhos são*
> *como uma pomba*
> *a sua boca*
> *é como a guerra civil*
> *(da Espanha)*
> *o seu pescoço é um cavalo*
> *vermelho*
> *[...]*
>
> *os seus cabelos*
> *são*
> *uma lâmpada de querosene*
> *acesa*
> *as suas espáduas são*
> *o martelo dos meus prazeres*
> *as suas costas*
> *são o*
> *olho de vidro*
> *do mar*
> *o arado*
> *dos falsos ideogramas*
> *apita*

aflitivamente
na sua cintura
as suas nádegas
são
cola de peixe
as suas pernas
são como relâmpagos[19]

Cada um dos itens desse catálogo predicativo faz jus ao padrão de excelência que, no seu manifesto de 1924, André Breton estabelecera para a metáfora ou imagem surrealista: o seu "alto grau de *absurdidade imediata*".[20] Absurdidade que põe em xeque a própria noção de desvio, a menos de aceitarmos falar em desvio irredutível. Com abolir na escrita automática boa parte dos pressupostos lógicos da linguagem, os surrealistas deitaram abaixo o muro de separação entre o onírico e o vígil, ligando-os num *continuum*. Daí que a única forma de redução da impertinência de uma metáfora de tipo surrealista seja vê-la à luz dos mecanismos da elaboração onírica, entre os quais Freud destaca a condensação, o deslocamento e a representação indireta. Tais mecanismos são responsáveis pelo "uso do contra-senso e da absurdez nos sonhos"[21] e subjazem igualmente à técnica dos chistes verbais.

Esta última menção ajuda a entender a ponta de grotesco e de humor sempre presente na estranheza de metáforas ilógicas ou irredutíveis como as de "Eleonora". O deleite que produzem não é diverso do que advém dos disparates ou ilogismos dos *limericks* de Edward Lear, dos *impossibilia* da poesia popular e dos *bouts rimés* das paródias castroalvinas de Sosígenes Costa:

Meu Deus, quem bate tão tarde
na minha porta de pedra?
Será Cervantes Saavedra?

Será a estrela da tarde?
Será a sombra de Fedra
ou a alma de Leopardi?
Insistem de modo insólito.
Se for a sombra de Fedra,
dizei que eu não sou Hipólito.[22]

Para explicar o deleite advindo dos paradoxos e alogismos do chiste, do cômico e do humor, Freud lhes situa o mecanismo na esfera do pré-consciente e/ou do inconsciente, onde esse mecanismo opera uma economia de despesa inibitória. Mas, voltando aos atributos físicos da mulher hiperbólica que o poema de Eggonópoulos tematiza, eles configuram, na sua radicalidade predicativa, um *desvio do desvio*.

Lembra Gérard Genette que as analogias metafóricas transitam habitualmente do mundo da cultura para o mundo da natureza, ao qual poetas de todos os tempos foram buscar seus símiles.[23] Para encarecer a beleza das nádegas de três beldades, um dos poetas da *Antologia grega* recorre a itens florais e marinhos:

a nívea carne das de outra, a de pernas abertas, tinha
rubor mais forte que a púrpura da rosa;
as da terceira, calmaria sulcada de ondas mudas,
palpitavam suaves ao seu próprio impulso.[24]

Séculos depois, Arthur Rimbaud põe a própria amplitude cósmica a serviço da celebração da nudez feminina:

A estrela chorou rósea dentro das tuas orelhas,
O infinito rolou branco da nuca aos teus quadris,
O mar perolou dourado as tuas mamas vermelhas,
E o Homem sangrou negro no teu flanco senhoril.[25]

Mas esse desvio hiperbólico do léxico do corpo para o léxico do cósmico vai-se inverter ainda mais hiperbolicamente — desvio do desvio — na viagem de volta da metaforese ao mundo da cultura. Mais precisamente, ao mundo artificial dos produtos fabris, com os quais, de cambulhada com uns poucos itens do mundo natural, o *bricoleur* de "Eleonora" se compraz em recompor a anatomia erótica de sua musa, desumanizando-a e reumanizando-a ao mesmo tempo. Uma mulher de cabelos de cartão e/ou lâmpada de querosene acesa, de sexo de apito agudo, ancas de rolos compressores, espáduas de martelo, costas de olhos de vidro e nádegas de cola de peixe é — para dizê-lo platonicamente — um enlace de ser e não ser de maneira a mais estranha. Acicatada pelo demônio da sua essencial labilidade, o "significado poético simultaneamente remete e não remete a um referente; ele existe e não existe; é, ao mesmo tempo, um ser e um não ser" (Kristeva).[26]

A "álgebra superior da metáfora"[27] por que Ortega y Gasset buscou caracterizar a linguagem da lírica moderna vai encontrar um eco algo tardio na "matemática superior da poesia" de Hugh Friedrich, para quem essa lírica, por ser "uma lírica que serve, em primeiro lugar, à linguagem e não a uma referência com o mundo", termina por anular "a diferença entre linguagem metafórica e não metafórica". Há nisto uma escamoteação de dois horizontes estreitamente dependentes um do outro e à falta dos quais o próprio conceito de metáfora se esvazia de sentido. Di-lo o próprio Friedrich: "Já não se pode falar aqui de metáforas. A comparação possível na metáfora cedeu à absoluta identificação".[28] Entretanto, o horizonte dos referentes, constituído pelas coisas e situações do mundo, e o horizonte dos sentidos literais, constituído pelo consenso da experiência histórica do mundo, em momento algum deixaram de existir para os poetas.

Ainda que o impulso isolacionista de parte da lírica do século XX tenha levado Hoffmansthal a dizer que "nenhum caminho direto conduz da poesia à vida; e nenhum conduz da vida à poesia" e que "as palavras são tudo",[29] uma poesia centrada em si mesma, totalmente desinteressada de qualquer referente externo, é inconcebível. O mesmo Lorca de quem Friedrich cita versos supostamente abonadores de uma "absoluta identificação" transmetafórica, postula o poeta como um "professor dos cinco sentidos corporais" e exemplifica tal docência com o caso de Góngora, para quem "uma maçã é tão intensa quanto o mar, e uma abelha tão surpreendente quanto um bosque". Nem por isso deixa Lorca de acentuar o caráter cerebrino e abstrato das imagens gongóricas; num lance de humor crítico, recomenda inclusive ao leitor não ler com uma rosa viva na mão o madrigal feito por Góngora a uma rosa: "Sobram a rosa ou o madrigal".[30]

Como já acontecera na metafórica barroca, também na metafórica da poesia moderna os nexos entre literal e figurado, concreto e abstrato, particular e geral, embora não cheguem a desaparecer de todo, tendem a esgarçar-se. Esse esgarçamento aponta, de um lado, para uma crescente intelectualização e de, outro, para uma crescente impessoalização da linguagem lírica. Em "Eleonora", tivemos um exemplo de esgarçamento de sentido por intelectualização. Ainda que possa parecer um paradoxo aplicar uma palavra como esta, do léxico da consciência desperta e raciocinante, a um poema surrealista cuja dicção se proporia a ecoar as obscuras pulsões afetivas do onírico.

A circunstância de o surrealismo desde cedo ter-se constituído em escola, com uma estética codificada e um cânone de prógonos e epígonos claramente definido, mostra-lhe por si só o caráter intelectualista. Outrossim, a exemplo do método verlainiano de fazer versos comovidos com muita frieza, é de pensar que os poetas surrealistas se comprazam em forjar metáforas absurdas com muita lucidez, apostados que estão em fazer saltar a centelha da imagem, "não da comparação, mas da aproximação de duas realidades mais ou menos remotas" (Reverdy).[31] A distância semântica entre os termos aproximados explica o esgarçamento intelectualista da metáfora surreal. Esse esgarçamento não chega contudo a desativar — e aí está a mulher-artefatos ou artefatos-mulher de Eggonópoulos para ilustrá-lo, — a labilidade entre o ser e o não ser conotada pelo ou; talvez a torne até mais ativa, dado o longo caminho a percorrer.

A impessoalização a que tende a lírica de hoje está bem ilustrada num poema objetivista de William Carlos Williams, "A duração":

Uma folha amarfanhada
de papel pardo mais
ou menos do tamanho

e volume aparente
de um homem ia
devagar rua abaixo

arrastada aos trancos
e barrancos pelo
vento quando

veio um carro e lhe
passou por cima
deixando-a aplastada
no chão. Mas diferente
de um homem ela se ergueu
de novo e lá se foi

com o vento aos trancos
e barrancos para ser
o mesmo que era antes.[32]

Nada aqui trai a presença do "eu" do poeta, a não ser como olho fotográfico a registrar uma cena do cotidiano. Tampouco se pode dizer haja aqui qualquer metáfora, ao menos na acepção aristotélica de desvio do sentido ordinário das palavras ou de transposição do nome de uma coisa para outra. Mas, ainda que subreptícia, a visada analógica está presente na noção de medida — a folha de papel pardo tem o *mesmo* volume e tamanho *aparente* de um homem — e na noção de diferença — enquanto as rodas de carro aplastariam a forma humana e lhe tirariam a vida, a folha de papel torna a erguer-se para seguir, intacta, o seu caminho.

Apesar da impessoalidade do olhar do poeta, nem por isso deixa o objetivo de contaminar-se de subjetivo. O título do poema, "A duração", que diz respeito ao tempo de vida, melhor dizendo, de animação da folha inanimada por um agente externo, o vento, pode ser *também* lido, sem arbitrariedade, como uma alusão à fragilidade da vida humana comparativamente à resistência das coisas sem vida. Ou como uma visão irônica das pretensões de grandeza ou superioridade do humano, reduzidas a nada pelo paralelo com uma simples folha de papel. Aqui já não vige a longa distância entre os termos em comparação que vimos caracterizar o metaforismo surreal. Pelo contrário, a proximidade homológica é quase total: a folha tem as dimensões do corpo humano e, em oposição simétrica, dele difere pela superior resistência. É mínimo, pois, o espaço homológico que a labilidade da metaforese tem de percorrer. É como se vibrassem ambos, *quase* confundidos numa mesma imagem plana, o corpo e a folha. O *quase* desempenha, é fácil ver, a função do *ou* em ser ou não ser.

Para adequar à radicalidade da lírica do século XX o nosso símile lúdico, temos de imaginar que, já perfeitamente integrada no espírito do jogo e incomodada com a demora do reaparecimento do rosto, a criança, em vez de se desinteressar da brincadeira, vá engatinhando até a extremidade do obstáculo ocultador à sua procura. Quando o descobre e lhe ouve o grito de "achou!", ela ri de prazer e volta a esconder-se, intimando o adulto a fazer o mesmo, para que o jogo, do qual é agora cúmplice ativa, se repita *ad nauseam*.

Semelhantemente, a lírica moderna não se contenta em exigir do leitor aquela passiva suspensão da descrença tida por Coleridge como condição suficiente para o desfrute do poético. A par disso, o leitor é convidado — talvez se dissesse melhor intimado — a ir ao encontro do poeta para acumpliciar-se com ele na empresa de desconstruir o real de convenção e reagrupar-lhe metaforicamente os detritos no transreal de invenção. Historicamente, esse convite ou intimação remonta ao *frisson nouveau* suscitado pelos paradoxos e antinomias de *As flores do mal* na espinha do *hypocrite lecteur* capaz de ir do escandalizado comprazimento até uma baudelairização que dure um tempo de leitura bastante para fazê-lo repetir a exclamação do descodificador aristotélico dos "enigmas velados", das metáforas engraçadas e/ou mistificadoras: "Como é verdade! Eu é que estava enganado".

Baudelairizar-se significa assumir ativamente, por um esforço de empatização, a psicologia daquele cristão às avessas cuja consciência do pecado só servia para lhe aumentar o prazer de pecar, salvando-o do *spleen* aniquilante; cuja nostalgia de pureza, para sentir-se a si própria, necessitava o aguilhão da dor, da sordície, da miséria e do vício a lavrarem por toda parte; cuja percepção da beleza era tanto maior quanto mais nítida fosse a antevisão da futura *charogne* em que ela se iria dissolver; cuja teologia poética, feita de partes iguais de Deus e de Satã, não recuava diante da heresia panteísta ao estatuir um código eminentemente sensual de correspondências para representar-se a divina e profunda unidade das coisas.[33]

O exemplo de Baudelaire, com dar-nos um primeiro esboço do que possa ser o transreal de invenção instituído pela metaforese radical da lírica de nosso século, serve também para ilustrar o salto da suspensão da descrença à cumplicidade operativa por ela instigado no nível da leitura. Em nosso jogo pedagógico, esse salto corresponde ao engatinhar da criança numa busca *ativa* do rosto desaparecido com o qual, cúmplice, passa a interagir gostosamente, à espera do *achou!*. O itálico em "ativa" sublinha a dinâmica falta da qual a metáfora é condenada à vala comum do dicionário. E o itálico em "achou" aponta para aquilo que Paul Ricoeur chama de poder *heurístico* da metáfora.[34]

Derivado do verbo grego *eurísko*, "achar" — o mesmo do famoso "Eureka!" de Arquimedes, — o adjetivo remete ao caráter eminentemente fundador desse gesto de *bricolage* que é a renomeação metafórica. Um gesto não só de rever mas também de reaver, de tornar a achar o já-visto, no sentido de trazer de volta a surpresa de um primeiro contato que o automatismo da repetição embotara. Por força do seu poder heurístico é que a metáfora deixa de ser mero ornato para se converter em veículo fundamental da visão poética do mundo. Uma visão que, com articular o perceptivo ao afetivo, os olhos do corpo aos olhos da alma, é sinônimo de sentimento poético. Se a poesia é feita de palavras, como preceitua a cediça e tautológica *boutade* de Mallarmé, as palavras que a fazem são poéticas porque as agencia esse tipo de visão ou sentimento a que fielmente servem. É o que acontece neste poema de Manuel Bandeira:

Eu vi uma rosa
— Uma rosa branca —
Sozinha no galho.
No galho? Sozinha
No jardim, na rua.

Sozinha no mundo.

Em torno, no entanto,
Ao sol do meio-dia,
Toda a natureza
Em formas e cores
E sons esplendia.

Tudo isso era excesso.

A graça essencial,
Mistério inefável
— Sobrenatural —
Da vida e do mundo,
Estava ali na rosa
Sozinha no galho.

Sozinha no tempo.

Tão pura e modesta,
Tão perto do chão,
Tão longe na glória
Da mística altura,
Dir-se-ia que ouvisse
Do arcanjo invisível
As palavras santas
De outra Anunciação.[35]

A visão poética isola aqui um pormenor do mundo para o rever com uma intensidade tal que nele se engolfa por inteiro, esquecida da natureza circundante, agora excessiva ante a plenitude da rosa. É como se esta estivesse sendo vista pela primeira vez, e ao renomeá-la com os inéditos atributos de que ora se reveste ("graça essencial", "mistério inefável"), — o poeta a transforma numa *imago mundi*, num *aleph* borgiano cuja pequenez ("modesta", "perto do chão") é o próprio penhor de sua enormidade ("longe", "altura", "glória"), isso evidentemente em termos da lógica da hipérbole por diminuição. O mecanismo metafórico aqui acionado é o da transposição — a espécie pelo gênero, — sempre dentro da labilidade dinâmica do ser ou não ser, da rosa que é e não é o mundo, ou que o é sem deixar de ser rosa "tão pura e modesta/ tão perto do chão". ·

A rosa de Bandeira ilustra à maravilha o conceito de Gerard Manley Hopkins de *inscape*, ou seja, "a particularidade de cada coisa observada como única".[36] Entretanto, a intensidade da focalização poética do único é que alcança, paradoxalmente, convertê-lo em imagem do todo. Daí que para Croce a fantasia criadora, essência da poesia, tenha por função ligar "o particular ao universal" e mostrar "acima da estreiteza do finito, a extensão do infinito".[37] Já aqui estamos navegando em águas platônicas, a bordo do conceito de *methexis* ou participação. Nos diálogos do seu período mediano, Platão postula que o particular só existe na medida em que participa da realidade universal, a qual, por sua vez, penetra as coisas particulares em diferentes graus, à semelhança da luz do sol que ilumina diferentemente os objetos em função da sua capacidade de recebê-la.[38]

A concepção de ser a poesia metáfora do mundo se confirma no seu poder de revelar o universal no particular. Daí lhe vem o valor heurístico de redescoberta do mundo: para além da realidade factual, ela nos leva até uma outra, a do *possível*. Pergunta-se Paul Ricoeur se "não é função da poesia suscitar um outro mundo, — um mundo outro que corresponda a possibilidades outras de existir, a possibilidades que sejam os nossos possíveis mais próprios?".[39] De fato, a metaforese poética introduz, na literalidade unívoca do factual regida pelo verbo "ser", possíveis plurívocos regidos pelo verbo "ser-como". Para fazê-lo, recorre à estratégia da referência cindida a que se refere Jakobson[40] e que a metafórica do poema de Eggonópoulos exemplifica bem.

Numa frase do tipo de "os seus cabelos são uma lâmpada de querosene", os substantivos, individualmente considerados, remetem o leitor a objetos do mundo, ao domínio do literal. Entretanto, quando se associam analogicamente no inaudito conceito de cabelos-lâmpadas, assumem a irredutível impertinência do impossível. Impossível no domínio do real, bem entendido, não do imaginário. Se a imaginação do poeta foi capaz de conceber cabelos assim, eles passam a existir e vêem ampliar o repertório de possíveis de cada leitor. Tais possíveis renovam-lhe a visão do próprio real, ao dinamizá-lo com a labilidade do imaginário.

Na sua leitura dos ditos sibilinos de Heráclito, Heidegger discute longamente o sentido etimológico de *alétheia*, "verdade", como desvelamento do que está oculto, para mostrar que, no pensamento dos antigos gregos, havia uma "intimidade ambivalente de desvelar e velar"[41] e que eles viam desvelamento e velamento não "como dois acontecimentos diferentes e separados, mas como um e o mesmo".[42] Não é nem preciso chamar a atenção da afinidade dessa visão integrativa com a labilidade dinâmica da visão metafórica, que unifica presença e ausência numa só ocorrência verbal. Outrossim, nos seus comentários sobre a poesia de Hölderlin, vale-se Heidegger da citação de um verso dele para conceituar a poesia como "a fundação pela palavra e na palavra". Essa fundação o poeta a faz por via da nomeação, que "não consiste simplesmente em prover de nome uma coisa que já antes era bem conhecida; mas quando o poeta diz a palavra essencial, só então é que o ente vê-se nomeado, por essa nomeação do que ele é, e assim conhecido *como* ente [*Seiendes*]".[43] Tampouco será preciso acentuar o quão intimamente ligada não está essa conjunção em itálicos com a visada analógica da metaforese.

Para fecho destas considerações, nada melhor que citar um

aforismo de Heráclito longamente comentado por Heidegger: "A natureza ama ocultar-se". O aforismo nos leva de volta ao nosso jogo pedagógico, a que confere uma aura metafísico-antropológica, se assim se pode dizer. Talvez o leitor ainda se lembre de que, ao aproximar nosso jogo e as brincadeiras de esconde-esconde do instinto animal da caça, sugerimos, no caso, uma transmutação do gesto venatório e utilitário da busca de alimento no gesto gratuito do comprazimento lúdico. Com o seu jogo de presença/ausência e de ser/não ser, a metaforese não seria outra forma de sublimação desse mesmo gesto, só que agora no domínio da ação simbólica, onde encenaria a caça lúdica de um sentido sempre em fuga para maior comprazimento do caçar? Esta aproximação entre poesia e jogo escandalizará decerto ouvidos croceanos ainda atentos à exclamação do mestre: "e a arte e a poesia foram a seguir blasfematoriamente confundidas com o jogo!".[44] Mas avaliza-o parcialmente uma citação de Heidegger quando este, glosando os motes hölderlinianos de a poesia ser a mais inocente das ocupações e a linguagem o mais perigoso dos bens, escreve: "A poesia tem a aparência de um jogo mas não é. O jogo absorve os seres humanos, mas de maneira tal que cada um deles se esquece de si mesmo. Na poesia, pelo contrário, o homem se concentra a fundo no seu ser-aí".

Nesse "parece mas não é", não estaria o demônio da metáfora jogando sua última cartada para com ela ganhar sorrateiramente o jogo?

O poeta/profeta da bagunça transcendente

"Qual em si mesmo enfim a eternidade o muda". É de supor que a eternidade prometida por Mallarmé ao destinatário do seu soneto-epitáfio fosse não a do bronze ou discurso embalsamadores, mas a da memória viva de gerações de leitores. Entende-se, por outro lado, a indispensabilidade da morte para a fixação do si-mesmo de um poeta, teoricamente passível de modificação a cada novo poema que ele viesse a escrever. Contudo, nem todo poeta precisa esperar pelo último poema para afirmar a sua fisionomia própria, a sua marca de fábrica. Para nos restringirmos à prata de casa, Castro Alves afirmou-a bem antes, justificando-se assim a observação de Andrade Muricy, encampada por Mário de Andrade com a gota de vitríolo de que ele morreu na hora certa, pois não tinha nada mais que acrescentar à sua obra. Augusto dos Anjos também afirmou seu si-mesmo no *Eu*, a que os *Outros poemas* postumamente recolhidos pela piedade de Órris Soares nada trouxeram de diferencial.

Se um poeta deve seu quinhão de eternidade ou, melhor dizendo, de sobrevida, ao interesse dos leitores futuros, não será justo negar a estes o direito de definir o que entendem seja o si-mesmo dele. E a essa definição chegam intuitivamente a partir do momento em que começam a descobrir traços da dicção de um poeta na de outro, a ponto de poderem dizer consigo: "mas isto é Drummond!", "mas isto é Bandeira!", "mas isto é Murilo!". Tenho para mim que o meio mais expedito para se chegar ao *lui-même* de um poeta seja uma boa antologia. Como a que Luciana Stegagno Picchio organizou da poesia de Murilo Mendes para a série "Melhores poemas", dirigida por Edla van Steen e editada pela Global. Dentro das limitações de espaço a que teve de sujeitar-se, a organizadora dos recém-lançados *Melhores poemas de Murilo Mendes* logrou realizar uma seleção de textos modelar, a que acrescentou um prefácio.

Nesse prefácio, Luciana Stegagno Picchio nos diz que, estando já fixado o texto definitivo da obra muriliana, é chegado o momento de "escolher o 'nosso' Murilo Mendes". E para essa escolha ela propicia ao leitor um bom itinerário ao pinçar, de cada uma das dezessete coletâneas de poemas em que, de 1925 a 1974, o poeta foi recolhendo sua produção, algumas das peças mais características ou pedras de toque. Relendo agora, em compasso antológico, o Murilo com que desde 1946 venho me deleitando em primeiras edições ciumentamente guardadas, vejo que cedo lhe consegui intuir o si-mesmo. No meu livrinho de estréia, *O aluno* (1947), há uma "Muriliana" em que, sob a égide do pastiche, uma dicção ainda insegura de si murilianizava-se de caso pensado. Nisso, antecipava-se ela ao poeta de *Convergência* (1963-1965), que nessa coletânea se comprazeria em webernizar-se, joãocabralizar-se, francisponjar-se e mondrianizar-se.

No virtuosismo desse Murilo "do exílio sem regresso" de que fala Luciana Stegagno Picchio, voltado para "inovações vindas de toda a parte, mas especialmente de um Brasil experimental de poesia concreta e invenções cabralinas", não me parece estar o Murilo essencial, aquele cuja marca de fábrica se gravou indelevelmente no Modernismo brasileiro. Tal marca fez sua primeira e ainda hesitante aparição nos *Poemas* (1925-1929), ausentou-se da saborosa *História do Brasil* (1932), para reaparecer em *O visionário* (1930) e prolongar-se, por mais sete livros, até *Sonetos brancos* (1946-1948). A datação desses volumes cobre, pois, toda a década de 30 e boa parte da seguinte. Vale dizer: o período de surgimento das ditaduras totalitárias na Europa, período durante o qual os conflitos de interesses e ideologias se vão acirrando até o ponto de explosão, a Segunda Guerra Mundial. Na caixa de ecos da poesia de Murilo Mendes, esse período conturbado se reflete em imagens apocalípticas que bem lhe exprimem a ominosa significância.

Para exprimi-la, Murilo talvez estivesse mais bem qualificado do que qualquer outro poeta da geração de 30. Isso porque não apenas soubera manter vivo o ímpeto da rebeldia de 22 como radicalizá-lo conforme cumpria. Pois o que era cosmopolitismo turístico ou nacionalismo pitoresco na poesia do Oswald e do Mário da fase primitivista vai-se essencializar, aprofundar e dramatizar — sem descambar no patético ou perder seu travo de humor modernista — na visada universal de *O visionário* e livros subseqüentes. Neles ressalta com particular evidência aquela estrutura de base que Mario Praz considera específica da arte do século XX.[1] Qual seja a interpenetração espaciotemporal, estrutura que a visão múltipla e simultânea do cubismo ilustra à perfeição. Através de Apollinaire sobretudo, a lição do cubismo cedo transitou da pintura para a poesia — e os "minutos de poesia" de *Pau-Brasil*, com sua minimização dos nexos gramaticais, suas elipses verbais e seus deslocamentos qualificativos, testemunham o influxo cubista no primitivismo de 22.

O efeito mais imediato provocado por um poema cubista no espírito do leitor é o de descontinuidade, em conseqüência não só da sua pletora de imagens e das suas elipses freqüentes como da ausência de conexão lógica ou até mesmo gramatical entre os versos ou grupos de versos, cada um dos quais é como que um bloco autônomo de sentido. E, na sua obsessão do onírico, o surrealismo levaria às últimas conseqüências a ilogicidade posta em moda pela poesia cubista, cujo pendor construtivo pouco tinha a ver com a espontaneidade da escrita automática, muito embora fosse também Apollinaire o criador do termo "surrealismo".

Pode-se ver no "surrealismo lúcido" que Luciana Stegagno Picchio refere como típico de Murilo Mendes, um encontro da lucidez construtiva do cubismo, que ele aprendera dos modernistas de S. Paulo, com a ilogicidade onírica do surrealismo, que o convívio com Ismael Nery nele acoroçou logo depois. Esse encontro já dá sinal de si nos *Poemas* de 1925-1929, alguns dos quais começam a definir a dicção e as preocupações essenciais do poeta. "Os dois lados", por exemplo, ilustra um gosto pelas séries repetitivas ou anafóricas de itens mais ou menos desconexos que se vai reiterar nos livros posteriores. E em "O poeta na igreja" avulta o caráter dilemático do catolicismo muriliano, dividido entre a sedução do mundo das formas, onde a carnalidade feminina esplende ("seios decotados não me deixam ver a cruz"), e a eternidade das idéias a que o espírito deve aceder pela mediação da fé. Finalmente, em "Mapa", o poeta extravasa a sua consciência cósmica movimentando-se vertiginosamente no tempo e no espaço para estar presente "em todos os nascimentos e em todas as agonias", à espera de que o mundo mude de cara e a morte revele "o verdadeiro sentido das coisas". Para que essa consciência cósmica não incorra em nenhuma grandiloqüência à Whitman, o poeta cuida de nela infundir o corretivo da irreverência modernista: do "seu quarto modesto da praia de Botafogo", propõe-se a inaugurar no mundo nada mais nada menos que "o estado de bagunça transcendente".

O visionário, de 1930, já é um livro plenamente muriliano. Num de seus poemas mais representativos, a figura da mulher ganha dimensões ciclópicas: o mundo começa "nos seios de Jandira", cujo braço esquerdo às vezes "desaparecia no caos"; em meio a uma paisagem de "anúncios luminosos", seu corpo se mecanizava, "seus cabelos cresciam furiosamente com a força das máquinas", enquanto ela esperava pelos "clarins do juízo final". Esse agigantamento do feminino num espaço povoado de signos da tecnologia moderna e perpassado pelo sopro da escatologia cristão-apocalíptica, dá a medida da originalidade com que Murilo Mendes irá utilizar *pro domo suo*, durante a fase mais marcante da sua produção poética, as virtualidades da interpenetração espaciotemporal que, de Joyce a Picasso, de Eliot a Stravinski, funda as poéticas da modernidade.

Tempo e eternidade, sob a divisa evangélica de "restaurar a poesia em Cristo", anuncia um "novo olhar" que, sem se deter mais na carnalidade, busca ir além dela, até o "amor essencial". A visada universalista desse novo olhar se afirma nos "vim" anafóricos de "Vocação do poeta" — um poeta nascido "para experimentar dúvidas e contradições", "afirmar o princípio eterno" de onde proveio e anunciar que "a palavra essencial de Jesus Cristo dominará as palavras do patrão e do operário". Esta última e dúplice referência mostra que os tempos modernos aparecem agora na poesia de Murilo não mais como exterioridade tecnológica mas como interioridade dramática, donde a antevisão utópica do dia em que "a voz dos homens abafará a voz da sirene e da máquina".

As peças de *Os quatro elementos* (1935) antologiadas por Luciana Stegagno Picchio ilustram a dicção em *staccato* tão caracteristicamente muriliana: verso ou pequenos grupos de versos de medida breve e de sentido autônomo, com verbos no presente do indicativo, em séries enumerativas sem conexão lógica entre os itens. Leia-se, a título de exemplo, estes versos de "O poeta marítimo":

A noite vem de Bornéu
Clotilde se enrola no astracã
A tempestade lava os ombros da pedra
O grande navio ancora nos peixes dourados [...]
A sereia enrola o mar com o rabo

Como seu título adverte, *A poesia em pânico*, de 1936-1937, vai radicalizar o "estado de bagunça transcendente" que, desde o livro de estréia, seu autor inaugurara na poesia brasileira. O casamento dos contrários a que essa "bagunça" aspira transluz na perspectiva apocalíptica por que contempla o mundo já então se precipitando na loucura da guerra: "Bordéis e igrejas, maternidades e cemitérios levantam-se no ar para o bem e para o mal". Ou então: "Quem são estes velhos que andam de velocípede? Quem são estes bebês empunhando machados?". Os tempos históricos se baralham caleidoscopicamente, a ponto de Madalena esperar pelo poeta num porão da Idade Média; por sua vez, as imagens ganham uma assustadora nitidez de pesadelo:

> *Um manequim assassina um homem por amor.*
> *Sete pianos ululam na extensão do asfalto.*

A própria Igreja aparece ao restaurador da "poesia em Cristo" como um espaço de aporias:

> *A igreja toda em curvas avança para mim,*
> *Enlaçando-me com ternura — mas quer me asfixiar.*
> *Com um braço me indica o seio e o paraíso,*
> *Com outro braço me convoca para o inferno.*
> *[…] Suas palavras são chicotadas para mim, rebelde.*
>
> *[…] Aponta-me a mãe de seu Criador, Musa das musas,*
> *Acusando-me porque exaltei acima dela a mutável Berenice.*
> *[…] Não posso sair da igreja nem lutar com ela*
> *Que um dia me absolverá*
> *Na sua ternura totalitária e cruel.*

Os dois adjetivos que rematam essa "Igreja mulher" remetem

diretamente para o clima da época em que o poema foi escrito. Um tempo de totalitarismos e crueldades cujas trevas começam a ser atravessadas de quando em quando pelo sol da utopia em *As metamorfoses* (1938-1941).

A primeira edição desse livro pelo qual tenho particular afeição traz quatro ilustrações de página inteira feitas por Portinari. Nelas, soube o ilustrador captar bem os entretons de certas imagens iterativas que amainam o desespero da quadra guerreira ao contrapor-lhes figurações de esperança. Como a da amada de rosto de "lua moça" que abandona "o reino dos homens bárbaros que fuzilam crianças com bonecas ao colo" para, de mãos dadas com o amante, atravessar a criação agarrados ambos à cauda de um cometa. Ou então da "doce Armilavda" vinda, com seu nome de exótica sonoridade, dos dias dos jogos de bilboquê para assistir ao espetáculo de tiranos retalhando "partituras de sinfonias austríacas" e de "crianças e velhos metralhados" na China. Ou ainda os míticos cavalos azuis "de uma antiga raça companheira do homem" que, embora tenham sido substituídos "pelos cavalos mecânicos" e atirados pelo mesmo homem ao "abismo da história", galopam no rumo do horizonte para despertar "os clarins da alvorada".

A atualidade das premonições apocalípticas que dividem terreno com as utópicas em *As metamorfoses* reponta sobretudo em "1941", poema cuja primeira estrofe diz profeticamente:

> *Adeus ilustre Europa*
> *Os poemas de Donne, as sonatas de Scarlatti*
> *Agitam os braços pedindo socorro:*
> *Chegam os bárbaros de motocicleta,*
> *Matando as fontes em que todos nós bebemos.*

Quem não reconhece nesses bárbaros de motocicleta o arquétipo daqueles batedores das distopias do futuro cujo próximo advento os filmes de ficção científica da televisão não se cansam de anunciar?

Não passe tampouco sem registro uma peculiaridade da metafórica de Murilo Mendes que ressalta com freqüência em *As metamorfoses*, embora já estivesse presente nos seus livros anteriores. Refiro-me àquela inversão do trajeto normal da metáfora, a qual, em vez de ir buscar ao mundo natural ou cósmico, como de hábito, símiles para exprimir aspectos do mundo humano ("teus olhos são duas estrelas"), toma deste símiles para exprimir aspectos daquele. Tal inversão foi estudada por Gerard Genette na poesia barroca, cuja afinidade com a poesia moderna ele não se esquece de acentuar. Uma e outra têm predileção pelos efeitos de surpresa, e os conseguem pelo recurso ao caráter hiperbólico das metáforas de trajeto invertido, que aproximam "por uma espécie de intrusão, realidades naturalmente distanciadas dentro do contraste e da descontinuidade".[2] Intrusão e distanciamento que tais são perceptíveis em lances metafóricos de *As metamorfoses*, a exemplo de "A manhã veste a camisa" ou "Conto as estrelas pelos dedos, faltam várias ao trabalho. Desmontam o universo-manequim". Em ambos os lances, a desmesura do cósmico assume a pequenez humana do vestuário, do emprego e da vitrine.

A poesia modernista de 22-28 usou e abusou da metáfora de trajeto invertido. Notadamente *Cobra Norato*, com as suas saborosas animizações da selva amazônica: "Rios magros obrigados a trabalhar", "Aqui é a escola das árvores. Estão estudando geometria", "O céu tapa o rosto", e assim por diante. Mas nisso Raul Bopp estava apenas sendo fiel ao espírito da matéria folclórica em que se inspirava: desde suas raízes totêmicas, tal matéria traduz a intimidade estabelecida entre o mundo do homem e o mundo da natureza pela analógica do pensamento selvagem. Se bem possa ter aprendido dos modernistas históricos seus antecessores imediatos a técnica da metáfora de trajeto invertido, Murilo Mendes lhe deu sentido diverso. Ao fazer dela recurso de base do processo de interpenetração espaciotemporal a que a sua poesia cedo se aplicou, ele lhe infundiu reverberações metafísicas. Pois é preciso ter sempre presente que o centro magnético dessa poesia é a fé católica e, malgrado os assomos de rebeldia, a obediência à sua Igreja.

Uma fé e uma igreja que, por multisseculares, atam por um elo de co-presença seus vários passados ao seu presente vivo, do mesmo passo em que, com seu providencialismo, consorciam o humano e o cósmico, o indivíduo e a divindade por um nexo consubstancial. Para representar tudo isso é que a poesia em Cristo de Murilo Mendes explora com tanta pertinência as virtualidades da interpenetração espaciotemporal e da metáfora de trajeto invertido. O hiperbolismo desse tipo de metáfora é uma rua de mão dupla. Tanto traz para a medida do humano a desmesura do cósmico-divino quanto amplia aquela até a escala desta, renovando assim o casamento do céu e da terra já celebrado por um visionário do século XVIII. Todavia, inimigo feroz do industrialismo, William Blake excluía de sua utopia as máquinas dos tempos modernos. Já Murilo Mendes as leva em conta nos instantâneos apocalípticos da sua bagunça transcendente, proclamando Deus-Cristo não só o criador do Sol, das estrelas, dos frutos e das flores mas também dos cinemas, das locomotivas e dos submarinos.

Não sei de outro poeta católico que se tivesse empenhado com tanto poder de convencimento em enquadrar no conflituoso espaço-tempo da modernidade os dogmas intemporais da sua fé. Em Murilo, o *renouveau* católico brasileiro ganha uma radicalidade que o estrema do conservadorismo, quando não do aberto reacionarismo, dos seus corifeus. Daí ser no mínimo de estranhar tivesse escapado o verdadeiro sentido dessa radicalidade a um crítico tão perceptivo quanto Mário de Andrade. A propósito de *A poesia em pânico*, escrevia Mário reprobativamente: "a atitude desenvolta que o poeta usa nos seus poemas para com a religião, além de um não raro mau gosto, desmoraliza as imagens permanentes, veste de modas temporárias as verdades que se querem eternas, fixa anacronicamente numa região do tempo e do espaço o Catolicismo, que se quer universal por definição."[3]

O Murilo essencial cujo percurso se tentou aqui traçar em sumaríssimas pinceladas reaparece em *Mundo enigma*, de 1942, e *Poesia liberdade*, de 1943-1945. *Os sonetos brancos*, quando mais não fosse pelo cultivo dessa forma fixa reposta em circulação por vários poetas da geração de 45, aponta para uma mudança de rumos que *Contemplação de Ouro Preto* confirma: diga-o a sua peça de resistência, o encantador "Romance da visitação" de versos metrificados e rimados. Por fim, *Convergência*, de 1963-1965, com as suas elocubrações metapoéticas em torno da palavra e não mais da Palavra, nos traz um Murilo ainda inventivo, virtuoso mesmo, se quiserem. Mas, perdoem-me, não é mais o "meu" Murilo.

Revisitação de Jorge de Lima

Como todo país de cultura rala, o Brasil parece ter pressa em enterrar os seus poetas. A uns sepulta, ainda vivos, na indiferença pela sua obra; a outros, depois de mortos, no pronto esquecimento do pouco que leu deles. Quando falo de poetas, não estou evidentemente me referindo à chusma de rabiscadores de papel que usurpam o título por sua conta e risco. Refiro-me antes aos *happy* — se cabe o adjetivo otimista — *few* cuja marca de fábrica ficou reconhecivelmente gravada no registro de patentes da poesia brasileira.

Jorge de Lima pertence a essa seleta minoria, de que serve para ilustrar, à maravilha, o melancólico destino. No ano passado, por ocasião do primeiro centenário de seu nascimento, o que ainda resta da nossa destroçada imprensa literária voltou a se ocupar dele, após tê-lo esquecido durante tantos anos. Mas os poetas não vivem da piedade dos necrologistas; vivem da atenção dos leitores. E esta, se chegou a ser despeitada pela comemoração centenária, não deve ter quase achado alimento com que satisfazer sua curiosidade em torno do memorável autor de *A túnica inconsútil*.

Tanto quanto sei, faz tempo que a poesia e a prosa de ficção de Jorge de Lima estão ausentes das livrarias. Pelo menos em edições acessíveis, visto a edição Aguilar de sua obra completa — se é que ainda continua comercialmente disponível — estar longe de fazer jus ao qualificativo. Felizmente, tal descaso editorial — mais uma instância confirmadora de serem os poetas reis daquele reino sem súditos de que fala Kannelopoulos, — acaba de ser remediado em parte. Isso graças à publicação, pela Global (1995), da coletânea *Os melhores poemas de Jorge de Lima*, na série dirigida por Edla van Steen.

A coletânea foi organizada por Gilberto Mendonça Teles, que soube selecionar com mão segura algumas das pedras de toque da poesia de Jorge de Lima. No estudo crítico que antepôs à sua seleção, o antologista divide a produção do poeta em três fases, respectivamente de formação, transformação e confirmação. Eu as reduziria a duas apenas, a fase consubstancialista e a fase formalista, deixando de fora os primeiros sonetos esparsos e os *XIV alexandrinos* como meros tentames de versejador, mais que de poeta.

Este só vai nascer de fato com os *Poemas* de 1927, quando passa a se exprimir no verso livre dos modernistas de 22. Nele é que nos irá falar consubstancialmente de si e do seu mundo nordestino, num momento localista que lhe marca a poesia até 1933, ano em que a publicação de *Tempo e eternidade* inaugura o momento universalista da "poesia em Cristo". Consubstancialidade é a palavra que mais bem define, estilisticamente, esses dois momentos da primeira fase da poesia de Jorge de Lima. Em ambos vige uma consubstancial adequação entre o dito e o modo de dizer: este nasce imediatamente daquele, que, por sua vez, só por ele pode ser adequadamente expresso. Não há demasias nem carências de um em relação ao outro; o desequilíbrio só se fará sentir mais tarde, na fase formalista.

O verso livre se instaurou entre nós como o emblema por excelência da modernidade, e os vanguardeiros paulistas desde cedo o agilizaram num descritivismo de tom coloquial e de reverberações entre irônicas e nostálgicas que é o registro dominante tanto em *Paulicéia desvairada* quanto em *Pau Brasil*. Tal registro irá servir providencialmente ao versejador Jorge de Lima para afinal descobrir sua voz própria de poeta. Largando de mão decassílabos e alexandrinos em torno dos lugares-comuns, impessoais e abstratos, do bilaquismo — a Grécia, a Saudade, a Natureza, a Ciência etc. etc. —, volta-se o autor dos *Poemas* de 27 para a concretude de suas vivências nordestinas de "menino impossível", vistas sob a ótica de um infantilismo de rebeldia que os modernistas opunham à seriedade bem comportada dos passadistas.

Também na poesia localista de Jorge de Lima — a qual, melhor que a de Ascenso Ferreira, veio incorporar uma rica matéria nordestina ao pitoresco poético de 22, até então feito só de matéria paulista, mineira e fluminense — aflora uma curiosa tensão entre a modernidade da visão e o provincianismo do visto. Tensão que se resolve menos numa recusa perempta do anacrônico que num reconhecimento (um ver com novos olhos) de índole a um só tempo nostálgica e irônica. É o que ressalta exemplarmente de "GWBR", talvez o mais representativo dos *Poemas* de 27. A viagem do trenzinho pelos campos e cidadezinhas do Nordeste vai desdobrando aos olhos recém-modernistas do poeta postais paisagísticos e humanos onde o ridículo do "condutor de bigodes parnasianos" alterna com o sentimental da "mulher proibida" que dá "um adeus ao maquinista que ela nunca há de beijar" e com o patético dos mendigos e aleijados a pedir esmola pelos vagões. Embora fugaz, esta última nota já é reconhecivelmente social e, tanto quanto a visada nostálgica do paradoxo moderno/atrasado, antecipa em verso parte daquilo que o romance de 30 iria dizer em prosa.

Como se mencionou acima, o momento universalista da primeira fase da poesia de Jorge de Lima instaura-se em *Tempo e eternidade* (1935) sob a égide de um cristianismo restaurador cuja retórica de "grandes palavras" contrasta com a simplória religiosidade popular dos *Poemas* de 27. Mas nos *Poemas escolhidos* que precederam de um ano *Tempo e eternidade*, o poeta, tendo trocado a vida provinciana pela vida metropolitana, já se confessara "homem de cimento armado" e como tal devoto do "Cristo turista" do Corcovado que, também de cimento armado, está apto a acompanhá-lo por todas as substâncias, perspectivas e distâncias.

Para falar de, com e em nome desse Cristo ubíquo, o poeta já não pode usar a mesma fala localista com que se dirigia ao Menino Jesus, ao Anjo da Guarda e aos santos da devoção folclórica. Por isso, o seu verso livre vai perder o timbre irônico-sentimental para ganhar, consubstancialmente com a grave matéria que se propõe celebrar, amplitude e solenidade de versículo bíblico. Não o versículo dos quatro evangelistas, mais ameno e doutrinal, mas o versículo do Apocalipse que, por terrível e sibilino, serve melhor para dizer as "grandes palavras" capazes de dar testemunho não só da conturbação dos tempos em que o poeta vive mas sobretudo daquilo "que está acima do tempo, o que é imutável" — a dimensão do sagrado. Essa visada transtemporal chega ao titanismo em *Anunciação e encontro de Mira-Celi*, de 1943, livro com que se encerra a primeira fase da poesia de Jorge de Lima. Ali (poema 56) o olhar do poeta devassa os milênios inúmeros da história da criação, seu corpo se dilata cosmicamente até o infinito e seus pés são atravessados pelos meridianos da própria Trindade.

A fase a que chamo de formalista começa, na obra poética de Jorge de Lima, pelo *Livro dos sonetos*, de 1949, onde o verso livre cede seu lugar ao verso metrificado e rimado. Amiúde, a coerção de rima passa a governar o agenciamento das palavras, comprometendo a fluência do discurso e, pior que isso, a consubstancialidade do modo de dizer com o que é dito. Como se o relevo formal do significante se fizesse às expensas de um empobrecimento do significado. A essa volta a uma forma fixa como o soneto não são estranhas as preocupações de certa vertente da geração de 45 com o "enobrecimento" da linguagem poética, em oposição ao que considerava "vulgar" e "prosaico" na tradição modernista.

Em *Invenção de Orfeu*, o último e mais ambicioso livro de poesia de Jorge de Lima, a retomada de formas fixas "nobres" vai além do soneto, até a oitava rima, a sextina e o verso branco. Concomitantemente, sob a égide da alusão, da paráfrase e da glosa (ou da intertextualidade, se se preferir um termo mais da moda), a dicção do poeta vai-se abeberar nas fontes da tradição clássica, sobretudo n'*Os lusíadas* e na lírica de Camões, na *Eneida* (através da tradução de Odorico Mendes, conforme demonstrou Luiz Busatto)[1] e no *Paraíso perdido*. Tal empenho restaurador ou classicizante tem a ver de perto com a ambição de criar em português uma épica moderna, ambição quiçá ditada por um obscuro sentimento de inferioridade.

Atualizando uma postura de que Calímaco já fora o campeão no século III a.C., Poe negou, como se sabe, poeticidade ao poema longo, salvo numa ou noutra passagem ocasional, e a deu como exclusiva do poema curto. Ainda que perfilhassem as mais das vezes tal postulado na sua prática poética, nem por isso alguns expoentes da modernidade deixaram de sentir a nostalgia e a atração da épica, de que tentaram criar um equivalente moderno. Tentou-o também Jorge de Lima em *Invenção de Orfeu*. Mas sem emular, como o Kazantzákis da *Odisséia*, o metro e a estrutura narrativa do modelo homérico, nem tampouco forjar um novo modelo, como as colagens ideogramáticas do Pound dos *Cantos* ou o "estilo-metralhadora", inspirado na linguagem do noticiário de jornal, que William Carlos Williams usou em *Paterson*.

A unidade estrutural desses modernos tentames épicos lhes é garantida ora por um fio narrativo, ora por alguma homogeneidade de dicção. Já isso não acontece em *Invenção de Orfeu*, cujos dez cantos não desenvolvem nenhum tipo de argumento: a ocasional reiteração de motivos-chave, como o da busca da ilha mítica ou da progressiva e emblemática fundação do poeta pelo seu próprio cantar metalingüístico, não chega nem de longe a dar um mínimo esqueleto de sustentação à mole verbal de mais de nove mil versos. Tampouco há qualquer homogeneidade de dicção: verso branco e verso rimado se alternam discricionariamente; discricionariamente se misturam variados tipos de estrofação. E como já acontecia no *Livro de sonetos*, o discurso poético parece estar governado menos por uma vontade composicional do que pelas instigações dos nexos rimáticos ou do jogo de palavra puxa palavra, metáfora puxa metáfora, alusão puxa alusão, quando não o é pelo comprazimento (já assinalado por Lêdo Ivo) em enumerações mais ou menos caóticas. Mesmo o leitor mais atento dificilmente deixará de experimentar a sensação de estar bracejando num magma verbal onde inexistem pontos de apoio.

Se todavia, além de atento, o dito leitor for medianamente sensível, não deixará de encontrar, na sua travessia desse magma, regiões da mais alta beleza — para citar apenas dois exemplos imediatos, o soneto sobre a garupa palustre e bela, as estâncias sobre o desassossego de Inês, — e, a cada braçada, versos memoráveis como o "há sempre um copo de mar/ para um homem navegar". Tampouco deixará de sentir, o tempo todo, a pujança de um temperamento criador que, mesmo nos seus desacertos, dá a medida de sua grandeza. Só um grande poeta teria a audácia de meter ombros a uma empresa do porte e do risco de *Invenção de Orfeu*. E se se pode falar de malogro no caso, trata-se de um grandioso e desafiante malogro que convida à perene revisitação.

O régio saltimbanco

Conforme previra num soneto medíocre, beneficiou-se d. Pedro II da "justiça de Deus na voz da história": é com certa ternura, não isenta de saudade, que lhe evocamos hoje a figura patriarcal de Rei Filósofo, neto de Marco Aurélio, Rei Cidadão.

Para os freudianos argutos como Luís Martins, vai nesse saudosismo muito daquele atávico complexo de culpa que o mestre de Viena estudou, com um talento de literato extraviado, no *Totem e Tabu*: o monarquismo póstumo da geração republicana seria remorso sublimado, remorso de se haver rebelado contra o Pai.

Os saudosistas não freudianos encontram outras e boas razões para a sua fidelidade sentimental ao último imperador brasileiro. Acreditam, por exemplo, que "a substituição de um regime de livre consulta, no qual o governo, dependente dos votos do parlamento, não podia entrar em conflito permanente com a opinião pública, por um outro regime intransigente e autoritário, todo baseado na vontade exclusiva do chefe de Estado", teria marcado um retrocesso na senda do liberalismo. Essa, pelo menos, a opinião respeitável de José Maria dos Santos, espelho do criptomonarquismo.[1]

É próprio do tempo aparar as arestas e espiritualizar as linhas mais grosseiras da realidade histórica. Se não é justo imputar ao Imperador veleidades de trêfego tirano (aos tiranos é mister a posse de individualidade marcante, bem diversa daquele burguesismo acomodatício que foi a força e a fraqueza do neto de d. João VI), também não é justo esquecer-lhe a teimosia de caráter, o regalismo de patriarca. O chamado Poder Moderador, que foi, afinal de contas, senão a máscara do poder pessoal de d. Pedro dirigindo a seu talante a ciranda monótona de gabinetes conservadores ou liberais, liberais ou conservadores, em que se resume a história parlamentar do Segundo Império? Tão bem ensaiada era a ciranda que dava, aos de fora, impressão perfeita de liberalismo: o rei reinava, mas não governava, conforme apregoavam os arautos do regime.

À *intelligentsia* da época nem sempre passou desapercebida a falsidade da comédia monárquica. Muitos viam e calavam; sua condição de áulicos não lhes permitia qualquer dissídio em relação a quem tanto os prestigiava, intelectual e financeiramente; não se procure, pois, notícia sobre os bastidores do Império na obra do dr. Joaquim Manuel de Macedo ou do prof. Rozendo Muniz Barreto.

Mas sempre houve uma minoria de versejadores politizados a quem não atraíam as galas da vida palaciana. Foi exatamente essa minoria que divulgou o apodo de "régio saltimbanco"[2] com que a propaganda republicana ridicularizou o poder pessoal de d. Pedro. O apodo chegou inclusive a seduzir os próprios líderes conservadores: em 1884, discursando na Câmara contra o ministério Dantas, então propugnando a alforria aos sexagenários, Ferreira Viana, baluarte da reação, não hesitou em apelidar o Imperador de "novo César caricato", glosando assim o epíteto tornado famoso, sete anos antes, por Fontoura Xavier.

Já em 1876, Luís Gama, poeta de circunstância que aliava, ao abolicionismo mais ardente, uma lúcida consciência republicana, dava à estampa, nas colunas de *O Polichinelo*, sua sátira intitulada "O Rei Cidadão", em que desmascarava satiricamente o *mot d'ordre* monarquista sobre o "republicanismo" de S. M. A despeito de estarmos ainda longe dos destemperos da campanha republicana, a linguagem já é desabrida:

> *Clamam outros, — que o Rei de gorro frígio*
> *O converso não é de São Remígio;*
> *Que monarca é das turbas — popular,*
> *Monarca é de entremez, Rei de bazar;*
> *Um monarca de pílio, sem coroa,*
> *Um rei de massa-pão, um Rei à-toa!*[3]

Mas foi em 1877 que um jovem estudante gaúcho, Antônio da Fontoura Xavier, então cursando a Faculdade de Direito de São Paulo, num desses repentes de jacobinismo em que é fértil a mocidade, deu à estampa *O Régio Saltimbanco*,[4] magro folheto no qual verberava, em alexandrinos clangorosos, a figura veneranda do Imperador, chamando-lhe:

> *Acrobata, truão, frascário, rei e mestre,*
> *D. Juan, Robert, Falstaff e Benoiton eqüestre.*

Antes dessa data, tentara Fontoura Xavier publicar os mesmos versos em jornais de São Paulo e da Corte, mas, dada a acrimônia e irreverência da sátira, foi-lhe a publicação recusada. Decidiu-se então a editá-los, sob a forma de panfleto, no Rio de Janeiro, fazendo-os preceder de um prefácio encomiástico de Lopes Trovão. O tribuno não era parcimonioso nos adjetivos; a linguagem do prefaciador afinava pelo diapasão da do prefaciado: "Momentos há, Senhor, em que a poesia se transforma em estigma para selar a fronte dos déspotas, aos quais o destino reserva, no vasto cemitério da história, o tábito sepulcro de Vittelio". E ia além, saudando em Fontoura Xavier, num exagero típico de político pouco versado nas sutilezas da poesia, um renovador da literatura nacional, à altura dos Azevedo e dos Varela: "Congratulo-te, pois, pelas tuas magníficas estrofes; e tanto mais porque nelas vejo também a negação eloqüente de certa poesia lareirinha e piegas, que avilta a poética nacional com umas sentimentalidades ridículas".

Lendo-se hoje, oitenta anos decorridos, *O Régio Saltimbanco*, é-se levado a subscrever na íntegra as restrições paternais com que Machado de Assis a ele se referiu no seu memorável ensaio sobre "A Nova Geração": "Não digo ao sr. Fontoura Xavier que rejeite as suas opiniões políticas; por menos arraigadas que lhas julgue, respeito-as. Digo-lhe que não se deixe abafar as qualidades poéticas, que exerça a imaginação, alteie e aprimore o estilo, e que não empregue o seu belo verso em dar vida nova a metáforas caducas; fique isso aos que não tiverem outro meio de convocar a atenção dos leitores".[5]

De fato, as estrofes de *O Régio Saltimbanco*, embora pretendam-se exemplos daquela poesia nova que devia substituir condignamente o romantismo agonizante, são de uma eloqüência campanuda; as altissonantes referências históricas desbordam do tema mesquinho. Comparar o nosso virtuoso Rei Filósofo aos "Césares devassos" é incorrer num símile de mau gosto, que somente a irreflexão de moço e a inabilidade de principiante (mais tarde redimido pelo artesanato magistral das Opalas) podem justificar.

A despeito de sua pouca valia estética, o poema de Fontoura Xavier fez época, e a caracterização do pobre d. Pedro II como "régio saltimbanco" entrou em definitivo para o arsenal retórico da propaganda antimonarquista.

Tanto assim que, em 1879, um poeta hoje esquecido (e injustamente esquecido, diga-se de passagem), Manuel Benício Fontenelle, aproveitava o símile no seu poema político *O porvir*.[6] Escrito num jargão semiclássico, semi-romântico, que não primava pela inteligibilidade, *O porvir* aspirava a ser um painel da realidade brasileira às vésperas de dois acontecimentos decisivos: a Abolição e a República. Abolicionista e republicano, o poeta cearense não faz segredo da sua ojeriza às testas coroadas. Em certo trecho do poema, rememorando o entusiasmo patriótico que animava "os velhos da Colônia", contrasta-o com a pasmaceira do Segundo Império, que compara a um circo de cavalinhos:

> *Pó de circo bufão de cavalinhos,*
> *Divertimento e cômodo de atleta*
> *Que de sobre a anca encurva o índio arco*
> *Soltar simula do porvir a frecha.*

Na estrofe seguinte, prossegue com o símile de Fontoura Xavier, cujo poema também começava com a evocação de um anfiteatro, o Coliseu romano:

> *Simula, e por sua vez o anfiteatro*
> *Finge aplaudir, simulação recíproca;*
> *As palmas são sinceras como os rasgos*
> *Os lances teatrais que a elas armam.*

Para encerrar esta resenha, vejamos Lúcio de Mendonça, que foi colega de Fontoura Xavier na Faculdade de Direito, e que nas suas *Vergastas*, um dos poucos livros de poesia de inspiração republicana ainda hoje legíveis, tem um poema dedicado "A um senador do Império", no qual o tropo de Fontoura Xavier, com sua antítese entre imperadores romanos e nosso "régio saltimbanco", reaparece:

Sabe-se — a História o diz — que um déspota romano
Fez cônsul um cavalo. O nosso soberano,
Calígula jogral, tirano bonachão,
Para nos aviltar, faz senador um cão.[7]

Pode ser que esses adversários poéticos da Monarquia se tenham excedido nas objurgatórias contra alguém cujo maior crime foi a mediocridade. Mas o exagero é próprio da paixão e, ademais, gozam os poetas de certas liberdades que os historiadores, na sua imparcialidade compulsória, reprovam e desautorizam, muito embora, no íntimo, as invejem danadamente...

Erudito em grafito

Para aqueles que só conseguem aceitar o novo depois de terem conseguido grudar-lhe algum rótulo de classificação, Glauco Mattoso passa por ser um representante da poesia marginal na sua vertente mais agressiva — a pornográfica. A culpa dessa rotulagem cabe em grande parte ao próprio Glauco, que escreveu em 1981 um pequeno volume sobre *O que é poesia marginal*. Ali, ao mesmo tempo em que fornecia pistas para a compreensão dos laços de afinidade que mantinha com a marginália dos anos 70, apontava nesta certas características com as quais ele nada tem a ver.

As afinidades são óbvias: o mesmo gosto pelo sexo livre, pela gíria e pela chulice; o mesmo empenho de contestar os valores estabelecidos menos a partir de uma posição ideológica que de uma opção existencial; o mesmo alinhamento em favor do mau gosto contra o bom gosto das elites lítero-sociais; a mesma veiculação da própria produção em edições de autor ou através de publicações alternativas. Entretanto, reverso da medalha, Glauco Mattoso não compartilha a desorientação e desinformação que reconhece nos poetas marginais da década de 70 nem tampouco aquele "descompromisso com qualquer diretriz estética" que acabou por fragilizar a produção deles, tornando-a tão circunstancial e efêmera, as mais das vezes.

Basta correr os olhos pelo último livro de Glauco Mattoso para ver logo que se está diante de um poeta, mais que bem informado, culto, embora se esforce o tempo todo por exorcizar, com a molecagem da sua poesia, o que possa haver de colarinho duro nesse adjetivo. Na verdade, não se trata bem de um livro, desses que param de pé na estante, lombada à vista, mas de um pequeno álbum grampeado, de poucas páginas, com o título de *Limeiriques & outros debiques glauquianos* (Sabará, Edições Dubolso, 1989). Para a graça safada do álbum contribui bastante a programação visual de Sebastião Nunes, o editor da Dubolso.

A palavra "limeirique", não incluída ainda nos dicionários da língua, é uma invenção do poeta Bráulio Tavares, que juntou trocadilhescamente o *limerick* inglês — forma poética fixa, de cinco versos rimados, sentido disparatado e caráter humorístico, quando não fescenino — ao nome do cantador nordestino Zé Limeira, cognominado "o poeta do absurdo". Conforme explica no prefácio do voluminho, Glauco adaptou essa forma anglo-nordestina ao "hermetismo/eruditismo" de sua própria poesia. Poesia de sistemática inflexão satírica que combina a grossura do palavrão e do grafito de mictório ao refinamento da alusão erudita e do debique *savant*. Poesia iconoclasta que não teme ir às raias do nojento, como nos haicais "Vento frio" e "Ouvido de mercador", pois entre os onze poemas recolhidos em *Limeiriques*, há três deles. Além de tirar partido humorístico das rimas (e falsas rimas) obrigatórias, Glauco o tira igualmente da sonoridade exótica das palavras japonesas — hihonjin, inkei, hanakuso, mimiaka — que enxerta aqui e ali na sua dicção de falso haicaísta ocupado em subverter, pelo escatológico, "o conceito 'nobre' do haicai", conforme ele próprio explica numa das chaves em prosa de que faz acompanhar os seus versos.

Se bem lhe demonstre, acima de qualquer dúvida, a habilidade de versificador, não me parece que o reduzido compasso do limeirique e do haicai possa dar toda a medida da versatilidade poética de Glauco Mattoso. Esta vamos encontrá-la antes no seu *Jornal dobrabil*, cuja escrachada contestação do filisteísmo de *establishment* político-militar pós-64 se constitui, sem favor, no ponto mais alto alcançado pela imprensa alternativa ou nanica daqueles anos que não deixaram saudade alguma. O mosaico da página de jornal, onde ele combinava a tradição do barão de Itararé com a do marquês de Sade, numa como nobiliarquia antropofágica, oferecia o espaço ideal para a imaginação, a irreverência, a erudição e o senso de humor de Glauco Mattoso — para nada dizer de sua inventividade datilográfica — deitarem e rolarem como quisessem.

Bem mais recentemente, com suas *Rockabillyrics* (São Paulo, Olavobrás, 1988), a versatilidade do poeta deu outro sinal de si ao se valer dos estilemas das letras de rock para criar uma dicção "rocabileira" cujo coloquialismo de saborosa fluência se autodefine nesta estrofe de "Spik(sic) tupinik":

Tem híbridos morfemas a língua que falo
meio nega-bacana, chiquita maluca;
no rolo embananado me embolo, me embalo
soluço — hic — e desligo — click a cuca.

E assim, desde o mosaico de jornal até o limeirique anglo-nordestino, desde os trocadilhos da rocabileira até o haicai nojento, Glauco Mattoso vai desdobrando em leque as suas potencialidades de poeta que tem no humor — um humor cujo refinamento ultrapassava desde o começo os limites de um marginalismo datado — o seu signo ascendente.

A tradução literária no Brasil

UMA TAREFA CICLÓPICA

Quem se propuser algum dia a escrever a história da tradução literária no Brasil terá certamente de enfrentar as mesmas dificuldades encontradas pelos demais pesquisadores do nosso passado ou do nosso presente menos imediato. O reduzido número de bibliotecas públicas existentes entre nós, a par da pobreza de seus acervos e da deficiente catalogação deles, são limitações por demais conhecidas para que seja preciso insistir no assunto. Basta lembrar que tais limitações se agravam no caso do livro traduzido, comparativamente ao livro de autor nacional. É fácil compreender seja dada a este maior atenção do que àquele, e se já dispomos hoje de bibliografias da literatura brasileira, não tenho notícia de nenhum levantamento histórico, abrangente e seletivo, das traduções literárias publicadas no país.

Compreensivelmente também, a nossa historiografia costuma dar escassa atenção à atividade dos tradutores. Na alentada *História da literatura brasileira* de Sílvio Romero, são raras as referências a eles. Sílvio tinha inclusive preconceito contra as traduções de poesia: considerava-as "verdadeiros jogos de paciência inutilmente gasta", pois, no seu entender, a "poesia não se traslada sem perder a mor parte de sua essência".[1] Somente na *História da inteligência brasileira* de Wilson Martins,[2] inventário crítico, incrivelmente minucioso e erudito, de nossa produção intelectual em livro, que é acompanhada por assim dizer ano por ano, vamos encontrar referências mais freqüentes à tradução, particularmente no seu período áureo entre nós, ou seja, as décadas de 40 e 50. Foi em dados colhidos nessas duas fontes, e complementados pelos de outras fontes menos sistemáticas, que se baseou o presente ensaio, cujo propósito não é senão esboçar o itinerário histórico e apontar alguns dos principais cultores da arte de traduzir no quadro geral de nossas atividades literárias. Mas antes convém sublinhar alguns pontos de importância.

O primeiro deles é o de que a influência das traduções sobre a literatura criativa brasileira é limitada. Isso porque muitos de nossos poetas, romancistas e teatrólogos, por conhecerem idiomas estrangeiros, puderam travar conhecimento com os autores de que iriam eventualmente sofrer influência antes de eles haverem sido vertidos para o português. Desses idiomas de cultura, o principal foi decerto o francês, a ponto de Joaquim Nabuco, em fins do século passado, ter podido escrever que "o Brasileiro [...] lê o que a França produz. Ele é, pela inteligência e pelo espírito, cidadão francês [...] vê tudo como pode ver um parisiense desterrado de Paris".[3] Foi, por exemplo, através de versões francesas que quase todos os nossos românticos tomaram contato com a poesia de Byron, a qual iria exercer grande ascendente sobre a geração de Álvares de Azevedo; só este e Pinheiro Guimarães, segundo Brito Broca,[4] a teriam lido no original.

Se as traduções vernáculas tiveram limitada influência sobre os produtores da literatura brasileira, pelo menos até o primeiro quartel deste século, o mesmo não se pode dizer quanto aos seus consumidores. Sobre estes exerceram elas uma ação por assim dizer pedagógica, apresentando-lhes os grandes autores de outras literaturas e colaborando assim decisivamente para educar-lhes o gosto, ao mesmo tempo que lhes forneciam pontos de referência para uma visão comparativa das obras originariamente escritas no seu próprio idioma. Mas modernamente, sobretudo a partir da década de 30, com o desenvolvimento de nossa indústria editorial e o conseqüente aumento do número de obras traduzidas postas ao alcance do público ledor, declinou radicalmente a hegemonia do francês tão deplorada por Joaquim Nabuco, passando as traduções a influir inclusive sobre os nossos criadores literários. Foi o que Osman Lins viu muito bem quando observou:

> Necessita o escritor brasileiro, mais que os de expressão francesa ou saxônica, do convívio com outras literaturas. Tal convívio pode ocorrer mediante o conhecimento de outras línguas. Acho, entretanto, que produz melhores resultados quando o escritor dispõe de um número apreciável de obras bem traduzidas. Não apenas devido ao fato de que o escritor raramente domina vários idiomas, mas também porque o contato com o texto traduzido (e a tradução tende a exercer pressões renovadoras sobre as estruturas lingüísticas do país receptor) permite uma fruição mais ágil, tendo ainda a vantagem de manter o fruidor de uma obra alienígena em contato com a sua própria língua.[5]

Nessa arguta estimativa do papel, a um só tempo renovador e vernaculizante da tradução, cumpre atentar particularmente para as frases "obras bem traduzidas" e "vários idiomas". Uma história da tradução no Brasil deveria ser não um mero catálogo de títulos, mas um catálogo seletivo, *raisonné*, em que fosse feita a indispensável distinção crítica entre boas e más versões. Deveria ela também considerar em separado cada língua ou literatura, indicando quais dos seus textos mais importantes já se acham vertidos, a fim de se ter uma medida do conhecimento de cada literatura possibilitado, por via tradutória, ao leitor brasileiro. Mas essa tarefa ciclópica, a ser realizada, se jamais o for, por equipes de especialistas, nada tem a ver, obviamente, com um despretensioso artigo como este.

NOS TEMPOS DA COLÔNIA

A tradução, entendida como atividade regularmente exercida para atender à demanda literária de um público ledor, não existiu nem poderia jamais ter existido no Brasil colonial. Durante os três séculos em que esteve sob a tutela sufocante do absolutismo português, a vida intelectual do país foi mofina. Interessado tão-só nos produtos agrícolas ou no ouro que daqui extraía, e na exclusividade do mercado de que aqui dispunha para as suas mercadorias, Portugal fez o quanto pôde para manter a sua colônia transatlântica em estado de inferioridade mental. Não só proibiu a instalação no Brasil de uma universidade e de tipografias como também, através de uma censura férrea e de um ensino jesuítico de índole retrógrada e imobilista, cuidou de impedir a circulação de perigosas "idéias estrangeiras". Se se tiver em conta que o papel da atividade tradutória é precisamente o de pôr as "idéias estrangeiras" ao alcance do entendimento nacional, não será difícil entender por que ela praticamente inexistiu durante o nosso período colonial.

Este "praticamente" deixa espaço bastante para as poucas exceções. Talvez se possa considerar como um dos marcos históricos da tradução entre nós a publicação em Lisboa, no ano de 1618, de um *Catecismo na língua brasílica,* preparado pelo pe. Antônio de Araújo. Não se trata, claro está, de obra de natureza literária, e sim estritamente pragmática, para servir de instrumento no trabalho missionário da catequese. Todavia, com ser uma adaptação da doutrina cristã à língua dos silvícolas, configurava-se o *Catecismo* do pe. Antônio de Araújo como uma daquelas "pontes" entre duas línguas que compete à tradução edificar, sendo paradoxalmente a língua estrangeira, no caso, o português. Como tradução adaptativa também, mas já agora de índole exclusivamente literária, se podem considerar as paráfrases ou imitações de Quevedo e Góngora encontráveis na produção de Gregório de Matos, o mais importante poeta barroco das Américas. Sílvio Júlio as considerava deslavados plágios, mas Wilson Martins pondera que, em certos casos, o suposto plágio "nada ficava devendo ao original, se é que o não melhorava".[6] Quanto às traduções em prosa deixadas por Diogo Gomes Carneiro, um esquecido letrado brasileiro do século XVII cuja sermonística foi recentemente avaliada por Massaud Moisés no volume inicial de sua *História da literatura brasileira*, e que verteu do latim a *História da guerra dos tártaros*, de Valente d'Oliveira, do toscano parte da *História do capuchinho escocês*, de Renchino, bem como, do castelhano, uma obra edificante de Nieremberg, pode-se dizer que elas têm interesse meramente histórico.

Em fins do século XVIII, sobretudo entre os poetas do arcadismo mineiro, a tradução teve o caráter de um exercício de arejamento, de um esforço de emergir dos acanhados e anacrônicos limites do universo mental português para os horizontes bem mais amplos da literatura italiana e francesa. Cláudio Manuel da Costa, além de ter sido o autor dos melancólicos sonetos cuja "imaginação da pedra" levou Antonio Candido a considerá-lo, dos poetas mineiros, "o mais profundamente preso às emoções e valores da terra",[7] traduziu, ora em rima solta, ora em boa prosa teatral, sete peças de Pietro Metastasio, criador do melodrama poético que tanto o celebrizou na Europa dos setecentos; o dramaturgo italiano, por sua vez, dedicou ao seu devotado tradutor brasileiro uma cantata e um drama lírico. Outro árcade mineiro, José Basílio da

Gama, também verteu para o português um poema de Metastasio, *A liberdade*, que chegou a ser publicado em volume (Lisboa, 1776). Conquanto tivessem sido afetados de perto pelas idéias libertárias dos Enciclopedistas, os Inconfidentes não se atreveram a traduzir-lhes nenhum dos escritos, tidos como altamente subversivos pela censura do Reino, ferrenha perseguidora das "idéias francesas". Mas dois padres carmelitas da Bahia, membros da sociedade secreta "Cavaleiros da Luz", da qual se teria originado a Conspiração dos Alfaiates de 1798 (que alguns consideram a primeira revolução social brasileira), foram mais corajosos: traduziram do francês a *Nova Heloísa*, de Rousseau, a *Revolução do tempo passado*, de Volney, e os discursos incendiários de Boissy d'Anglas, textos que evidentemente não puderam ser editados em livro, mas que, copiados e recopiados a mão, circularam na clandestinidade.

A impressão de jornais e livros só se tornaria possível após a vinda de d. João VI para cá, quando o Brasil finalmente se abre para o mundo, inclusive o mundo das idéias. Em 1808 fundou-se no Rio a Impressão Régia, a nossa primeira tipografia, já que as tentativas anteriores de aqui instalar prelos haviam sido severamente coibidas pelo governo colonial. Dois anos depois de sua fundação, a Impressão Régia imprimia um livro traduzido pelo conde de Aguiar, o *Ensaio sobre a crítica*, do poeta inglês Alexander Pope; aliás, em 1809 criara-se na Academia Militar do Rio uma cadeira de inglês, iniciativa decididamente pioneira, porquanto o ensino de línguas modernas não constava no currículo dos colégios jesuítas: neles, em matéria de idiomas estrangeiros, só se ministravam o latim e o grego. E em 1813 noticiava Hipólito José da Costa no seu corajoso *Correio brasiliense*, jornal antiabsolutista editado em Londres, o aparecimento de "algumas traduções impressas no Brasil, e entre outras a *Henríada* de Voltaire", obra que dez anos antes, na corte de Lisboa, acrescentava ele maliciosamente, "entrava no número dos livros que se não podiam ler sem correr o risco de passar por ateu, pelo menos por Jacobino".[8] Entretanto, foi em Lisboa que se publicou anonimamente em 1807, com o título de *Henrique IV*, essa mesma *Henríada*, na tradução de Domingos Caldas Barbosa, o Lereno brasileiro que, com os requebros mestiços dos seus lundus, tanto sucesso alcançara na corte portuguesa, a despeito das farpas de Bocage.

Entre as obras traduzidas que a Impressão Régia editou por essa época, figuravam igualmente as *Várias sentenças de Ovídio*, traduzidas por J. Alexandre da Silva; em versão de Lima Leitão, as *Cantatas* de Jean-Baptiste Rousseau, poeta neoclássico francês hoje esquecido e que não se deve confundir com Jean-Jacques Rousseau; e os *Provérbios de Salomão*, traduzidos em quadrinhas rimadas por José Elói Otoni. Mineiro, contemporâneo da Inconfidência, Otoni viveu alguns anos na Europa. Quando para cá regressou e não encontrou a boa acolhida que esperava junto à corte de d. João VI, buscou consolo na religião e nas traduções: verteu também em decassílabos *O livro de Jó*, com melhor resultado que nas simplórias quadrinhas dos *Provérbios*, o que não impediu Agripino Grieco de dizer maldosamente: "o mineiro José Elói Otoni parafraseou em verso os lamentos de Jó e os provérbios de Salomão, mas, se conseguiu trazer ao Brasil a pobreza do primeiro, não conseguiu trazer a sabedoria do segundo".[9] O mesmo não poderia ele ter dito dos *Salmos de Davi* traduzidos por Sousa Caldas, cujo entusiasmo pelas idéias de Rousseau, patente na sua "Ode ao homem natural", lhe valera ser preso em Coimbra quando estudante. Publicados postumamente em Paris (1821), os *Salmos*, embora trasladados por Sousa Caldas da Vulgata latina, em certos passos se aproximam "do ritmo do texto hebraico" graças à intuição poética do tradutor, conforme observa Antonio Candido, para quem essa tradução é "uma obra animada ao mesmo tempo de sentido poético e valor religioso".[10]

Não foram evidentemente preocupações religiosas que levaram José Bonifácio, o Velho, a incursionar pelos domínios da tradução bíblica. Ao parafrasear parte d'*O cântico dos cânticos*, Américo Elísio — pseudônimo arcádico com que ele assinou as suas *Poesias* (Bordéus, 1825) — simplesmente se comprazia em exercitar a mesma dicção desabrida de suas odes e cantatas eróticas. Foi José Bonifácio quem pela primeira vez traduziu em português, diretamente do inglês, Young e Ossian: de par com esses dois poetas paradigmáticos do pré-romantismo, verteu ele também autores clássicos como Hesíodo, Meleagro, Anacreonte, Píndaro e Virgílio. Preocupado com a fidelidade tradutória às peculiaridades do grego, chegou ele a propor equivalentes audaciosos, ainda que rebarbativos, para os seus "epítetos compostos",[11] a exemplo de "auricomada", "tranciloira", "docerrisonha" etc.

As ousadas propostas de Américo Elísio aos "futuros engenhos brasileiros" foram aceitas ao pé da letra pelo maranhense Manuel Odorico Mendes, que dedicou à tradução os momentos de lazer da sua intensa atividade de político do Primeiro Império. Além de duas tragédias de Voltaire, verteu para a nossa língua a *Eneida* e as *Geórgicas* de Virgílio, assim como a *Ilíada* e a *Odisséia*. Nessa titânica empresa, buscou ele amiúde, particularmente nas traduções do grego, equivalentes em português para os longos epítetos homéricos, não hesitando em recorrer a palavras-valise como "olhi-cerúlea-crini-pulcra". As opiniões se dividem quanto ao mérito das versões de Odorico Mendes. Para Sílvio Romero, eram "verdadeiras monstruosidades" porque o tradutor "torturou frases, inventou termos, fez transposições bárbaras e períodos obscuros, juntou arcaísmos e neologismos, latinizou e grecificou palavras e preposições, o diabo!". Tais excentricidades, que tornam tão penosa a leitura das versões de Odorico, antecipam porém as inovações verbais de seu contemporâneo e coestaduano Sousândrade, cuja menosprezada obra poética está sendo hoje revalorizada, e, mais modernamente, de Guimarães Rosa, convindo ainda lembrar terem elas aberto o caminho vernáculo para muitas das soluções adotadas por Antônio Houaiss na sua tradução do *Ulysses,* de Joyce.

OS ROMÂNTICOS: POESIA E FOLHETIM

A introdução oficial do romantismo no Brasil com os *Suspiros poéticos e saudades,* em 1836, se deveu, como é sabido, ao contato de Gonçalves de Magalhães, quando diplomata em Paris, com a poesia nessa época lá produzida. Começa então o surto de *influenza* francesa (para usar a saborosa expressão de Arthur Koestler)[12] de que, para o bem e para o mal, enfermaria a literatura brasileira até o modernismo de 22. Mais do que na poesia original escrita pelos nossos românticos, essa *influenza* ou influência se faz sentir no elenco de suas traduções, onde poetas franceses como Lamartine, Musset e Hugo ombreiam com os de outros países — o inglês Byron, o polonês Mickiewicz, o alemão Heine — cuja poesia só se lhes tornou acessível, como já se assinalou no tocante à de Byron, através de traduções francesas.

Semelhantemente ao que acontece no único livro de poemas de José Bonifácio, onde, em pé de igualdade, as versões dividem terreno com as composições originais, na obra de alguns dos principais poetas do romantismo brasileiro se verifica igual encarecimento da tradução poética. O pernambucano Maciel Monteiro, que conheceu Lamartine e Victor Hugo quando estudava medicina em Paris, nada ficando a dever pois, em matéria de primazia histórica, ao grupo de Gonçalves de Magalhães, verteu vários textos lamartinianos, inclusive o célebre "O lago", de onde possivelmente tirou o *topos* da fugacidade da beleza amiúde versado em sua própria poesia. É bom que se assinale haver sido Lamartine um dos autores mais traduzidos pelos nossos românticos, a ponto de a versões de sua poesia terem sido consagrados dois volumes, os *Cantos de Lamartine*, editados em 1841 sem indicação de tradutor, tratando-se possivelmente de uma seleção de peças das *Méditations*, e as *Lamartinianas*, coletânea de traduções de vários poetas brasileiros organizada por A. J. de Macedo Soares.

Dos luminares de nosso romantismo, Gonçalves Dias foi dos pouquíssimos a saber alemão, língua de que verteu Uhland, Rosegarten, Herder e sobretudo Heine; traduziu também um drama de Schiller, *A noiva de Messina*. Dado o total desconhecimento do alemão notado pelos naturalistas Spix e Martius quando visitaram o Brasil no começo do século passado, é digna de nota, aliás, a publicação em 1878, no Rio Grande do Sul, de um volume de *Poesias alemãs*, sem indicação de tradutor, no qual se recolhiam peças de Schiller, Uhland, Goethe, Koerne, Lenau e Heine vertidas para o português. Antônio H. Leal, o dedicado amigo e editor das obras póstumas de Gonçalves Dias, conta haver este preparado uma coletânea de traduções suas e alheias, *Ecos d'além-mar,* além de ter planejado uma série de versões brasileiras de obras literárias consagradas. O poeta de *Os timbiras* foi também um sensível tradutor de Victor Hugo, cuja poesia conhecia profundamente e de que recebeu forte influência, conforme acentuou Fritz Ackerman[13] ao apontar na poesia gonçalvina "passagens literais emprestadas a versos de Victor Hugo". A influência hugoana se faz sentir ainda mais imperiosa nos poetas condoreiros, particularmente em Castro Alves: nos seus livros, junto com versões de Losano, Byron, Lamartine, Spronceda e Musset, figuram várias traduções de peças de Hugo, entre elas a primorosa paráfrase das "Palavras de um conservador a propósito de um perturbador" em que, não sem uma ponta de ironia, Wilson Martins viu "o melhor poema propriamente político de Castro Alves".[14] Mas é de notar que o influxo hugoano remonta aos primórdios do nosso romantismo: na obra de Salomé Queiroga, um dos fundadores da Sociedade Filomática

(1833), já detectava Sílvio Romero sete poemas plagiados de Hugo, sobretudo *Jataí*, paráfrase quase que verso a verso de *La coccinelle*, peça das *Contemplations*. Entre os numerosos tradutores românticos da poesia hugoana, há que mencionar ainda Pinheiro Guimarães, que se tornou conhecido pelas suas adaptações de libretos de ópera. A ele se deve uma versão do *Hernani* em 1848, republicada quinze anos depois num volume de *Traduções poéticas*, onde constam igualmente as suas versões do *Childe Harold* e de "Sardanapalo", de Byron, assim como do poema herói-cômico de Pope "O roubo da madeixa". O simbolista Tavares Bastos compilou as *Versões poéticas brasileiras de Victor Hugo* num livro a que é mister acrescentar o estudo de A. Carneiro Leão, *Victor Hugo no Brasil* (1960).

Outro poeta muito cultuado pelos nossos românticos foi, como se sabe, Byron, a cuja influência se devem as extravagâncias estudantis da "escola byroniana" de S. Paulo. Um dos seus primeiros tradutores foi o irmão de Salomé Queiroga, Antônio Augusto de Queiroga, responsável por uma versão de *Caim*, com que faz parelha a de *O corsário*, divulgada em 1847 pelo espírito-santense Antônio Cláudio Soído. Traduziu-o também o poeta de "Quem passou a vida em branca nuvem", Francisco Otaviano, que se notabilizaria mais, porém, pela sua versão dos *Cantos de Selma*, de Ossian, uma raridade bibliográfica impressa em apenas sete exemplares. Ao incluí-los depois na coletânea de suas *Traduções e poesias*, nem por isso os tornou ele conhecidos de público maior, já que a tiragem dessa coletânea foi só de cinqüenta exemplares. Mas para quem teve ocasião de ler no original inglês o falso poeta "primitivo" da Escócia impingido à credulidade européia pela astúcia genial de Macpherson, a tradução feita por Fagundes Varela de outro fragmento ossiânico, "Colmar", há certamente de parecer superior, pela fluência e nobre sonoridade do verso, à dicção por vezes algo tortuosa e alambicada da versão dos *Cantos de Selma* por Otaviano.

Como tradutor de poesia, Varela não ficou só em "Colmar": "imitou" ou parafraseou Spronceda e Byron nas *Vozes da América* e pôs em vernáculo, pioneiramente, três fragmentos do *Rig-Veda*, ao que tudo indica com base numa versão francesa.

Para completar estas indicações sumárias acerca da valorização da tradução poética pelos nossos românticos, cite-se o sergipano Bittencourt Sampaio que, à luz da doutrina espírita de que era adepto, trasladou em verso branco o Evangelho de S. João com o título de *A divina epopéia* (1882), bem como os *Poemas da escravidão*, de Longfellow (1884); deste poeta americano, Franklin Dória fizera antes uma tradução integral de *Evangelina* (1874). Por haver preservado, a seu ver, "a emoção do poema estrangeiro", Sílvio Romero louvou a paráfrase de *Eloá* feita por Gentil Homem de Almeida Braga e publicada em 1867.

Conviria por fim ter presente que, durante a voga romântica, os clássicos não ficaram esquecidos de todo: João Gualberto F. S. dos Reis editou na Bahia, em 1846, sua tradução da *Eneida*, oferecendo-a a d. Pedro II, e o barão de Paranapiacaba, medíocre tradutor de Lamartine e La Fontaine e responsável por uma horrenda "modernização e simplificação" de *Os lusíadas,* versificou uma tradução literal do *Prometeu acorrentado* de Ésquilo levada a cabo, diretamente do grego, pelo mesmo d. Pedro II. Talvez poucos saibam dos dons de poliglota do nosso segundo imperador: ele chegou a estudar não apenas árabe, para poder ler no original *As mil e uma noites*, que começou a traduzir, como também hebraico, para, em suas próprias palavras, "melhor conhecer a história e a literatura dos hebreus".[15] Quando já no exílio, editou em Avignon um pequeno volume de poemas populares hebraicos por ele vertidos para o francês e o provençal. Foi igualmente do hebraico que o pernambucano Cirilo de Lemos traduzira em verso o *Cântico dos cânticos*, publicando-o em livro em 1865, com escólios de Ernest Renan.

Passando agora para o terreno das traduções de prosa de ficção durante o período romântico, impõe-se destacar desde logo a figura daquele a quem se pode considerar como o nosso primeiro tradutor realmente profissional, isto é, que fez da tradução, pelo menos durante certa quadra de sua vida, um meio de subsistência. Está-se falando de Caetano Lopes de Moura (1780-1860), um talentoso "pardo" baiano (como se dizia na época) de existência singularmente aventurosa. Antes de conseguir chegar à França para estudar medicina, viu-se prisioneiro dos ingleses, então em guerra com a França napoleônica. Libertado, engajou-se como ajudante de cirurgião nas tropas de Napoleão, a quem teve ocasião de falar pessoalmente; nelas integrado, percorreu vários países europeus e assistiu de perto, na batalha de Wagram, à brilhante vitória do exército francês sobre o austríaco. Depois de desmobilizado, Lopes de Moura completou o seu curso de medicina, clinicou vários anos em Grenoble e terminou por fixar-se em Portugal, onde, arruinado pela guerra civil de 1834, teve, para sobreviver, de dedicar-se profissionalmente à tradução. Ganhando 20 francos por 30 mil palavras, traduziu para o editor Aillaud nada menos de 24 livros, principalmente romances de Chateaubriand, Fenimore Cooper, Walter Scott, Alexandre Dumas etc.[16]

Estava-se, então, em França, na idade áurea do romance-folhetim, que fazia as delícias de um vasto público de classe média. A introdução desse gênero tão popular no Brasil deve-se ou a João Manuel Pereira da Silva, como quer Wilson Martins,[17] ou então a Justiniano José da Rocha, como sustenta Brito Broca.[18] Jornalista político de destaque durante o Segundo Reinado, Justiniano teve oportunidade de constatar pessoalmente, quando estudava em Paris, a imensa popularidade do romance-folhetim, vale dizer, do romance publicado seriadamente em jornal; voltando para o Brasil, cuidou sem demora de introduzir em nossa imprensa a nova moda parisiense. Além de ter escrito folhetins ele próprio, como

Os assassinos misteriosos, traduziu uma enfiada deles do francês, entre os quais *O conde de Monte-Cristo*, de Dumas pai, *Os miseráveis*, de Hugo, assim como romances de outros autores hoje completamente esquecidos, a exemplo de Charles Bernard, A. de Lavernay e Fanny Wald.

Tradutor de folhetins, entre tantos outros, foi Emílio Zaluar, que verteu *Os moicanos de Paris*, de Alexandre Dumas, para o *Correio mercantil*, em cujos rodapés haviam sido publicadas pouco antes as *Memórias de um sargento de milícias*, de Manuel Antônio de Almeida. A *Revista popular*, depois convertida no *Jornal das famílias brasileiras* (que teve em Machado de Assis um colaborador constante), também se dedicou ao gênero publicando numerosos folhetins franceses, o mais popular dos quais foi, sem dúvida, o *Romance de um moço pobre*, de Octave Feuillet. Em 1877, o jornal *O Globo*, do Rio, apresentava seriadamente uma tradução de *Les Guaranys*, de Gustave Aymard, dando-a, com a maior desfaçatez, como continuação da obra-prima de José de Alencar. Aliás, no ano seguinte, Ramiz Galvão divulgou a sua tradução do *Manuscrito guarani*, do pe. Montoya, precedida de uma carta de apresentação de Batista Caetano; para esses preciosos e "velhos manuscritos em língua indígena" chamava Batista Caetano a atenção da nossa "literatura ligeira", sugerindo-lhe que neles se inspirasse para que os índios dos seus romances não falem "à maneira de gente 'do outro mundo' [do mundo europeu], para que não parodiem Chateaubriand e outros…".[19]

Tão grande foi a voga do folhetim romântico no Brasil que logo se verificava um "desequilíbrio entre a apetência do público e a capacidade nacional de produção", como assinala Soares Amora, donde "a invasão do romance estrangeiro (freqüentemente em más traduções, do que, infelizmente, o grande público não se apercebe), e a sua influência, que chega a contaminar o nosso romance de processos técnicos, temas e concepções da vida, estranhos à nossa mentalidade".[20] Foi sabidamente para reagir contra semelhante contaminação, a que ele próprio de resto não ficou imune, que Joaquim Manuel de Macedo escreveu *A moreninha*. Nesse romance, cuja importância histórica certamente excede os seus méritos propriamente literários, um personagem satiriza a certa altura as veleidades feministas, que aqui já se faziam sentir naquela época, referindo-se a escritos de Mary de Wollstonecraft. De fato, dez anos antes de *A moreninha*, publicara-se em Recife uma "tradução livre" da mais conhecida obra dessa líder feminista inglesa, mãe de Mary Shelley, a autora de *Frankenstein*. Intitulava-se, a tradução brasileira, *Direitos das mulheres e injustiças dos homens* e devia-se a Nísia Floresta, curiosa figura de mulher e de escritora "sistematicamente ignorada por todos os nossos bibliógrafos", na justa denúncia de Wilson Martins.[21]

Para completar esta sumaríssima notícia da tradução durante o nosso período romântico, é indispensável lembrar-lhe a presença no campo da literatura teatral, onde certamente se destacam, pela celebridade dos seus respectivos originais, a versão de *A dama das camélias*, de Dumas Filho, feita por J. J. Vieira Souto e representada no Rio em 1856, e de *A cabana do Pai Tomás*, de Harriet Beecher Stowe, cuja adaptação para o teatro francês por Emmery e Dumonoir foi traduzida e levada à cena, igualmente no Rio, em 1881, numa confirmação da enorme popularidade alcançada, aqui como em outras partes, por esse que foi o mais famoso dos romances abolicionistas.

UM PARNASO COM SEQÜELAS ROMÂNTICAS

Na fase do realismo-parnasianismo, em que perduraram entre nós, como se sabe, seqüelas românticas, vamos encontrar, nas traduções de poesia, os antigos corifeus do culto do sentimento ao lado dos novos corifeus do culto da forma. Assim, em *Versos e versões*, volume onde o parnasiano Raimundo Correia reuniu indiscriminadamente composições originais e traduções, como o dá a entender o trocadilho de gosto duvidoso que lhe serve de título, Victor Hugo e Heine ombreiam com Gautier e Heredia. O mesmo acontece na *Lira dos verdes anos*, de Teófilo Dias, em que aparecem versões retardatárias de Musset e Byron, para não falar de Múcio Teixeira, que, embora aconselhasse nos *Novos ideais* de 1880 a imitação de Baudelaire, ocupou-se em organizar e publicar cinco anos depois as *Hugonianas*, uma volumosa coletânea de poesias de Victor Hugo "traduzidas por vários autores nacionais".

O caso de Machado de Assis não é menos representativo. Seus primórdios românticos se patenteiam também no elenco de suas traduções de poesia. Nas *Crisálidas*, de 1864, constam "Maria Duplessis", tradução de um poema de Dumas Filho em torno da protagonista de *A dama das camélias*, e um poema medievalista de Mickiewicz, possivelmente vertido do francês, já que Machado não conhecia polonês. Tampouco conhecia alemão, segundo confessa em *Falenas* (1870), numa nota à sua tradução versificada de "Os deuses da Grécia", de Schiller, feita sobre uma versão francesa em prosa; igual procedimento seguiu ele na "Lira chinesa", coleção de oito breves composições líricas de poetas chineses supostamente seus contemporâneos que encontrou postos "em simples e correta prosa" num livro de Judith Walters; além desta *chinoiserie* já afim do gosto parnasiano do exótico decorativo, figuram ainda em *Falenas* peças de Lamartine, Anacreonte, Bouillet e Dumas Filho. Mas é nas *Ocidentais* que vai aparecer a mais célebre das versões machadianas, a de "O corvo", de Edgar Allan Poe, poeta mais congenial do simbolismo que do parnasianismo, quando mais não fosse pelo culto a ele votado por Baudelaire e Mallarmé; nem a fina versão de Fernando Pessoa, "ritmicamente conforme o original", logrou obnubilar o encanto desta livre mas bem lograda recriação machadiana.

Nas *Ocidentais* constam outrossim dois cavalos de batalha da tradução poética, Shakespeare e Dante, representados pelo "To be or not to be" do *Hamlet* e pelo canto XXV do "Inferno", fielmente vertido em *terza rima*. As traduções shakesperianas e dantescas em português constituem um capítulo à parte a cujo estudo se dedicaram respectivamente Eugênio Gomes e Tavares Bastos. Aqui só cabe lembrar que é da época ora focalizada a publicação póstuma (1888) da tradução integral d'*A divina comédia*, levada a cabo pelo barão da Vila da Barra e prefaciada por Araripe Jr., muito embora mais bem conhecida se tornasse a tradução de Xavier Pinheiro, cujas edições costumam reproduzir as inevitáveis ilustrações de Gustave Doré. Agripino Grieco não perdoou nem a um nem a outro desses afanosos mas temerários tradutores: "Os aportuguesadores de Dante, barão da Vila da Barra, Xavier Pinheiro e outros, até pareciam gibelinos vingativos, tal a fúria com que maltrataram o pobre guelfo ainda uma vez desterrado".[22]

Outro cavalo de batalha tradutório, o medíocre mas sabe-se lá por que célebre soneto de Arvers, aparece nas *Canções de outono* (1896) de Lúcio de Mendonça; a mais antiga versão no Brasil desse soneto é a do condoreiro Pedro Luís, feita por volta de 1880 mas só publicada em 1906; depois dele, muitos outros poetas tentaram a mesma empresa, como o mostra Mello Nóbrega no seu erudito estudo *O soneto de Arvers*.[23]

De notar-se, nessa época de intensos debates ideológicos, é o destaque assumido, inclusive no campo das traduções, pela literatura de idéias, fosse a de cunho doutrinário, fosse a de cunho especulativo. O exemplo mais notório é *O papa e o concílio*, de Doellinger, Friedrich e Huber, na escorreita tradução de Rui Barbosa, enriquecida por uma longa introdução em que ele deixava bem marcadas as suas posições anticlericais. No campo doutrinário, avulta a tradução do *Catecismo positivista*, de Augusto Comte, levada a cabo pelo apóstolo do positivismo no Brasil, Miguel Lemos, numa ortografia fonética que dava início à longa luta contra o peso morto da grafia etimológica, luta cujo desfecho só seria alcançado muitos anos mais tarde. Outra tradução importante foi a da *História da civilização*, de Buckle, empreendida por J. A. Merchert e prefaciada por Pedro Lessa: o determinismo geográfico de Buckle (contra o qual se insurgiu Sílvio Romero, sobretudo por causa da pecha de "inveterado barbarismo" que o historiador inglês nos atirara) iria exercer marcada influência sobre Euclides da Cunha e sua visão fatalista do sertanejo brasileiro.

No terreno editorial, a que está organicamente vinculada a atividade do tradutor enquanto profissional, firmava-se então a Livraria Garnier como a principal editora brasileira, situação que manteve até o começo do século XX, malgrado as suas edições de nossos autores, Machado de Assis em primeiro lugar, fossem impressas na França. E de Portugal nos vinha boa parte das traduções aqui lidas; naquela época, ainda não se acentuara tanto a diferenciação entre o falar de lá e de cá que tende hoje a afastar o leitor comum das versões portuguesas. Dado esse contexto histórico, é realmente de surpreender a produção, àquela altura, de uma editora de província como a Livraria Americana, do Rio Grande do Sul: fundada por Carlos Pinto, divulgou ela na sua Biblioteca Econômica, precursora do livro de bolso entre nós, traduções da grande ficção européia, de autores como Zola, Daudet, os Goncourt, Bourget, Maupassant, Loti, Dostoiévski, Turgueniev etc. Outro dado comprobatório do crescimento e consolidação de um público leitor é a publicação de best-sellers como *O poder da vontade*, de Samuel Smiles — traduzido por Antônio J. F. dos Reis, não do original inglês, mas da sua versão francesa —, juntamente com a de livros infantis como *História de um bocadinho de pão*, de Jean Masé, vertido pelo Visconde de Taunay, ou juvenis, como *Um capricho do doutor Ox*, de Jules Verne, traduzido por Afonso Celso, o mesmo do malsinado *Por que me ufano do meu país*. Não se esqueça de que

Jules Verne escreveu um romance de aventuras ambientado na Amazônia, *La jangada*, sem ter precisado lá ir: bastaram-lhe a prodigiosa imaginação e as informações que lhe foram prestadas, em conversa, pelo conde d'Eu.

Na área das traduções teatrais, destaca-se a operosidade de Artur Azevedo: além das peças que escreveu, traduziu óperas cômicas e comédias parisienses, do tipo de *Coquelicot*, de Armand Sylvestre, e *Genro e sogra*, de Labiche. Machado de Assis também ensaiou a mão no gênero, vertendo, de Olona, *Queda que as mulheres têm para os tolos;* de Beaumarchais, *O barbeiro de Sevilha;* e de Racine, *Os demandistas.* Olavo Bilac e Aluísio Azevedo puseram em alexandrinos rimados *Le roi s'amuse,* de Victor Hugo, e a José Antônio de Freitas se deve uma tradução anotada do *Otelo,* de Shakespeare.

SIMBOLISMO E ART-NOUVEAU

No período que se estende dos últimos anos do século XIX ao primeiro quartel do século XX, predominaram em nossa literatura, de par com influxos parnasianos e naturalistas já visivelmente passadistas, duas novas orientações estéticas: o simbolismo e o artenovismo, este último impropriamente chamado pré-modernismo. Como seria de esperar, as traduções mais características feitas e/ou publicadas nesse período deixam entrever igual predomínio.

Dos simbolistas que se dedicaram à tradução de poesia, nenhum escapou ao fascínio de Baudelaire. Mas quem melhor e mais extensamente o traduziu foi o gaúcho Eduardo Guimaraens: suas versões de 81 dos 158 poemas de *As flores do mal* foram consideradas por Felix Pacheco, outro tradutor de Baudelaire que lhe estudou a poesia em mais de um volume, como as mais bem logradas jamais feitas entre nós; Eduardo Guimaraens verteu ainda Verlaine, Tagore, Heine, Dante e vários outros poetas, franceses e hispano-americanos. Também o baiano Álvaro Reis pôs Baudelaire em vernáculo, dando-lhe por companhia, em sua coletânea de traduções *Musa francesa,* tardiamente publicada, outros luminares belgas e franceses do panteão simbolista, como Rodenbach, Verhaeren, Samain, Moréas e Maeterlinck, para não falar do parnasiano Heredia. E como já havia feito com Victor Hugo e Dante, o neo-simbolista Tavares Bastos iria recensear em *Baudelaire no idioma vernáculo* o acervo de nossas traduções baudelairianas.

Entre os tradutores de poesia na época, recorde-se o nome do carioca Paulo Araújo, que foi o médico oficial dos simbolistas, assim como Jorge de Lima o iria ser dos modernistas, e que traduziu em verso *Chantecler,* peça de Édmond Rostand, de quem, logo depois, o paulista Ricardo Gonçalves, amigo de Monteiro Lobato nos tempos do Minarete, nos daria algumas cenas do célebre *Cyrano de Bergerac.* E não se esqueça, a despeito da pouquidade de sua contribuição tradutória, o nome do simbolista baiano Pedro Kilkerry, cuja poesia inovadora vem sendo ora reavaliada graças à modelar edição que dela nos deu Augusto de Campos: na sua recriação de "O sapo", poema de Tristan Corbière, Kilkerry soube admiravelmente manter-lhe a fluência irônico-coloquial, e ao verter um poema francês do seu amigo e coestaduano Pethion de Vilar, alcançou melhorar o original. Quanto ao paulista Batista Cepelos, parece ter sido o primeiro a traduzir, no Brasil, a poesia de Mallarmé.

No campo da tradução em prosa, Nestor Vítor, o crítico e ensaísta que tanto se empenhou pelo reconhecimento da poesia de Cruz e Sousa, sobressai pelo fato de, durante os anos em que viveu em Paris, ter feito e revisto traduções, em caráter profissional, para a Casa Garnier; amigo pessoal de Maeterlinck, traduziu-lhe um ensaio filosófico de pendores estoicistas, *A sabedoria e o destino,* que Monteiro Lobato também depois traduziria. O ocultista Dario Veloso pôs em vernáculo e publicou em Curitiba o *Teatro de Wag-*

ner, de Sâr Peladan, "grão-mestre da Rosa-Cruz Estética" e wagneriano fervoroso, assim como uma versão indireta dos *Versos áureos* de Pitágoras.

Das traduções mais marcantes do período *art-nouveau*, a primazia cabe certamente à versão da peça de Oscar Wilde *Salomé*, feita por João do Rio — o expoente dessa fase ainda tão pouco estudada de nossa evolução literária — e aqui editada com as belas ilustrações de Beardsley. Do mesmo Wilde, Elísio de Carvalho,[24] alagoano e dândi, fez uma "versão livre" de alguns poemas, inclusive da antológica "Balada do enforcado", que anos mais tarde Gondim da Fonseca de igual modo verteria, juntamente com "O corvo" de Poe; Rosalina Coelho Lisboa, por sua vez, traduziu o mais conhecido dos contos wildianos, *O príncipe feliz*. Duas outras versões tipicamente arte-novistas merecem citar-se: a *Nietzscheana*, fragmentos de Nietzsche (em cuja filosofia dionisíaca se inspirou o vitalismo *art-nouveau*) traduzidos por Alberto Ramos, que na sua própria poesia exaltou vitalisticamente a saúde e os esportes, em clara oposição às morbidezas crepusculares do simbolismo; e a recriação, levada a cabo por Leopoldo Brígido, de "The blessed demosel", poema de Dante-Gabriel Rossetti que inspiraria a Debussy *La demoiselle élue*.

ENFIM, A TRADUÇÃO COMO PROFISSÃO

É somente no século XX, sobretudo a partir dos anos 30, que entram a criar-se no Brasil as condições mínimas, de ordem material e social, possibilitadoras do exercício da tradução literária como atividade profissional, ainda que as mais das vezes subsidiária. Avulta em primeiro plano, entre essas condições, o surgimento de uma indústria editorial realmente digna do nome, vinculada de perto ao considerável crescimento, quantitativo e qualitativo, do público ledor, de que, a um só tempo, ela foi a causa e a conseqüência. Nada mais natural, portanto, que, para sumariar essa fase histórica da tradução literária entre nós, cuidemos de destacar-lhe as iniciativas editoriais mais importantes, nelas ressaltando os nomes dos tradutores que as concretizaram. Com isso, inevitavelmente ficarão de fora muitos outros nomes igualmente dignos de menção. Mas citá-los todos, caso fosse possível, transformaria este artigo, que já vai longo, num simulacro de lista telefônica, tanto mais minucioso quanto enfadonho. Para justificar-me das omissões, em grande parte fruto de ignorância ou carência de informação, socorro-me de uma frase providencial de Remy de Gourmont que li num livro de Fernando Goes, de onde a traduzo algo livremente: "o que cito é representativo daquilo que esqueço de citar".

A indústria do livro no Brasil teve em Monteiro Lobato, como se sabe, o seu grande inovador. Quando ele imprimiu por conta própria os seus *Urupês*, viu-se a braços com o problema de distribuir a edição: resolveu-o mandando exemplares em consignação a lojas de armarinhos, armazéns de secos e molhados e farmácias de todo o país, uma vez que só contávamos, naquela época, pouco mais de trinta livrarias propriamente ditas. O êxito obtido animou-o a continuar editando e em 1919, com oficinas próprias, surge a Editora Monteiro Lobato, que revolucionou as nossas práticas editoriais tomando conta do mercado, ampliando-o e lançando grande número de títulos, especialmente de autores novos. Uma crise provocada pela insurreição militar de 1924 levou, porém, a editora à falência, passando o seu acervo editorial para uma nova firma, a Editora Nacional.

Ao tempo em que ainda estava à frente de sua editora, Lobato havia traduzido e publicado a autobiografia de Henry Ford; na juventude, quando andava entusiasmado pelas idéias de Nietzsche, vertera do francês *O anticristo* e *O crepúsculo dos ídolos*. Ao regressar em 1931 dos Estados Unidos, onde passara cerca de quatro anos como adido comercial, resolveu, à falta de outra profissão de que tirar a subsistência, dedicar-se à tradução, ofício que exerceu até quase o fim de seus dias. Era um trabalhador incansável: produzia uma média de vinte páginas por dia, de dois a três livros por mês. Verteu mais de uma centena de obras: além de autores de menor categoria, traduziu Kipling, Jack London, Melville, Saint-Exupéry, Hemingway, Sholem Ash, H. G. Wells etc. Essa longa e amiúde esgotante experiência do ofício ensinou-o a encará-lo com olhos críticos. Do mesmo modo por que achava que "povo que não possui tradutores torna-se povo fechado, pobre, indigente", queixava-se do descaso desse "incomensurável paquiderme de mil cérebros e orelhas a que chamamos público", o qual "nunca tem o menor pensamento para o mártir que estupidamente se sacrifica para que ele possa ler em língua sua uma obra-prima gerada em idioma estrangeiro". A rapidez com que era compelido a trabalhar — e essa parece ser a sina de quantos tenham de traduzir profissionalmente para viver — não permitia a Lobato burilar as suas versões, que, se nem sempre modelares, são sempre fluentes, agradáveis de ler. Disse bem Edgard Cavalheiro, seu fiel biógrafo, que, como tradutor, Lobato foi "o primeiro escritor brasileiro de nomeada a reabilitar esse gênero de trabalho intelectual até então acobertado pelo anonimato ou discretamente velado por pudicas iniciais".[25]

Outro escritor de prestígio que, no começo de sua carreira literária, para complementar os ganhos insuficientes de jornalista, se dedicou ao mesmo gênero de atividade, foi o gaúcho Érico Veríssimo. Nas suas memórias, conta-nos ele que começou traduzindo, noites adentro, um romance policial de Edgar Wallace, "tarefa que não dava prazer. O autor e a história não me interessavam, o esforço físico exigido pelo simples ato de datilografar o texto me produzia dores no corpo inteiro".[26] Mais tarde, empolgado com o *Contraponto*, de Huxley, verteu-o para o português e convenceu a Editora Globo, de Porto Alegre, a publicá-lo. Embora se tratasse de um livro intelectualmente refinado, alcançou certo sucesso de público e abriu caminho para a tradução de outros romances modernos também reputados "de elite" e, como tal, supostamente pouco vendáveis. Érico Veríssimo acabou se tornando conselheiro editorial da Globo: competia-lhe organizar programas editoriais, escolher obras a serem traduzidas, descobrir-lhes tradutores, fiscalizar as traduções. Sob a sua orientação surgiu a coleção Nobel, sem favor a melhor série de ficção estrangeira até hoje editada no Brasil. Para ela, o próprio Érico traduziu *Servidão humana* e outros livros de Somerset Maughan; Herbert Caro *A montanha mágica*, de Thomas Mann; Cecília Meireles o *Orlando*, de Virginia Woolf; José Geraldo Vieira o *Retrato do artista quando jovem*, de James Joyce, para mencionar uns poucos títulos entre os mais importantes. Outra coleção de alto nível da mesma editora foi a Biblioteca dos Séculos, de textos clássicos como os *Diálogos*, de Platão, em tradução do grego revista por Cruz Costa; o *Tom Jones*, de Fielding, e o *Pickwick*, de Dickens, em escorreitas versões de Octavio Mendes Cajado; as *Poesias escolhidas* de Verlaine, em traduções selecionadas por Onestaldo de Pennafort, que lhe vertera anteriormente as *Festas galantes*, bem como, de Shakespeare, o *Romeu e Julieta*. Duas outras iniciativas editoriais da Globo merecem referência. Uma, a versão integral de *A comédia humana*, de Balzac, organizada, dirigida e supervisionada por Paulo Rónai, o grande especialista na arte e na ciência da tradução: além de manuais valiosos como *A tradução vivida*, devemos-lhe versões de autores húngaros como Molnár e Madách, além de *Mar de histórias*, uma vasta antologia do conto mundial que ele levou anos organizando com a colaboração de Aurélio Buarque de Holanda. Iniciativa de igual modo importante da Globo foi a edição de *Em busca do tempo perdido*, de Proust, traduzido por escritores e poetas como Mário Quintana, Manuel Bandeira, Carlos Drummond de Andrade e Lúcia Miguel Pereira. Aliás, episódio curioso relacionado com uma tradução publicada pela Globo diz respeito ao famigerado livro de Hitler, *Minha luta*, por ela aqui lançado numa época em que era grande o interesse do público por memórias e biografias: no contrato firmado com o Partido Nacional Socialista da Alemanha havia uma cláusula proibindo fosse a tradução feita por pessoa de ascendência judaica; a editora gaúcha vingou-se da proibição que teve de aceitar a contragosto incluindo nas abas do volume um texto de propaganda de livros de um escritor judeu por ela editado, pelo que se viu ameaçada de processo judicial pelos nazistas. Por absurda que possa parecer semelhante discriminação, ela encontra um equivalente em nossos dias nos contratos de edição das obras de Teilhard de Chardin, o grande pensador jesuíta: há nelas, se bem me lembro, uma cláusula vedando a participação de mulheres no trabalho de tradução...

Mas já é tempo de abrir-se um parênteses para citar um caso altamente ilustrativo do grau de influência que uma tradução pode eventualmente vir a exercer. Trata-se do caso de *Judeus sem dinheiro*, romance do escritor norte-americano Michael Gold, aqui traduzido e publicado na década de 30, e cujo influxo sobre o romance social então florescente, sobretudo na chamada "literatura do Nordeste", parece ter sido decisivo na medida em que, com os seus propósitos de denúncia social, dava ele cidadania literária ao palavrão e à "estética da miséria". Reeditado na década de 40, quando a ficção introspectiva começava a pôr em xeque a hegemonia da social, a tradução de *Judeus sem dinheiro*, consoante o depoimento de Genolino Amado e Samuel Putnam, ainda continuava a ser "uma fonte de inspiração no Brasil".[27]

Nas décadas de 40 e 50, quadra em que, no dizer de Wilson Martins, o grande "volume de traduções dava consistência à vida literária e, além da receptividade psicológica para os livros brasileiros, assegurava a consolidação da indústria editorial",[28] a Editora José Olympio, do Rio, que lançava os grandes autores brasileiros da época, também incrementou a sua linha de traduções, confiando-as a editados seus, autores do porte de Gastão Cruls, Manuel Bandeira, Rachel de Queiroz, Carlos Drummond de Andrade, José Lins do Rego, Otávio de Faria, Lúcio Cardoso, Rubem Braga, Genolino Amado etc. Entre as suas coleções de ficção estrangeira, avulta a das obras de Dostoiévski, quase sempre em versões indiretas, mas fidedignas, como observou, a propósito de *O idiota*, Bóris Schnaiderman, que se tem destacado como estudioso da literatura russa e um dos seus poucos tradutores diretos. Outra coleção significativa da José Olympio foi a *Rubayat*, de poesia traduzida: iniciada com o livro famoso de Khayyam, na versão em prosa de Otávio Tarqüínio de Sousa, prosseguiu com o *Cântico dos cânticos*, vertido por Augusto Frederico Schmidt, o *Cancioneiro de Petrarca*, traduzido por Jamil Almansur Haddad (que mais tarde empreenderia a versão integral de *As flores do mal*), *O vento da noite*, de Emily Brontë, recriado por Lúcio Cardoso, para citar alguns de seus numerosos títulos.

Além da Globo e da José Olympio, outras editoras do Rio e de São Paulo, tais como a Civilização Brasileira, a Pongetti, a Martins, a Difel etc., dedicavam-se igualmente, pela mesma altura, à publicação de traduções tanto na área da literatura contemporânea quanto na de autores clássicos; mais recentemente, a Nova Fronteira retomou, no que foi imitada por outras editoras, a divulgação sistemática de ficção estrangeira moderna (Svevo, Broch, Genet, Musil, Yourcenar, Kazantzákis etc.), a qual, por cerca de um decênio, ficara, se não esquecida, pelo menos na sombra, ante a visível preferência editorial dada à chamada literatura de idéias (sociologia, psicologia, política, história, filosofia, teoria literária etc.).

Por força desse boom do livro brasileiro, ampliaram-se consideravelmente, nos últimos quarenta anos, os horizontes de leitura de nosso público, criando-se ao mesmo tempo um mercado de trabalho — precário ainda, mas mercado assim mesmo — para os nossos tradutores literários. Tanto pela constância no exercício dessa espinhosa profissão como pela competência de que deram provas ao exercê-la, cumpre também incluir, no elenco dos tradutores de prosa de ficção até aqui referidos, os nomes de Godofredo Rangel, Agripino Grieco, Sérgio Milliet, Brenno Silveira (autor de *A arte de traduzir*, o segundo livro no gênero publicado entre nós, após o pioneiro *Escola de tradutores*, de Paulo Rónai), Jorge de Lima, Agenor Soares de Moura, James Amado, Olívia Krähembuhl, Nair Lacerda, Álvaro Cabral, Tatiana Belinky, Eliane Zagury, Marcos Santarrita, Joel Silveira, Antônio Callado, Stela Leonardos, Josely V. Batista, Paulo Leminski, Modesto Carone, Aurora Fornoni Bernardini etc. etc. Não deve ficar tampouco esquecida a tradução de peças de teatro, que se constitui hoje numa atividade especializada em que pontificam ou pontificaram tradutores como Guilherme de Almeida, Magalhães Júnior, Guilherme Figueiredo, Millôr Fernandes, Jacó Guinsburg (tradutor também de literatura hebraica e iídiche) e tantos outros.

No campo da tradução poética, ao lado evidentemente de Guilherme de Almeida (*Poetas de França*, *Flores das flores do mal*), Manuel Bandeira (*Poemas traduzidos*) e Cecília Meireles (Rilke, Tagore, poetas israelenses), citem-se, entre muitos, Abgar Renault (poesia inglesa), Dora Ferreira da Silva (Rilke, são João da Cruz), Oswaldino Marques (poesia inglesa e norte-americana), Péricles Eugênio da Silva Ramos (poesia grega e latina, Shakespeare, Villon, Yeats), Domingos Carvalho da Silva (Neruda), Carlos Nejar (Borges), Ledo Ivo (Rimbaud), Geir Campos (Rilke, Brecht, Whitman), Ivan Junqueira e Idelma Ribeiro de Faria (Eliot, Baudelaire), Afonso Félix de Sousa (Lorca), Darcy Damasceno (Valéry), Paulo Vizioli (poetas norte-americanos, Blake, Wordsworth), Sebastião Uchoa Leite (Morgenstern, Villon), Régis Bonvicino (Laforgue), Nelson Ascher (Blake, poesia húngara), João Moura Jr. (Auden), Cláudio Willer (Lautréamont, Guinsberg), Sérgio Lima (Péret) etc. etc.

Menção em separado merece a atividade desenvolvida, nesse setor de tecnologia tradutória de ponta, pelos fundadores da poesia concreta — Augusto e Haroldo de Campos, Décio Pignatari, e José Lino Grünewald, — tanto por suas formulações acerca da teoria da tradução poética quanto pelo seu trabalho de recriação de textos da mais alta complexidade formal, como as *Rime pietrose* de Dante, a poesia provençal, o *Lance de dados* de Mallarmé, os *Cantos* de Pound, o *Finnegan's wake* de Joyce, a moderna poesia russa (em colaboração com Bóris Schnaiderman), a poesia bíblica etc. O alto nível dessas traduções, regularmente divulgadas em jornais e revistas e mais tarde recolhidas em livro, teve efeito estimulante, incitando outros poetas a se dedicarem também às versões poéticas e abrindo um espaço para elas na imprensa literária, do que dá testemunho o volume *Folhetim: poesia traduzida*, publicado pela *Folha de S. Paulo*. Quanto a traduções contemporâneas de textos clássicos em verso e prosa, mencionem-se as realizadas por Carlos Alberto Nunes, Jaime Bruna, Mário da Gama Khoury, José Cavalcanti de Sousa, Tassilo Orfeu Spalding, Almeida Cousin etc.

Restaria ainda assinalar que a instalação de cursos universitários de tradução nos últimos anos refletiu a crescente importância dessa atividade entre nós. Ainda que, no geral, a tradução literária ainda esteja longe de ser remunerada condignamente, um ou outro editor mais esclarecido e responsável já começa a preocupar-se em recorrer somente a profissionais de competência e em oferecer-lhes melhores condições de trabalho, inclusive eventual pagamento de direitos autorais. O ensino universitário teve outrossim o condão de estimular os estudos de tradutologia, disciplina que encontrou seu órgão mais categorizado na revista *Tradução & Comunicação*, dirigida por Erwin Theodor e Julio Garcia Morejón (nove números publicados entre 1981 e 1986). A mesma editora que lançou essa revista, cuja publicação foi infelizmente suspensa, lançou também o volume *A tradução da grande obra literária*, a qual veio enriquecer a nossa ainda pobre bibliografia tradutológica, onde já figuram, a par dos livros pioneiros de Paulo Rónai e Brenno Silveira, obras como *Tradução: ofício e arte*, de Erwin Theodor, *O que é tradução*, de Geir Campos, *Cultura e tradutologia* e *Estudos de tradutologia*, coletâneas organizadas por Dalton de Mattos, *Tartufo 81* (ensaio sobre a poética da tradução de teatro), de Guilherme Figueiredo, *Território da tradução*, de Iumna Maria Simon (org.), *Oficina de tradução*, de Rosemary Arrojo, e poucas outras. Mas tal enfoque teórico, por importante que seja, não deve fazer esquecer que a prática da tradução pouco lhe deve. Os que mais competentemente a exercem não são tradutólogos, mas escritores que optaram por dividir o seu tempo entre a criação propriamente dita e a recriação tradutória. Tanto assim que nas sucintas listas de nomes que atrás ficaram, balizadas pelos repetidos etecéteras a que os lapsos de memória e a dificuldade de pesquisas mais acuradas obrigaram, o leitor não terá dificuldade em identificar alguns dos nossos mais destacados poetas, ficcionistas e ensaístas, com o que se comprova a afirmativa de Octavio Paz de que "tradução e criação são operações gêmeas", havendo "um incessante refluxo entre as duas, uma contínua e mútua fecundação".

Bandeira tradutor ou o esquizofrênico incompleto

UM APRENDIZ DE LÍNGUAS

Não sei se, durante as desenxabidas comemorações do primeiro centenário de nascimento de Manuel Bandeira, em 1986, alguém se lembrou de destacar a sua atividade de tradutor, exercida a princípio por necessidade econômica, depois pelo gosto e/ou prestígio do ofício, desde a década de 30 até o fim da sua vida. Da importância que essa atividade teve no conjunto da sua produção intelectual dão notícia algumas passagens do *Itinerário de Pasárgada*. Como se sabe, o *Itinerário* é uma biografia literária meio na linha da de Coleridge, pelo que fornece valiosos subsídios para o entendimento das concepções do autobiógrafo, inclusive da sua teoria da tradução. Nas *Cartas de Mário de Andrade a Manuel Bandeira* há também referências à troca de idéias entre os missivistas acerca de questões de tradução poética. Pena que, por não terem sido publicadas até hoje as cartas de Bandeira a Mário,[1] só conheçamos as opiniões deste e não as daquele. De qualquer modo, é com dados colhidos quase todos nessas duas fontes que se vai recordar-

lhe aqui a figura de tradutor, menos importante que a de poeta —
o *miglior fabbro* e o S. João Batista da poesia modernista —, mas,
por complementar dela, igualmente digna de interesse.

A biografia do Bandeira tradutor começa evidentemente pelo
seu aprendizado de línguas estrangeiras. A respeito, o *Itinerário* nos
fala apenas (PP 7, I)[2] da sua aversão ao professor de grego, em cuja
classe do Pedro II estudara, aos quinze anos de idade, a *Ciropedia* de
Xenofonte, de onde tiraria o nome e a inspiração do mais popular
dos seus poemas, "Pasárgada". Porém, ao que se saiba, nunca traduziu nada do grego. Em compensação, traduziu bastante do francês,
do inglês, do alemão e do espanhol, idiomas que deve ter aprendido
também nos bancos de escola. Da sua proficiência no primeiro
deles dão prova os poemas que escreveu diretamente em francês,
"Chambre vide" e "Bonheur Lyrique", de *Libertinagem* (1930), e
"Chanson des petits esclaves", de *A estrela da manhã* (1936). Como
se trata de incursões ocasionais num idioma estrangeiro, é-se tentado a capitulá-las como traduções ou, melhor dizendo, autotradu-
ções de um poeta de língua portuguesa. Desse equívoco nos salva o
próprio poeta quando observa, a respeito dos dois poemas: "Certa
vez em que eu estava preparando uma edição das *Poesias completas*,
quis acabar com isso de versos em francês, que poderia parecer pretensão de minha parte, e esforcei-me por traduzi-los. Pois fracassei
completamente, eu que tenho traduzido tantos versos alheios.
Outra experiência minha: mandaram-me um dia uma tradução
para o francês de poema meu, pedindo-me não só que sobre ela
desse a minha opinião, como emendasse, mudasse à vontade. Pus
mãos à obra e vi que para ser fiel ao meu sentimento teria de suprimir certas coisas e acrescentar outras. No fim não deu também nada
que prestasse. Tudo isso me confirmou na idéia de que poesia é
mesmo coisa intraduzível" (PP 78, II).

Mais adiante, ao tratar da curiosa ambivalência da teoria da
tradução de Bandeira, discutiremos o seu conceito de intraduzibi-

lidade da poesia. Por enquanto, e de passagem, vale a pena lembrar que, dos nossos modernistas, não foi ele o único a ter a "pretensão" de escrever em francês. Antecipou-o Sérgio Milliet, cujos quatro primeiros livros de poemas, publicados entre 1917 e 1923 na Europa, foram escritos diretamente nessa língua. Também Oswald de Andrade e Guilherme de Almeida compuseram de parceria, em 1916, peças de teatro em francês, confirmando com isso um afrancesamento da *intelligentsia* brasileira que durou pelo menos dos primórdios do romantismo até o fim da Segunda Guerra. Mas voltando ao aprendizado bandeiriano de línguas estrangeiras: durante o período em que se tratou de tuberculose num sanatório da Suíça, Clavadel, por volta de 1913, teve ele ocasião não só de aperfeiçoar o seu francês como de reaprender o alemão: "Essa estada de pouco mais de um ano em Clavadel quase nenhuma influência exerceu sobre mim literariamente, senão que me fez reaprender o alemão, que eu aprendera no Pedro II, mas tinha esquecido (de volta ao Brasil li quase todo o Goethe, Heine e Lenau)" (PP 40, II). *Carnaval* (1919) traz marcas dessa leitura, leitura ainda recente já que seu autor havia voltado para o Brasil em 1917: Há ali uma peça intitulada "A sereia de Lenau" onde é celebrado o romântico "poeta da amargura" a quem o amor de uma sereia terrestre acabaria por levar "ao oceano sem fundo da loucura". Muitos anos depois, nos *Poemas traduzidos*, cuja primeira edição é de 1945, sendo a segunda, aumentada, de 1948, aparece vertido o "Anelo" de Goethe e um poema de Heine, se bem a principal incursão tradutória de Bandeira no domínio da poesia alemã fossem os nove poemas de Hölderlin que verteu a pedido de Otto-Maria Carpeaux e que considerou "uma das maiores batalhas que pelejei na minha vida de poeta" (PP 102, II). Outra momentosa incursão sua, essa no domínio do teatro em versos, seria *Maria Stuart*, de Schiller, que ele traduziu por encomenda em 1955 para ser encenada no mesmo ano, em S. Paulo e no Rio, pela companhia de Cacilda Becker.

Em Clavadel, Bandeira conviveu com Charles Picker, poeta húngaro de quem transcreve, no *Itinerário de Pasárgada*, várias composições alemãs, vertendo-as a seguir em verso não rimado, conquanto os do original ostentassem rimas. Trata-se de um caso raro na folha corrida de um tradutor de poesia que timbrava em respeitar escrupulosamente as peculiaridades formais dos textos trazidos por ele ao português. Mas o seu encontro mais importante em Clavadel foi com um jovem francês de nome Paul-Eugène Grindel, ali também internado para tratamento dos pulmões e que posteriormente se iria tornar célebre sob o pseudônimo literário de Paul Éluard. Curioso que, tendo influenciado, nos seus primórdios, a carreira poética de Éluard, Bandeira o tivesse traduzido tão pouco: apenas dois poemas, "Palmeiras" e "Em seu lugar", que constam nos *Poemas traduzidos*.

Se do francês se pode dizer ter sido a segunda língua de Bandeira, com o inglês, de que também traduziu abundantemente, o mesmo não acontecia. Quando, num artigo acerca das traduções poéticas dele, Abgar Renault louvou a habilidade com que ele fizera justiça às "sutilezas, '*shades of meaning*', '*idioms*' e outras dificuldades de natureza puramente gramatical ou lingüística" dos *Sonnets from the Portuguese*, de Elizabeth Barret Browning, atribuindo-a não apenas à "simples intuição poética" mas sobretudo "a uma longa, íntima familiaridade com os fatos e coisas da língua inglesa", Bandeira não se pejou de ter de contradizê-lo:

Gostaria que fosse verdade o louvor tão lisonjeiro do meu querido amigo Abgar. Mas devo confessar que sou bastante fundo no inglês. Fundo no sentido que a palavra tem na gíria. Todas aquelas soluções julgadas tão felizes pelo crítico, por mais cavadas ou sutis que pareçam, devem se ter processado no subconsciente, porque as traduções me saíram quase ao correr do lápis. Antes houve, sim, o que costumo fazer sempre quando traduzo: deixar o poema como que flutuar por algum tempo dentro do meu espírito, à espera de certos pontos de fixação. Aliás, só traduzo bem os poemas que gostaria de ter feito, isto é, os que exprimem coisas que já estavam em mim, mas informuladas. Os meus "achados", em traduções como em originais, resultam sempre de intuições. (pp 102, ii)

Esta confissão, tão cândida e tão reveladora, vem em apoio de uma observação de Paulo Rónai lastreada por outros precedentes tão numerosos quanto ilustres:

Em diversos países há ótimas versões de Shakespeare devidas a poetas que não falavam uma palavra sequer de inglês e executaram a tarefa com sangue, suor e lágrimas, e consulta constante aos dicionários e léxicos, alcançando resultados notáveis; existem, em compensação, outras, feitas por professores de inglês, que, apesar de bons, não sabem a língua materna, e compilaram apenas trabalhos escolares, insulsos, ilegíveis.[3]

Dá-nos a confissão de Bandeira, outrossim, um vislumbre da sua oficina de tradutor de poesia, a qual não diferia substancialmente da sua oficina de poeta; numa e noutra, era a intuição criadora, a máquina secreta da subconsciência quem fornecia a matéria-prima para as elaborações da lucidez artesanal. Tanto assim que confessava só ser capaz de traduzir bem "os poemas que gostaria de ter feito", de poetas afins do seu temperamento. Como aqueles que, numa ou noutra época de sua vida, sucessivamente o influenciaram e entre os quais ele próprio arrola, dos alemães, Lenau e Heine, dos franceses e belgas, Villon, Musset, Guérin, Sully Prudhomme e Verhaeren, dos italianos, Palazzeschi, Soffici, Govoni e Ungaretti, muito embora, desses poetas congeniais, ele só tenha traduzido Heine.

TRADUÇÕES COMERCIAIS

Mas não foi recriando "os poemas que gostaria de ter feito" que Bandeira começou sua carreira tradutória. Começou-a de maneira bem mais prosaica como suplente de tradutor de telegramas de uma agência de notícias, United Press, onde teve como colegas de trabalho Sérgio Buarque de Holanda e Vergílio Várzea. Conseguia fazer até 700 mil réis por mês sujeitando-se a plantões noturnos. Isso por volta de 1933, numa altura em que passou a residir na Lapa, *locus* inspirador de alguns dos seus melhores poemas. Pouco depois, por recomendação de seu amigo Ribeiro Couto, foi ele convidado a traduzir, para a Editora Civilização Brasileira, nada mais nada menos do que um tratado de moléstias hepáticas. Apesar de jejuno no assunto, cumpriu a tarefa "limpa e rapidamente",[4] pelo que lhe foram confiadas a seguir outras tarefas semelhantes. Para a Civilização Brasileira, verteu ao todo quinze volumes de assuntos variados, desde romances de aventura, passando por narrativas de viagem e biografias, até obras de divulgação científica. Livros sem maior importância, de autores secundários, que só mesmo a necessidade de suplementar os seus parcos rendimentos — Bandeira sempre levou vida modesta — justificaria ele ter aceito traduzir. Traduziu-os não obstante com cuidado, em português de lei, conforme tive ocasião de verificar ainda há pouco, quando, durante pesquisas para um ensaio sobre o romance de aventuras, tive de reler *O tesouro de Tarzan,* de Edgar Rice Burroughs, e *Aventuras do Capitão Corcoran*, de A. Assolant, que estão entre as traduções que fez para a Civilização Brasileira. Entre elas figura também uma bela versão de *A vida de Shelley*, de Andre Maurois.

Se as traduções comerciais assinalam um momento de trabalho enfadonho, sem maior encanto intelectual, na vida de Bandeira, as "traduções para o moderno" nela representaram sem dúvida um prelúdio de gratuidade brincalhona. Transferindo para o plano da autoparódia a técnica e o espírito do poema-piada que, como se sabe, foi a pedra de toque do modernismo irreverente e iconoclasta de 22, essas traduções valiam como uma espécie de denúncia maliciosa de "certas maneiras de dizer, certas disposições tipográficas que já se tinham tornado clichês modernistas", para citar palavras com que o próprio Bandeira intentou defini-las (PP 76-7, II). Um exemplo bem característico é "Teresa", poema que se propunha a pôr em "moderno" o romantismo piegas de Joaquim Manuel de Macedo tal como dele dava mostra o seu "Adeus de Teresa":

> *Mulher, irmã, escuta-me: não ames;*
> *Quando a teus pés um homem terno e curvo*
> *Jurar amor, chorar pranto de sangue,*
> *Não creias, não, mulher: ele te engana!*
> *As lágrimas são galas da mentira*
> *E o juramento manto da perfídia.*

Eis como, brincando de falar "cafajeste" ou "caçanje", Bandeira modernizou o descabelamento de Macedo:

> *Teresa, se algum sujeito bancar o sentimental em cima de você*
> *E te jurar uma paixão do tamanho de um bonde*
> *Se ele chorar*
> *Se ele se ajoelhar*
> *Se ele se rasgar todo*
> *Não acredita não Teresa*
> *É lágrima de cinema*
> *É tapeação*
> *Mentira*
> *CAI FORA*

As "traduções para o moderno" haviam sido publicadas em 1925 na seção "Mês Modernista" do jornal carioca *A Noite*, onde "Teresa" era dada pelo parodista como uma tradução "tão afastada do original que a espíritos menos avisados pareceria criação".[5] Já nas versões de poesia a que se iria dedicar com regularidade a partir da década de 40, Bandeira não se permitiria mais afastar-se, lúdico-parodicamente, do original. Isso não obstante achar, no caso de textos a seu ver intraduzíveis, como certos poemas de Rimbaud, Mallarmé e Valéry, que "quando algum grande poeta se sai bem da tarefa é porque fez um pouco outra coisa: as belezas formais da tradução não são as do original, são outras" (PP 559, II). Estas palavras foram escritas a propósito da versão, por Ledo Ivo, de *As iluminações* e *Uma temporada no inferno*, para Bandeira "o Rimbaud mais difícil", intraduzível mesmo. Apesar do seu ceticismo quanto à possibilidade de uma empreitada que tal ser levada a cabo, não se furta ele a reconhecer que Ledo Ivo achou "em português os sucedâneos dos sortilégios verbais do Vidente" e "lavrou um tento, aproximando-se bastante do original sem mentir à poesia do original".

A REFRAÇÃO TRADUTÓRIA

À primeira vista, existe uma contradição patente entre postular a intraduzibilidade do Rimbaud de *As iluminações* e de *Uma temporada no inferno* e reconhecer que uma tradução desses dois poemas foi bem lograda. Se se atentar, porém, para as modulações de que é acompanhado tal reconhecimento, modulações do tipo de "um pouco outra coisa", "belezas formais... outras" que não as do original, "sucedâneos" e "aproximando-se bastante", percebe-se que a noção de intraduzibilidade tem de ser também modalizada, tomada *cum grano salis*. Na passagem do *Itinerário de Pasárgada* mais atrás citada, em que Bandeira faz reparos autocríticos a um artigo de Abgar Renault, explica ele o seu conceito de "equivalência", a qual "consiste não na tradução exata das palavras, mas na expressão do mesmo sentimento, e até das mesmas imagens, sob forma diferente", e fala de uma "poesia intraduzível por sua própria natureza, como a de Mallarmé ou de Valéry, em que a emoção poética está rigorosamente condicionada às palavras".

Se bem entendo, com equivalência — "essa equivalência que sempre procurei nas minhas traduções" — Bandeira quer dizer a criação de um símile do poema original capaz de produzir, nos leitores da língua-alvo, efeitos semelhantes aos produzidos pelo dito poema nos leitores da língua-fonte. Como tais efeitos dependem não apenas do significado conceitual mas também do significado formal do texto, cumpre ao tradutor tentar preservar no seu símile, tanto quanto possível, as "mesmas imagens" do original, já que, em poesia, são as responsáveis pela especificidade dos efeitos. E por imagem se deve entender, atrevo-me a acrescentar, não só a metáfora *lato sensu* como também as "figuras de gramática" tão bem destacadas por Jakobson, para quem "toda reiteração perceptível do mesmo conceito gramatical torna-se um procedimento poético efetivo".[6]

Os efeitos produzidos pelo original e pelo símile tradutório são, conforme se acaba de dizer, não iguais, mas semelhantes. Como se tivessem sofrido um desvio ou refração ao ingressar num meio de diferente densidade lingüística: o raio luminoso (o "sentimento" ou "emoção poética" no dizer de Bandeira, ou os efeitos semântico-formais no nosso) continua sendo o mesmo, só a sua direção e a sua intensidade é que mudam. A diferença de densidade entre a língua-fonte e a língua-alvo não só explica como justifica a refração tradutória, ao mesmo tempo que modaliza ou gradua a antítese traduzível/intraduzível. Postular utopicamente a tradução como igualdade de efeitos entre o texto-fonte e o texto-alvo é o mesmo que abolir as leis da refração. Concebê-la como uma técnica de equivalência ou aproximação[7] é modalizar pragmaticamente a antítese traduzível/intraduzível. Se bem os dicionários da língua não tenham dado ainda acolhida ao verbo "modalizar",[8] de há muito registram o adjetivo "modal", quer na sua acepção geral de "relativo ao modo particular de execução de algo", quer na acepção filosófica de relativo à "proposição em que a afirmação ou negação é modificada por um dos quatro modos: possível, contingente, impossível e necessário".

Se dispusermos num leque gradual esses quatro modos, a começar do necessário, passando sucessivamente pelo possível e pelo contingente, até chegar ao impossível, teremos um mapeamento de todo o campo teórico da tradução, particularmente de poesia. Para não nos afastarmos da terra firme das definições filosóficas, lembremos que dentro dela se entende necessário como "o que se põe por si mesmo e imediatamente, quer no domínio do pensamento, quer no domínio do ser";[9] ora, em que pese a má vontade dos humboldtianos, a noção da necessidade da tradução é das que se impõem por si mesmas e imediatamente, tanto no domínio da prática quanto no da teoria. Já em relação a "possível", a sua acepção corrente de "o que pode ser, acontecer ou praticar-se" é mais do que satisfatória para dar conta do traduzir como um ato que, filosoficamente considerado, "não implica contradição [...] com nenhum fato ou lei empiricamente estabelecido", pelo que "satisfaz as leis gerais da experiência". Quanto ao caráter contingente do ato tradutório, nada lhe descreve melhor o estatuto que a acepção de "contingente" em lógica, onde tal adjetivo é aplicado à "proposição cuja verdade ou falsidade só pode ser conhecida pela experiência e não pela razão", a razão humboldtiana que nega a possibilidade última da tradução, a experiência tradutória de milênios que a confirma pragmaticamente. Por fim, a conceituação filosófica de "impossível" como "o que implica contradição" ou "ou que é, de fato, irrealizável", se aplicaria, na teoria bandeiriana da tradução, àqueles textos "em que a emoção poética está rigorosamente condicionada à palavra". Um desses casos seria o de *As iluminações* e de *Uma temporada no inferno*, no entanto traduzidos por Ledo Ivo com êxito, no entender do próprio Bandeira. Este pormenoriza inclusive, como exemplo feliz de transposição dos "sortilégios verbais do Vidente", o de *"grandes juments bleues et noires"* por "grandes éguas azuis e negras", considerando-a como um caso de tradução literal, muito embora observe a seguir que "'égua' é mais belo que *'juments'"*. Literal certamente porque, não sendo a rigor palavras sinônimas, "éguas" e "jumentas" pertencem ambas ao mesmo campo semântico, no que se confirma a noção jakobsoniana de "equivalência na diferença".[10] Numa carta a Alphonsus de Guimaraens Filho em torno de dificuldades de tradução de poemas de Emily Dickinson e Edna St. Vincent Millay, aconselha-o Bandeira:

> Mas aqui peço licença para lhe dar uma lição: sempre que você quiser traduzir um poema, faça um estudo preliminar no sentido de apurar o que é essencial nele e o que foi introduzido por exigência técnica, sobretudo, de rima e métrica. Isto feito, se aparecerem dificuldades que digam respeito ao último elemento (o que não é essencial e pode ser alijado), resolva-se alijando o supérfluo, mesmo que seja bonito. [...] As rosas podem ser substituídas por lírios. Não importa que seja esta ou aquela flor, e era preciso uma flor de nome masculino por causa da rima. (pp 1432-3, ii).

Como se vê, estamos aqui nos antípodas da "poesia intraduzível por sua própria natureza"; estamos na intimidade da oficina do tradutor, onde o possível pragmático põe a escanteio o impossível teórico.

UM PARADOXO BANDEIRIANO

Todavia, por mais que se procure modalizar ou matizar, com atenuações de vária ordem, a concepção bandeiriana de intraduzibilidade da poesia, nem por isso se consegue reduzir-lhe de todo o caráter paradoxal. Tanto mais paradoxal quanto vinha de alguém que fez da tradução poética uma atividade regular e que, na esteira dos nossos românticos e parnasianos, não trepidou em pôr em pé de igualdade a atividade criativa e a tradutória, incluindo entre os seus próprios versos três sonetos de Elizabeth Barret Browning em *Libertinagem* e dois poemas de Cristina Rossetti em *Estrela da manhã*, para citar exemplos notórios. De alguém que, em vez de deixar as suas versões poéticas esquecidas nas páginas dos jornais ou revistas onde foram originariamente publicadas, preocupou-se em lhes dar destino menos efêmero reunindo-as em livro. O que faria supor, se não o gosto da tradução, ao menos a consciência do seu valor e do seu prestígio. Mas até nisto Bandeira se revela contraditório. Conquanto houvesse afirmado que só traduzia "bem os poemas que gostaria de ter feito", as versões coligidas no volume *Poemas traduzidos* estão longe de haver sido realizadas espontaneamente, por iniciativa própria. Não são poemas a que ele se tivesse particularmente afeiçoado, com os quais tivesse convivido longo tempo, como os dos poetas que, numa ou noutra época, exerceram influência sobre ele. Desses, como já se viu, não verteu nenhum, salvo Goethe.

Examinando-se o índice dos *Poemas traduzidos*, verifica-se que a maior parte dos autores ali listados são de língua espanhola e, preponderantemente, da América Latina. A preponderância se explica pela circunstância de Bandeira ter sido docente de literatura hispano-americana e colaborador de um suplemento dos anos 40-50 dedicado à divulgação dessa literatura. Daí a advertência por ele anteposta à primeira edição dos *Poemas traduzidos*: "a maioria das traduções apresentadas, não as fizera eu 'em virtude de nenhuma necessidade de expressão própria', mas tão-somente por dever de ofício, como colaborador do *Pensamento da América*, suplemento mensal d'*A Manhã*, ou para atender à solicitação de um amigo". Na época, censurou-lhe Sérgio Milliet o uso da frase "sem necessidade de expressão própria", na qual vislumbrava sinais de "um orgulho agressivo e uma indisfarçável vaidade". Aquele pelo "menosprezo às produções alheias, por *dever de ofício* traduzidas", este "pela afirmação de segurança técnica que o trabalho artesanal exprime". Bandeira procurou defender-se das duas acusações no *Itinerário de Pasárgada*. Sua defesa, porém, não é das mais convincentes:

> Dizer que, 'sem necessidade de expressão própria' traduzi um poema, não implica que o tenha em menosprezo. Há tantos grandes poemas que admiro de todo o coração e que traduziria 'sem necessidade de expressão própria'. As *Soledades* de Góngora, por exemplo. Mas é-se levado a pensar que o fato de traduzir inculca certa preferência. Era meu direito, sem sombra de orgulho, dar a entender que no meu caso não a havia.

Se cotejarmos este arrazoado de defesa com a afirmativa anterior, "só traduzo bem os poemas que gostaria de ter feito, isto é, os que exprimem coisas que já estavam em mim, mas informuladas", a contradição salta à vista. Tendo vertido poesia — e prosa — antes por encomenda que por preferência, Bandeira não o fez, pois, levado por qualquer "necessidade de expressão própria" ou, o que dá no mesmo, porque nela houvesse "coisas que já estavam [nele] mas informuladas". E, no entanto, as suas versões poéticas são reconhecidamente bem logradas, com o que se desmente a sua tese de que só poderia traduzir bem os poemas que gostaria de haver feito. Como explicar todas estas contradições?

A explicação talvez esteja naquela passagem, já aqui transcrita, em que ele confessa não ter sido capaz de pôr em português os versos que escrevera originalmente em francês, assim como, noutra ocasião, quando tentou emendar uma versão francesa, feita por outrem, de um poema seu, tampouco conseguira "nada que prestasse". Isso porque, "para ser fiel ao [seu] sentimento, teria de suprimir certas coisas e acrescentar outras", malogro que o teria convencido em definitivo de que "poesia é coisa intraduzível".

CRIADOR X ARTESÃO

Percebe-se sem dificuldade que o que está em jogo no caso é um descompasso entre o poeta criador e o artesão tradutor. Este trabalha pragmaticamente no domínio do relativo; aquele parece mover-se utopicamente nas fronteiras do absoluto. Um contenta-se em fazer o melhor possível; o outro vive atormentado pela ânsia do perfeito. Ora, o ato tradutório, ainda que nele possa ter papel de relevo a mesma intuição responsável pelas fulgurações criativas, é na maior parte do tempo um ato de artesania. Donde ser a tradução, disse-o Ortega y Gasset, o mais humilde dos ofícios,[11] em contraposição à *poiesis* propriamente dita, tida por Sócrates como uma espécie de poder divino, *theía dúnamis*.[12] Semelhantemente ao *Des Esseintes*, de Huysmans, o *poietes* persegue a nomeação absoluta: "as palavras escolhidas seriam de tal modo impermutáveis que supririam todas as outras; o adjetivo se aplicaria de maneira tão engenhosa e definitiva que não poderia ser legitimamente destituído do seu lugar, abriria perspectivas tais que o leitor ficaria a sonhar semanas inteiras com o seu sentido, a um só tempo preciso e múltiplo".[13] Já o tradutor, por trabalhar menos no plano da ortonímia impermutável que no da permutabilidade sinonímica, tem de contentar-se com a nomeação aproximativa. E, no limite, um recriador, com um estatuto necessariamente de inferioridade em relação ao criador.

Por ter sido um e outro simultaneamente, pôde Bandeira comparar os dois estatutos. Tradutor de poesia alheia, aceitava como inevitável, "para ser fiel ao [...] sentimento" nela expresso, "suprimir certas coisas e acrescentar outras", tendo por ponto pacífico que "rosas podem ser substituídas por lírios". Malogrado tradutor de sua própria poesia, via nessa substituição uma *capitis diminutio*, e, mandando às favas a coerência, proclamava a intraduzibilidade da poesia.

Ao menos do ponto de vista de uma teoria coerente da tradução, Bandeira não levou a sua esquizofrenia profissional, ou seja, a duplicidade tradutor-criador, a um completo desenvolvimento. Que seria esquecer inteiramente o lado de lá do poema, a sua face oculta voltada para o autor, a fim de concentrar-se no lado de cá, a face visível mostrada ao leitor. Esta é, também, a única acessível ao tradutor, o qual, por não ter participado da criação do poema, está isento do compromisso com a nomeação absoluta. Pois, uma vez criado, o poema entra inevitavelmente no circuito social das palavras da tribo, onde o absoluto se relativiza na permutabilidade das interpretações, de que a tradução é uma espécie privilegiada. E é a esse circuito que pertencem, *hélas*, as melhores versões de Bandeira, como as dos sonetos de Elizabeth Barret Browning, sem-cerimoniosamente chamada de Belinha Barreto por Mário de Andrade, o mesmo Mário que, sabedor das engrenagens da tradução, não se coibiu de temperar o seu louvor das versões do amigo com uma pitada de sadio bom senso crítico: "belíssimas traduções, belíssimos sonetos em que até algumas rimas forçadas aparecem quando sinão quando, coisa mais ou menos fatal e que não acho propriamente defeito, veja bem. Nós sabedores das engrenagens é que fatalmente percebemos que tal membro de frase apareceu porque carecia rimar etc.".[14]

Sobre um poema
não canônico de Kaváfis

De tudo quanto fiz e quanto disse,
não procurem saber quem eu era.
Um obstáculo havia e transformou
os meus atos e o meu modo de viver.
Um obstáculo havia e me deteve
cada vez em que eu ia falar.
Os mais despercebidos dos meus atos,
e, de meus escritos, os mais dissimulados —
só por aí é que haverão de me entender.
Todavia, talvez nem valha a pena tanto
cuidado e tanto esforço para compreender-me.
Mais tarde — em sociedade mais perfeita —
algum outro, de feitio igual ao meu,
certo há de aparecer e livre há de atuar.

O texto acima constitui uma proposta de tradução, feita com um olho no original grego e o outro na versão inglesa de Keeley e Savídis, de um dos chamados poemas "novos" de Konstantinos

Kaváfis. Como se sabe, o cânon kavafiano, publicado em Alexandria dois anos após a morte do poeta, por seu herdeiro literário Alekko Singopoulos, continha ao todo 154 peças. Além destas, na maioria editadas ainda em vida pelo próprio Kaváfis, sob a forma de folhas e/ou folhetos impressos para circulação restrita entre os seus amigos, deixou ele mais 75 poemas com a indicação "não para serem publicados", os quais só chegaram ao conhecimento do público em 1968, quando a editora Íkaros, de Atenas, os divulgou num volume preparado pelo professor Giórgios Savídis, atual detentor desses e outros originais de Kaváfis. O texto para aqui trazido em versão portuguesa e cujo título é "Coisas ocultas" (*Krymmena*), constitui-se, segundo entende Edmund Keeley, num "dos mais pessoais"[1] dos "novos poemas" finalmente dados a conhecer em 1968.

O principal dos vários problemas com que tem de enfrentar-se o tradutor dessa peça breve, assim como de tantas outras semelhantes do mesmo autor, é o próprio despojamento e direitura da linguagem em que está vazada, muito embora o seu tema seja, paradoxalmente, o ocultamento, a dissimulação. Para conseguir em português um pouco da fluência do original, tive de renunciar a ser-lhe escrupulosamente fiel à métrica. Contentei-me com uma aproximação, respeitando porém a heterometria do texto grego, cujos versos, contados à portuguesa, isto é, até a última sílaba tônica, têm medidas que variam de oito a treze sílabas, com visível predominância dos decassílabos: há sete deles nos catorze versos do poema.

O que salta à vista na estrutura de "Coisas ocultas" é a ausência de recursos formais mais ostensivamente "poéticos" como a metáfora. Trata-se, evidentemente, de um daqueles "poemas sem imagens" tão finamente estudados por Jakobson, em que as figuras de retórica são substituídas por "figuras de gramática".[2] Tanto quanto as pude discernir, procurei respeitar estas últimas na minha proposta de tradução, buscando-lhes equivalentes em português, já que, louvado em Jakobson, julgo depender de tais figuras de gramática a própria "poeticidade" do texto de Kaváfis. Não é meu propósito aborrecer o leitor destas considerações com uma análise de pormenor da arquitetura gramatical de "Coisas ocultas", mas tãosomente destacar alguns aspectos mais relevantes para a sua versão em nossa língua.

No nível lexical, atente-se para a absoluta predominância, no poema, de substantivos abstratos ou generalizantes (obstáculo, ato, modo de viver, cuidado, esforço, sociedade, feitio) e de "palavras formais", ou *mot-outils*, na designação de Greimas — artigos, pronomes, preposições, conjunções, advérbios —, que servem não para nomear as coisas e fenômenos do mundo, e sim para indicar o correlacionamento deles e as várias maneiras por que se estabelece. O problema do correlacionamento é, de resto, temático no poema, que trata dos vínculos conflituosos entre o elocutor e o mundo em que vive. Mundo que é menos o concreto das coisas e fenômenos que o abstrato das convenções e proibições sociais, desde logo denotado pela referência a uma "sociedade mais perfeita" no verso 12, a que se contrapõe implicitamente a sociedade menos perfeita em que vive o elocutor. A flexão verbal serve para distinguir indivíduo e grupo, sendo um indicado pela primeira pessoa do singular (aliás, marcada em grego por terminações inconfundíveis, o que nem sempre acontece em português), enquanto o outro é vaga e impessoalmente sugerido pela terceira do plural (procurem, haverão). Mais importante ainda, no caso da flexão verbal, é a correlação de tempos, o imperfeito do indicativo a mostrar continuidade e/ou permanência no passado, por oposição ao perfeito, tempo do completa e irremediavelmente acontecido. Assim, o imperfeito "era" do verso 2 conota a essência ou individualidade do elocutor, que se manteve íntegra ao longo, ou melhor, a despeito dos atos e palavras do seu viver, que, impedidos e transformados por um obstáculo (cuja constância no passado é igualmente marcada pelo imperfeito, "havia"), não lhe correspondiam à verdadeira personalidade, antes a dissimulavam aos olhos do mundo. Já o perfeito do indicativo assume, sobretudo no verso 1, o caráter de um balanço de fim de vida ("tudo quanto fiz e quanto disse"), caráter confirmado e realçado pela sua oposição ao presente e ao futuro do mesmo indicativo ("não procurem saber"/ "haverão de entender-me"). Como tal presente e tal futuro são posteriores às ações, às palavras e à própria existência do elocutor — confinadas que se acham estas a um pretérito, perfeito ou imperfeito, mas pretérito *quand même* —, conclui-se ser o grupo sugerido pela flexão de terceira pessoa de "procurem" e "haverão", não contemporâneo do autor, não aquela sociedade responsável pelo obstáculo que tanto o atormentou, conforme se percebe pela enfática repetição da palavra no começo dos versos 3 e 5, mas uma coletividade futura, obviamente a dos leitores dos seus "escritos [...] dissimulados", que irão decerto interessar-se também pela individualidade e modo de viver do autor deles. Todavia, a locução adverbial "mais tarde" com que se abre a última oração do poema duplica, nele, as indicações de futuro, contrapondo ao futuro dos leitores dos escritos um futuro ulterior, quando irá viver, numa "sociedade mais perfeita", o duplo do elocutor, que, diferentemente deste, por não ter de avir-se com nenhum obstáculo, poderá agir livremente.

Com falar em "duplo", eu trouxe à baila o eixo de interseção básico entre a semântica do poema e a sua arquitetura gramatical. A simples leitura de "Coisas ocultas" nos incute a noção-chave de duplicidade: a verdadeira personalidade do elocutor do poema não coincide com aquela mostrada por seus atos e escritos, pelo que antecipadamente condenada a frustrar-se estará qualquer tentativa de compreender-lhe a essência; esta só poderá ser entendida no futuro, quando o duplo do elocutor a espelhar no seu livre agir. Também no nível gramatical, a duplicidade ou binarismo marca as figuras, como já se viu na oposição abstrato × concreto (este no grau zero) dos substantivos e na oposição futuro-presente × pretérito dos verbos. Mas onde a dualidade de fato esplende é no paralelismo das orações e grupos substantivos, tão enfaticamente destacado pela freqüência da conjunção *e*, presente em sete dos catorze versos do poema. Ela chega inclusive a substituir o pronome relativo *que/qual* nos versos 3 e 5 e adquire particular relevo pela total ausência, no texto, de outra conjunção também muito freqüente e amiúde a ela associada. Refiro-me a *ou*, designativa de alternativa, exclusão e hesitação, cuja ausência serve outrossim para realçar o fato de aparentemente o *e* exercer em "Coisas ocultas" apenas uma de suas duas funções: é sempre aditivo, nunca adversativo. Vale dizer: entre as palavras ou orações que vincula entre si, ele estabelece um estatuto de equivalência (valores semelhantes), jamais de oposição (valores contrários). Tal particularidade é especialmente significativa num contexto cujo elocutor se faz acessível (ou inacessível?) ao entendimento dos outros por via de dois tipos de ações: uma, real — os atos, o modo de viver — e a outra simbólica — a fala e/ou os escritos. Se o único vínculo que a conjunção *e* estabelece no contexto de "Coisas ocultas" é o de equivalência, segue-se que viver e escrever são atos semelhantes, não contrários: não há discrepância entre a vida e os escritos do elocutor. Esta suposição encontra respaldo nos versos 1 e 2, onde ação e palavra são assemelhadas, ainda que sob o signo da negatividade: nem uma nem outra podem revelar a vera individualidade do elocutor porque foram desviadas do seu curso natural por um mesmo obstáculo (versos 3-4 e 5-6). Ulterior respaldo oferece o verso final do poema, onde aparência e realidade (ação) do duplo são igualadas pelo mesmo *e*, já agora sob o signo positivo da liberdade.

Contudo, bem no cerne de "Coisas ocultas" está embutida uma tríade de versos em que o *e* não parece ter a exclusiva função aditiva até aqui apontada, a qual seria como que um homólogo estilístico da direitura confessional deste poema não canônico de Kaváfis. Nesses três versos, cuja interpretação nada tem de fácil a meu ver, o *e* assume uma ambigüidade na qual se reflete — imagem invertida da direitura — a obliqüidade de raiz da arte kavafiana. Conquanto sirva mais uma vez de conectivo entre as duas atitudes fundamentais do elocutor tematizadas no poema — fazer ou agir e falar ou escrever —, o *e* aparenta não estabelecer entre elas o mesmo estatuto de equivalência dos casos anteriores. Primeiramente porque ambas surgem elevadas aqui ao superlativo — "*os mais* despercebidos dos meus atos/ e, dos meus escritos, *os mais* dissimulados"; em segundo lugar, porque não seria lícito estabelecer equivalência de significado entre "despercebido" e "dissimulado". "Despercebido" traduz em português o adjetivo grego *aparatíritos*, derivado do verbo *paratirô*, cujas acepções de "observar, olhar, notar, marcar, perceber" são negativizadas pelo prefixo *a*-do adjetivo. "Dissimulado" é, por sua vez, a tradução de *skepasmêno*, adjetivo também derivado de um verbo, *skepázo*, "cobrir, ocultar, dissimular". Atente-se, pois, para a discrepância entre os dois adjetivos: num, a acepção do verbo é negativizada pelo prefixo, ausente do outro, que afirma a ação verbal. Além disso, "despercebido" tem significado passivo: *outrem* deixou de notar a ação praticada pelo elocutor, que, no entanto, é quem pratica, de moto próprio, a ação de dissimular.

Tendo em vista os pontos de contato de "Coisas ocultas" com certos poemas do cânon kavafiano, particularmente "Dias de 1896", "Quando surgirem" e "Lembra, corpo...", inclino-me a ler "despercebido" quase como um sinônimo de "natural". Se o obstáculo posto no caminho do elocutor por uma sociedade imperfeita que não lhe alcançava compreender os atos livres ou naturais — vale dizer, conformes à sua verdadeira natureza ou personalidade — forçava-o à constante dissimulação de si mesmo, é imediato supor só pudessem ser naturais as ações que lograssem escapar à vigilância da sociedade coercitiva. Ou seja, "os mais despercebidos dos meus atos" do verso 7 que, por espontâneos e francos, seriam reveladores, para os pósteros do elocutor, da sua essência autêntica. Não há despropósito, então, em contrapô-lo ao protagonista de "Dias de 1896" — "simples, autêntica/ criatura do amor" que, por entregar-se ostensivamente "ao seu pendor erótico/ de todo interdito", acabou arruinando-se aos olhos da "sociedade [...] muito pudica". Conforme tive ocasião de acentuar no estudo crítico com que prefaciei minha tradução dos *Poemas* de Kaváfis (Rio de Janeiro, Nova Fronteira, 1982),

> a comparação de valores que se faz no poema é, evidentemente, a mesma d'*O contrato social*: indivíduo x sociedade. Tanto quanto Rousseau, Kaváfis se alinha sempre em favor do primeiro termo dessa eterna oposição, o termo polarizador dos valores "naturais" e, como tais, positivos. Lembre-se que o pendor erótico do protagonista, interditado pela pudicícia da sociedade em que vive, é descrito como "inato", o que desde logo lhe tira o caráter de anormalidade: como pode ser anômalo algo provindo da própria natureza?

Nesta leitura, os dois termos interligados pelo *e* do verso 8, diferentemente dos outros casos vistos em "Coisas ocultas", estariam não em relação de equivalência e sim de oposição — franqueza x dissimulação —, pelo que o *e* teria ali, e só ali, o valor adversativo de um *mas*. Entretanto, quando se tem consciência da sutil e manhosa obliqüidade da arte de Kaváfis, é-se levado a desconfiar das antinomias demasiado simétricas. Menos que da necessidade de esconder do mundo os "amores anômalos" onde tiveram origem os seus "versos fortes", a obliqüidade de Kaváfis vinha do gosto simbolista da dissimulação, tão bem expresso na conhecida regra mallarmaica de que "nomear um objeto é suprimir três quartos da fruição do poema, que é feito da ventura de adivinhar pouco a pouco". Mas nem por isso deixavam poesia e vida de ser complementares e indissolúveis para ele, como as duas faces de uma mesma moeda. Em "O que eu trouxe à arte", um dos mais importantes poemas metalingüísticos de Kaváfis, está dito que à poesia cabe "completar a vida/ unindo as impressões, unindo os dias", tarefa por ela cumprida "quase imperceptivelmente". Não estará, neste "imperceptivelmente", um equivalente do "despercebido" de "Coisas ocultas"? Configura-se, assim, o paradoxo de os escritos "mais dissimulados" equivalerem aos atos "mais despercebidos" na medida em que nuns e noutros é que transluz a vera essência do elocutor do poema.

Tal estatuto de equivalência se estabelece por via do grau superlativo dos dois adjetivos. Assim como, no plano da vida, só os atos mais despercebidos, por escaparem à censura social, alcançam exprimir o mais íntimo do indivíduo, assim também, no plano da poesia, só o mais dissimulado, isto é, aquilo que foi convertido em puro artifício artístico (se me permitem o pleonasmo) alcança plena expressividade. Em suma, o que se tem, no caso, é uma paradoxal equivalência entre naturalidade e artificialidade. O paradoxo traz-nos de pronto à mente, da "Autopsicografia" de Fernando Pessoa, a passagem justamente famosa do "finge tão completamente/ que chega a fingir que é dor/ a dor que deveras sente", numa confirmação das curiosas afinidades (algumas das quais procurei apontar no estudo crítico atrás citado) entre esses dois poetas tão diferentes um do outro, mas ao mesmo tempo tão comparáveis, quando mais não fosse pela posição apical que ocupam em suas respectivas literaturas.

O gosto kavafiano da dissimulação ou fingimento, presente tanto nos poemas canônicos quanto nos não canônicos, parece não ter sido apreciado ou sequer percebido pelos estudantes da Universidade da Tessalônica, de quem o professor Savídis, o mesmo organizador dos "novos poemas" de Kaváfis, conta terem-nos preferido aos "velhos porque alguns dos novos poemas pareciam falar com uma claridade, uma honestidade e um espírito progressista que estão mais conformes com o ponto de vista contemporâneo do que os mais maduros e avançados poemas do cânon kavafiano".[3] Trata-se, logo se vê, de mais um daqueles equívocos ou incompreensões a cuja soma costuma a genialidade dever, a um só tempo, o seu reconhecimento e o seu calvário. Tenho para mim que Kaváfis não incluiu "Coisas ocultas" no cânon talvez por causa desse mesmo espírito "progressista" admirado no poema por jovens da sociedade permissiva de nossos dias. Pois nem o culto do progresso nem a utopia de uma sociedade mais perfeita têm muito a ver com quem fez do passado e da decadência, ou daquela "vida que poderia ter sido e que não foi" do verso de Manuel Bandeira, não apenas o seu próprio mundo de eleição, mas também, graças ao diabólico poder de sedução da arte, o nosso, o de seus leitores tanto mais hipócritas quanto devotados.

O falsário verdadeiro

A história é, sabidamente, a mais irônica das musas e no rol das suas grandes ironias pode-se com justiça incluir a marcante influência que os poemas ossiânicos de Macpherson acabaram por exercer no desenvolvimento da sensibilidade e da literatura românticas. Pois haverá maior ironia que um movimento artístico que timbrava em opor, ao convencionalismo das regras clássicas, a verdade e a sinceridade dos sentimentos humanos, ter encontrado uma de suas principais fontes de inspiração precisamente numa clamorosa falsificação literária? Como Ossian é hoje um nome quase desconhecido, sendo raras as bibliotecas onde se possa ainda encontrar alguma coletânea dos seus versos (entre nós, uma delas é a preciosa biblioteca de José Mindlin), não será despropositado explicar aqui de que afinal se trata.

Em 1760 publicava-se na Inglaterra, sem nome de autor, um volumezinho cujo longo título contrastava com a sua pequenez: *Fragmentos de poesia gaélica recolhidos nas Terras Altas da Escócia e traduzidos da língua gaélica ou ersa. O livrinho teve êxito inesperado, tanto assim que não só foi reeditado em seguida como animou-se seu obscuro autor a continuá-lo em dois outros volumes de natureza semelhante e títulos não menos longos: *Fingal, antigo poema épico em seis livros, com vários outros poemas compostos por Ossian, filho de Fingal; traduzidos da língua gaélica por James Macpherson*, publicado em 1761, e *Temora, antigo poema épico em oito livros, com vários outros poemas*, publicado em 1763.

Como se vê, ao falar em autor, cometi uma aparente impropriedade, pois Macpherson inculcava-se tão-só compilador e tradutor dos textos reunidos nesses três volumes. O verdadeiro autor deles seria um bardo escocês, Ossian, que vivera no século III da era cristã. Mas Macpherson era ele próprio poeta. Dois anos antes dos *Fragmentos*, publicara um poemeto em estilo clássico, *The Highlander*, que passara despercebido, para desapontamento desse jovem filho de granjeiros nascido em Ruthven, nas Terras Altas da Escócia, em 1736, e que, após estudar para o sacerdócio, dele desistira para dedicar-se ao ensino e às letras. A fortuna literária de Macpherson decidiu-se no dia em que conheceu em Edimburgo o teatrólogo John Home, o qual, desejoso de conhecer a poesia folclórica das Terras Altas, pediu-lhe que traduzisse do gaélico para o inglês algumas amostras. Essas amostras agradaram tanto a Home e aos literatos de Edimburgo que eles instaram com Macpherson para que continuasse suas pesquisas de campo e recolhesse mais material. Propuseram-se inclusive a estipendiá-lo, pelo que ele aceitou a encomenda, "malgrado suas repugnâncias". A frase entre aspas é de Paul van Tieghen, de cujo valioso estudo acerca de Ossian e o pré-romantismo europeu tirei grande parte dos dados para este artigo[1]. Não explica Van Tieghen os motivos da repugnância de Macpherson. Seria porque a rudeza e a falta de acabamento daquela poesia *in natura* não se coadunasse com a sua regrada formação de poeta neoclássico ou porque já o pungisse algum remorso no tocante à lisura das suas "traduções"? Fosse como fosse, o certo é que ele se desincumbiu do encargo a tempo e hora: os *Fragmentos*, seguidos a curtos intervalos de *Fingal* e *Temora*, vieram logo à luz e uma reedição conjunta, feita em 1773, deu ordem definitiva aos vinte e dois poemas ossiânicos segundo a "vulgata" de Macpherson.

O êxito desses poemas foi menor na Grã-Bretanha do que fora dela, talvez devido aos preconceitos antiescoceses lá vigorantes. Dos grandes poetas ingleses, só dois parecem ter sido influenciados de fato por Ossian: Blake e, posteriormente, Byron, isso para não falar em Coleridge, cuja poesia de juventude ostenta alguns traços ossiânicos. Entretanto, não demorou a surgirem plagiários, ou melhor, supostos "continuadores" de Macpherson, que alegavam ter recolhido e traduzido do gaélico outros poemas do bardo Ossian não constantes na "vulgata". Entre esses plagiários mais ou menos bemsucedidos, podem-se citar Harold, Smith, Clark e Young, cujos textos mereceram traduções em outras línguas, chegando em alguns países a ser acrescentados aos do próprio Macpherson.

Tal presteza em aceitar até os seus diluidores já dá uma idéia do que não foi o entusiasmo despertado por Ossian em toda a Europa, entre o último quartel do século XVIII e a primeira metade do século XIX. Na França, Diderot, um dos seus primeiros tradutores, confessava-se surpreendido pelo "gosto que nele reina, a par de uma simplicidade, de uma força e de uma dramaticidade verdadeiramente incríveis". Chateaubriand o considerava "a grande fonte do Norte, onde todos os bardos se embriagam de melancolia", Lamartine sofreu-lhe inegável influência e Musset começa um dos seus poemas mais conhecidos com versos de Ossian traduzidos ao pé da letra. É bem verdade que Voltaire lhe fizera duras restrições, censurando-lhe particularmente o estilo "oriental", empolado, tão fácil de imitar, mas de que adiantavam essas restrições diante do fervor com que, anos mais tarde, Bonaparte iria ler e reler os versos do bardo escocês, levando-os consigo tanto na campanha do Egito quanto no exílio em Santa Helena e dele fazendo uma espécie de poeta oficial da época napoleônica? Na Itália, Ossian encontraria o mais devotado dos seus tradutores na figura de um abade veneziano, Cesarotti, que se aplicou em aprender inglês só para poder verter-lhe, em versos brancos, a prosa poética, numa tradução que se considerava então igualar o original e cujo sucesso ultrapassou as fronteiras italianas para alcançar a Áustria e a Polônia. Na Rússia, teve igualmente Ossian bons tradutores e numerosos leitores, enquanto os países escandinavos o adotaram como poeta nacional, já que nele ouviam a própria voz do Norte. Contudo, o país europeu onde ele fez verdadeiramente furor foi na Alemanha, que logo o confundiu ao *seu culto* da *antiga Germânia*, baluarte ideológico do nacionalismo alemão desde seus primórdios até, via Wagner, o fastígio do nazismo. O poeta Klopstock deparava confirmados em Ossian todos os seus devaneios acerca da raça germânica e de sua poesia autóctone, visto não ter encontrado muita dificuldade em germanizá-lo com base na alegação de que, tanto quanto os germânicos, os escoceses eram de origem céltica. O grande crítico Herder foi ainda mais longe no seu culto a Ossian: no leito de morte, pediu que lhe lessem os versos dele, juntamente com versículos da Bíblia, igualando assim uns e outros no mesmo derradeiro preito de admiração. Mas a Goethe é que caberia colaborar decisivamente para a sua popularização traduzindo em prosa trechos dos "Cantos de Selma", o último texto da "vulgata" macphersoniana, e incluindo-os no seu romance mais famoso, o *Werther*, que correu mundo como o próprio arauto do mal da vida romântica. Ao Brasil chegou Ossian com considerável atraso por volta de 1825, dois anos depois da implantação oficial do romantismo entre nós: veio-nos pelas mãos de José Bonifácio, o Velho, em cujas *Poesias de Américo Elísio* há uma "Ode de Ossiã" que nada mais é senão um fragmento dos "Cantos de Selma", de que Francisco Otaviano, o mesmo do verso famoso "Quem passou a vida em branca nuvem", fez uma tradução integral; também Fagundes Varela, nos seus *Cantos e fantasias* (1865), tem uma "paráfrase ossiânica", na realidade uma tradução não tão livre assim, e em belos versos brancos, de "Calthon e Colmai", um dos textos líricos breves do cânon ossiânico de Macpherson. Aliás, mais do que os lances épicos, foram os episódios líricos desse cânon que seduziram a imaginação romântica, inspirando, além de traduções, paráfrases e imitações, canções de câmara, óperas e até mesmo obras puramente orquestrais, como "A gruta de Fingal", de Mendelssohn. E para se ter um vislumbre da amplitude e da popularidade da voga ossiânica, basta dizer que "Selma", palavra criada por Macpherson para nomear o palácio do rei guerreiro Fingal, tornou-se um nome de batismo até hoje usado.

Mas, afinal de contas, o que haveria nos *Fragmentos*, em *Fingal* e em *Temora* capaz de suscitar admiração assim tão ampla, universal e quase irrestrita? Antes do mais, ofereciam eles, a sensibilidades já cansadas da ordem, da clareza, da racionalidade, do otimismo e do bom gosto convencional da época das Luzes, um mundo antitético, feito de brumas, sentimentos vagos e amiúde contraditórios, obscuros anseios d'alma, paisagens melancólicas e selváticas, ruínas evocativas de heroísmos e grandezas ceifados pela mão impiedosa do Tempo, a testemunhar a fatuidade das ambições humanas. À pintura desse mundo crepuscular, melhor do que a versificação polida e tão ciosa de regras do neoclassicismo, se adequava a prosa poética forjada por Macpherson para "traduzir" em inglês os supostos originais gaélicos por ele colhidos em suas andanças pelas montanhas da Escócia. Uma prosa que, no seu andamento ágil, lembrava os versículos bíblicos e que era rica em metáforas, mas simples no vocabulário e na sintaxe; as constantes interpelações aos elementos da natureza — astros, montanhas, abismos, tempestades — acumpliciavam-nos aos sofrimentos e ânsias dos protagonistas dos poemas, dando-lhes uma expressão por assim dizer mais "natural" e "verdadeira", duas virtudes sobremodo caras a uma época farta da artificialidade da vida civilizada, sobretudo da vida da corte.

Não há dúvida de que o retorno à simplicidade da vida campestre fora a palavra de ordem do arcadismo dos séculos XVI e XVII, mas Ossian levava seus leitores a um mundo de vida mais "natural" ainda do que o dos falsos pastores da poesia bucólica: levava-os até aquele bom selvagem em que Jean-Jacques Rousseau figurara o seu sonho de uma humanidade edênica, não aviltada pelos grilhões do contrato social. Neste particular, o depoimento de um admirador alemão dos poemas ossiânicos, quando diz ter neles achado "uma mistura das Santas Escrituras com Homero e a fala dos iroqueses", é significativo mormente por esta última referência, que nos traz à mente o selvagem americano posto em cena por Voltaire em *L'ingenu*. A leitores que ainda não haviam descoberto a mitologia escandinava inspiradora dos *Nibelungos* e dos *Edas*, Ossian deu o primeiro vislumbre direto da vida e dos costumes dos primitivos povos do Norte da Europa, até então só conhecidos indiretamente pela ótica deformante dos autores gregos e latinos. Daí que, além de obra literária, ele se constituísse também em documento de interesse para historiadores e filósofos da cultura como Gibbon e Herder. Um e outro tinham a saga ossiânica na conta de uma pintura ao vivo do homem em estado de natureza, do homem ainda não corrompido pela civilização e vivendo num estádio social rudimentar, sem agricultura, artes mecânicas ou cidades. Nem por isso — dir-se-ia melhor, com Rousseau, bem por isso — tinham nada de bárbaros ferozes e sanguinários os guerreiros de Fingal. Ao contrário: não espezinhavam os mais fracos, manifestavam piedade pelos vencidos, derramavam sangue apenas quando se tratava de reparar alguma injustiça e tratavam as mulheres com um respeito e uma ternura tal que os contemporâneos de Macpherson chegaram a imaginar se tivesse originado dos caledonianos (assim eram os escoceses chamados pelos romanos) a instituição medieval da cavalaria; uma publicação alemã da época não trepidou em dizer que os heróis de Ossian eram "infinitamente mais generosos, mais modestos e mais brandos do que os bandidos de Homero". Para Herder e para Schiller, que haviam retomado a concepção de Vico, de serem as quadras primitivas ou aurorais da humanidade o berço da verdadeira poesia, porque então a linguagem era rica de metáforas ainda não desgastadas pelo uso, Ossian assumia o caráter de uma prova definitiva caída do céu, tanto mais valiosa quanto se tratava de um primitivo *não* mediterrânico, o que permitia revindicálo como um Homero do Norte para o contrapor em pé de igualdade, quando não de superioridade, ao do Sul.

À semelhança do Homero grego, Ossian também era cego. Guiava-lhe os passos pelo mundo e tangia a harpa enquanto ele entoava os seus cânticos, a jovem Malvina, viúva de Oscar, seu filho. Ossian havia sido outrora um guerreiro de valor; lutara ombro a ombro com seu pai, Fingal, rei de Morven, na Escócia, e com os heróicos comandados dele. Todavia, todos foram perecendo em batalha, só lhes sobrevivendo o bardo, que agora, velho e cego, se ocupa em cantar as proezas e os infortúnios de sua raça. Seus cantos, que constituem a "vulgata" de Macpherson, são desiguais quanto à extensão e quanto ao interesse, mas interligam-se pela unidade de dicção. Neles, as narrativas de guerra (bastante pobres, de resto, daqueles pormenores realistas que tanto vigor dão às de Homero) dividem terreno com narrativas romanescas, de enredo quase sempre intrincado, onde casais de amantes ou de esposos vêem-se envolvidos em trágicas aventuras, perseguidos ora por tiranos ora por raptores de inexcedível crueldade, quando não é a crueldade do próprio destino que leva um dos amantes a suicidar-se para não sobreviver ao outro, ou uma donzela disfarçada em guerreiro para poder estar sempre ao lado do seu amado e ser morta por este num equívoco fatal. Evidentemente, foram esses episódios melodramáticos que em especial encantaram o leitor pré-romântico do século XVIII, firmando a espantosa popularidade de Ossian.

Dos poemas de entonação épica, o mais longo e sustentado é

Fingal, que narra a viagem do rei de Morven até a Irlanda para socorrer Cuthullin, guardião do jovem rei de Cormac atacado por Swaran, rei de Lochilin, na Escandinávia. *Temora* também é um poema longo, e tem por assunto a usurpação do trono da Irlanda por Cairbar, que assassinara o herdeiro legítimo no palácio real de Temora, crime cuja punição se arroga Fingal, para o que acorre com os seus bravos caledonianos à costa de Ulster: a empresa lhe sai cara, porém, pois nela perde Oscar, seu neto, filho de Ossian. Entre os poemas mais breves, de índole lírica e elegíaca, destacam-se os "Cantos de Selma": no palácio de Fingal, reúnem-se os bardos para disputar o galardão do melhor poema recitado, e sucessivamente vão eles desfiando suas nênias acerca de pais a prantear filhos ceifados na flor da juventude, ou de amantes a suspirar por amados que se foram para o reino das sombras. Essas nênias iniciam-se pela famosa invocação à estrela da tarde, um dos dós-de-peito da lírica de Ossian, a que se segue o belo lamento de Colma.[2]

Ainda que, como se disse antes, o nome "Selma" tenha sido inventado por Macpherson, ele não inventou os de Ossian ou de Fingal, nem os de muitos outros personagens e lugares que aparecem nas suas "traduções". Ossian e Fingal são as figuras centrais do ciclo "feniano" ou "ossiânico" de poemas populares da Irlanda e da Escócia, recolhidos da tradição oral por numerosos manuscritos cuja data de redação vai do século XII ao século XVI e nos quais há milhares de versos acerca do chefe irlandês Finn ou Fion e de seu filho Oisin. Ali se fala inclusive da morte de Finn e de todos os seus guerreiros numa infortunada batalha, da sobrevivência de Oisin, da sua cegueira, das suas peregrinações de bardo e do seu encontro com São Patrício, o apóstolo da Irlanda, por quem ele não se deixa converter ao cristianismo. É bem de ver que na antiga Irlanda os bardos constituíam uma casta de poetas profissionais — em sua maior parte itinerantes, conquanto alguns estivessem a serviço de cortes ou casas senhoriais — cuja função era manter vivas as sagas

e as genealogias, enriquecendo-as com suas próprias contribuições. Poetavam em gaélico ou ersa, uma língua céltica (lembre-se
que quem trouxe a cultura da idade do ferro à Inglaterra foram os
celtas) mais tarde estendida até a Escócia pelos seus conquistado-
res irlandeses.

Entre o Finn e o Oisin da tradição popular irlandesa, e o Fingal e o Ossian em que Macpherson os "traduziu", há muito pouco
em comum além dos nomes. Finn ou Fion Mac Chumhail (o primeiro nome significa "branco" ou "louro" em gaélico) não é nenhum rei equânime, generoso e cavaleiresco como Fingal, mas um
matador de gigantes cheio de bazófia, desconfiança e astúcia, que
se dedica às artes mágicas. Foi aliás esse Finn folclórico que Joyce
fundiu com um modesto pedreiro de Dublin para compor o simbólico protagonista do seu *Finnegans wake*. Quanto a Oisin, depois
de escapar à morte na batalha de Gabhra, onde pereceram Finn e
seus comandados, é conduzido pela deusa-fada Niahm, numa
barca de vidro, a n-Og, o paraíso dos celtas. Ali vive trezentos anos
de deleitosa mocidade, até o dia em que, desejando voltar ao convívio dos humanos, recebe de sua fada madrinha um cavalo mágico, com a recomendação de, uma vez montado, não voltar a pôr
os pés em terra. Um acidente o faz porém cair da sela e tão logo ele
toca o solo vê-se mudado num ancião cego e fraco. A não ser, pois,
pela velhice e pela cegueira, Ossian tem pouco a ver com Oisin, já
que, dos seus cânticos, Macpherson eliminou todo o aparato maravilhoso e sobrenatural da lenda para o transformar apenas num
melancólico cantor dos esplendores de sua raça extinta, numa
espécie de protótipo do vate romântico ferido pelo "mal do século"
ou então num precursor do poeta moderno da linhagem "retros-
pectivista" de Pound, Eliot, Kaváfis ou Saint-John Perse.

A despeito do entusiasmo despertado em toda a Europa pelo
Ossian de Macpherson, não faltaram desde a primeira hora, na
Inglaterra, vozes discordantes que pusessem em dúvida a autenti-

cidade daquelas pretensas traduções e desafiassem seu compilador a exibir publicamente os originais gaélicos a partir dos quais fizera a versão inglesa. A dúvida se converteu em certeza diante da sistemática recusa de Macpherson de divulgar tais originais, que é quase certo jamais terem existido. O mais feroz desses negativistas foi certamente Samuel Johnson, que denunciou Macpherson como falsário e lhe negou qualquer valor à obra, abrindo assim uma polêmica que iria fazer correr rios de tinta nestes dois últimos séculos. Aliás, logo em seguida à publicação dos *Fragmentos* e de *Fingal*, já o *Journal des Savants*, de França, chamava a atenção dos leitores para a incongruência histórica dos sentimentos demasiado modernos afetados pelos protagonistas dos poemas ossiânicos, bem como para a inquietante semelhança apresentada pela linguagem destes com a poesia da época. Anos depois, um crítico espanhol, o pe. Andres, declarava que se os textos de Ossian eram de fato antigos, coisa em que ele absolutamente não acreditava, constituíam obra de um grande gênio; entretanto, caso fossem modernos, não ofereciam maior interesse. O argumento era tanto mais terrível quanto parecia deitar por terra as laboriosas construções teóricas acerca da superioridade da poesia primitiva edificadas por Herder com base principalmente na obra de Ossian; daí não estranhar que, malgrado o peso dos argumentos em contrário, Herder persistisse em acreditar, até o fim dos seus dias, na autenticidade dela.

A crítica mais moderna parece estar concorde em que não existe nada que se pareça aos textos "traduzidos" por Macpherson na poesia tradicional em gaélico preservada pelos manuscritos chegados até nós. Ou seja: ele não traduziu coisa alguma, mas, partindo de elementos lendários livremente interpretados e mesclados com outros de sua própria inventiva, escreveu uma habilidosa imitação ao nascente gosto romântico, imitação cuja fortuna histórica foi, como vimos, prodigiosa. A um tempo sedento de romance, melancolia e primitividade não muito primitiva, Macpherson forneceu, com um inato talento para o *marketing*, os ingredientes certos na medida certa. Foi, em suma, um falsário providencial, ou, o que dá na mesma, um falsário verdadeiro. Donde a pertinência da observação feita pelo poeta Thomas Gray numa carta ao romancista Horace Walpole em 1760: "Se eu estivesse seguro de que alguém domiciliado hoje na Escócia escrevera esses poemas para divertir-se e rir da credulidade do público, eu empreenderia uma viagem às Terras Altas só para ter o prazer de conhecê-lo". Pelo que sei, Gray não chegou a fazer essa viagem. Tivesse-a feito e iria verificar que nem as acusações de falsário nem a atoarda em torno do seu nome chegaram jamais a atrapalhar a carreira mundana de Macpherson. Dando um adeus definitivo à vida literária após o escândalo de Ossian (como o iria dar, um século mais tarde, o jovem Arthur Rimbaud, para dedicar-se ao tráfico de armas e escravos na Abissínia), ele ingressou na vida pública, onde prosperou e ganhou o bastante para poder financiar de próprio bolso as despesas do seu sepultamento, em 1769, na prestigiosa abadia de Westminster.

Sobre as ilustrações d'*O Ateneu*

DUPLA VOCAÇÃO

Com o seu faro para as correlações semióticas, Décio Pignatari me chamou a atenção, certa vez, para o abuso de algumas edições d'*O Ateneu* em que as ilustrações do próprio Raul Pompéia, constantes da edição definitiva e das reimpressões que dela se fizeram, foram arbitrariamente suprimidas. Lembrei-lhe eu, na ocasião, abuso ainda maior, qual seja uma edição comemorativa do mesmo livro, promovida por um grêmio de editores, trazer não as ilustrações de Pompéia, mas as de um ilustrador moderno, especialmente encomendadas. Não vem ao caso tratar-se de um artista de renome nem ter feito ele trabalho de boa qualidade. O que está em jogo é a legitimidade da supressão ou da substituição. Quando o autor de um texto criativo o ilustra de próprio punho, suas ilustrações passam a fazer parte integrante do texto, pelo que suprimi-las ou substituí-las constitui falseamento tão grave quanto o seria o corte de palavras, frases ou trechos inteiros, ou a interpolação de linhas de um outro autor. Não cabe invocar aqui a alegação de Mario Praz de que raras vezes um grande poeta ou romancista é, ao mesmo tempo, um grande pintor ou desenhista; o desnível entre texto e ilustração justificaria assim eventuais supressões ou substituições. Se, em apoio da alegação de Praz,[1] se podem lembrar exemplos como o da novela erótica de Aubrey Beardsley, *Under the hill*, que ele deixou incompleta e cujo texto é visivelmente inferior, do ponto de vista da qualidade estética, aos desenhos com que a ilustrou, há em contraposição casos como o das gravuras feitas por William Blake para os seus poemas místicos e proféticos, gravuras tão inovadoras que iriam inspirar, muitas décadas mais tarde, os corifeus do *art nouveau*.

Mas não é preciso sair dos limites da literatura brasileira em busca de exemplos. Basta ter em mente o *Primeiro caderno do aluno de poesia Oswald de Andrade*; a edição original traz vinhetas do autor, o qual, não sendo desenhista, soube todavia bem interpretar, em rabiscos de menino de escola, a deliberada ingenuidade de uma poesia que ia buscar no prosaico e no cotidiano o antídoto para a solenidade "literária" tanto do parnasianismo quanto do simbolismo. Já os pequenos desenhos com que Monteiro Lobato ilustrou *Urupês*, atribuindo-os anonimamente a "um 'curioso' sem estudos que teve a sensatez de não assiná-los" e que, se bem me lembro, foram suprimidos na edição de suas obras completas, diferem dos de Oswald, ilustrador improvisado, quando mais não fosse pelo fato de Lobato ter sido um sofrível pintor *de dimanche*.

Desde cedo, também, mostrou Raul Pompéia inclinação para o desenho, especialmente para a caricatura. Quando cursava o Colégio Abílio, o mesmo que iria imorredouramente fixar nas páginas d'*O Ateneu*, manteve um jornalzinho manuscrito, *O Archote*, no qual criticava os desmandos de bedéis e professores em pequenos artigos ou em charges atrevidas; sempre que podia, dava uma fugida até a Escola de Belas Artes (onde seria, anos mais tarde, professor de mitologia) para fazer cópias de alguns dos quadros expostos. Estudante de direito em São Paulo, distinguiu-se como redator e caricaturista, a um só tempo, de *O Boêmio*, jornal fundado por Valentim Magalhães e Ezequiel Freire. Uma de suas charges, assinada com o pseudônimo de Rapp, causou escândalo inclusive, por ter ele usado, com o fito de ridicularizar o conservador *Diário de Campinas*, os motivos da via-crúcis, sendo a figura de Cristo substituída pela de um burro, símbolo da estupidez do jornal campineiro. Essa dupla vocação para a literatura e o desenho não só se confirmaria, depois, na sua obra-prima, *O Ateneu*, como igualmente nas *Canções sem metro*, publicadas em livro postumamente, mas sem as vinhetas que para elas desenhara ao mesmo tempo em que lhes burilava o texto. Em sua atabalhoada *A vida inquieta de Raul Pompéia*, Eloy Pontes reproduz vários desenhos e caricaturas de Pompéia, de diferentes datas, entre as quais encontramos algumas, em *fusain*, de uma finura e sensibilidade de traço inegavelmente superiores às das ilustrações d'*O Ateneu*. Além de excelentes charges de d. Pedro II, do conselheiro Sousa Ferreira e do professor Schieffer (o seu odiado mestre de grego no Colégio Pedro II), há uma alegoria política, "O Brasil entre dois ladrões", de grande vigor, datada de 1893; é posterior, portanto, à publicação d'*O Ateneu* e está vinculada de perto à fanática militância florianista em que Pompéia empenhou os últimos anos de vida e que foi a causa indireta de seu suicídio em 1895.

UMA PROSA CARICATURAL

Examinando-se as 44 ilustrações d'*O Ateneu*, não se percebe nelas a estilização livre e espirituosa do caricaturista. Percebe-se, antes, o naturalismo algo sensaborão do antigo copista de quadros da Escola Nacional de Belas Artes, do companheiro de boêmia de artistas acadêmicos como Amoedo ou Bernadelli. Isso é tanto mais de estranhar quanto, na prosa trabalhada d'*O Ateneu*, o traço caricatural é sistemático e denuncia por si só a visão crítica com que o antigo aluno do Colégio Abílio iria recordar os anos de internato para, recusando-se à "saudade hipócrita dos felizes tempos", neles reencontrar, com impiedosa lucidez, a mesma "enfiada das decepções que nos ultrajam"[2] na vida adulta. De resto, é a estilização caricatural que faz da *écriture artiste* d'*O Ateneu* um dos momentos mais altos da ficção brasileira, só comparável, no meu entender, à epifania do romance machadiano. Mas se a prosa de Machado é regida pelo signo da discrição, do ocultamente manhoso de sua própria artesania, a de Raul Pompéia se rege pelo signo contrário do ornamental. Não, evidentemente, o ornamentalismo as mais das vezes vácuo da oratória de Rui ou da ficção de Coelho Neto, mas um ornamentalismo consubstancial, que anunciava, a exemplo da prosa em cipó d'*Os sertões*, o advento *avant la lettre*, no campo da literatura também, do *art nouveau*. A consubstancialidade, no caso, vem da perfeita adequação entre a figura de ornamento e o empenho de caricatura a que serve. Que eu saiba, não se fez ainda um estudo pormenorizado da estilística d'*O Ateneu*; quando for feito, destacará certamente, como um dos valores de base, a precisão caricaturesca, que chega amiúde às raias do rebuscamento, de seus epítetos e de suas metáforas. Dois exemplos de virtuosismo, nesse sentido, podem ser encontrados no penúltimo capítulo do livro, aquele em que se descreve a cerimônia da inauguração do busto de Aristarco. No discurso com que o professor Venâncio faz preceder o momento supremo da coroação do busto, as fórmulas adjetivais e metafóricas provêm do vocabulário metalúrgico: "O orador acumulou paciente todos os epítetos de engrandecimento, desde o raro metal da sinceridade até o cobre dútil, cantante das adulações. Fundiu a mistura numa fogueira de calorosas ênfases, e sobre a massa bateu como um ciclope, longamente, até acentuar a imagem monumental do diretor". De notar-se, nesta passagem, o uso de um recurso de ênfase muito ao gosto de Pompéia, que também pode ser encontrado em Euclides e, ainda com maior freqüência, em Augusto dos Anjos, um e outro expoentes, tanto quanto o mesmo Pompéia, da diversidade do nosso *art nouveau* literário. Refiro-me às fórmulas metafóricas do tipo "o raro metal da sinceridade" ou "fogueira de calorosas ênfases", paralelizadas, n'*Os sertões*, por expressões como "a fealdade típica dos fracos" ou "a árdua aprendizagem de reveses" com que se caracteriza a dura condição sertaneja, ou por versos como "na aberração de um óvulo infecundo" ou "mas o agregado abstrato das saudades" por que se veicula o cientificismo expressionista do *Eu e Outras Poesias*. Símiles metalúrgicos comparecem, outrossim, na descrição das sensações experimentadas por Aristarco enquanto ouve o discurso de Venâncio: "A estátua não era mais uma aspiração: batiam-na ali. Ele sentia metalizar-se a carne à medida que o Venâncio falava. Compreendia inversamente o prazer de transmutação da matéria bruta que a alma artística penetra e anima: congelava-lhe os membros uma frialdade de ferro [...] Não era um ser humano: era um corpo inorgânico, rochedo inerte, bloco metálico, escória de fundição, forma de bronze". Grifei de propósito o advérbio inversamente para destacar-lhe a fina propriedade: nele se concentra o sal dessa passagem que inverte, caricaturalmente, o processo da criação bíblica do homem, repetido na lenda de Pigmalião: num e noutro caso, era o sopro criador que convertia a argila e a pedra em carne viva; agora, é a eloqüência que metamorfoseia em bronze eterno a carne perecível de Aristarco. Mas um pouco antes desses lances metalúrgicos, há um outro, semelhante: o croqui fisiognomônico do poeta Ícaro de Nascimento, traçado por Pompéia com termos colhidos na terminologia da arte poética: "Dentre as suíças, como um gorjeio do bosque, saía um belo nariz alexandrino de dois hemistíquios, artisticamente longo, disfarçando o cavalete da cesura, tal qual os da última moda no Parnaso. À raiz do poético apêndice brilhavam dois olhos vivíssimos, redondos, de coruja, como os de Minerva. Tão vivos ao fundo das órbitas cavas, que bem se percebia ali como deve brilhar o fundo na fisionomia da estrofe".

Tal sátira à poesia parnasiana da época, poesia obsessionada com o metro alexandrino e a cesura de rigor a parti-lo, equanimemente, em dois hemistíquios, ganha particular relevo se lembrarmos que, no próprio *O Ateneu*, há uma passagem de índole metalingüística onde, pela voz do dr. Cláudio, um dos professores, presidente do grêmio literário do colégio, Pompéia formula a sua teoria materialista e darwiniana da arte, da estesia como educação do instinto sexual, para deter-se no exame da eloqüência ou arte literária, quando então sustenta que "dentro de alguns anos o metro convencional e postiço terá desaparecido das oficinas de literatura", porque "o estilo derrubou o verso". E num caderno de notas íntimas, abundantemente citado por Eloy Pontes, critica o romancista, a certa altura, a "expressão fria" de Mérimée e de Stendhal, em que vê um "inimigo sistemático do ritmo escrito" e a quem nega inclusive "forma literária". De modo algum perfilhava Pompéia o "preconceito desacreditado atualmente de que a prosa literária está excluída dos privilégios da metrificação dos versos", entendendo, ao contrário, que "a prosa tem de ser eloqüente, para ser artística, tal como os versos".[3] Esta reivindicação da prosa ritmada e/ou artística, em contraposição ao metro convencional do verso, não visava apenas à apologia do poema em prosa que ele praticou nas *Canções sem metro*, mas também, e sobretudo, à prosa pictórica e caricatural d'*O Ateneu*. Esta se filiava confessadamente à *écriture artiste* dos Goncourt — por ele citados mais de uma vez nas suas notas íntimas —, escrita na qual teve o *art nouveau* a sua manifestação mais cabal no terreno da prosa de ficção, bem distinta, nisso, do naturalismo zolaesco a cujas pretensões documentais e a cuja crueza programática Pompéia jamais se filiou. Tanto assim que numa novela de juventude, *A mão de Luís Gama*, declarava recusar-se a "esgaravatar os interstícios do horripilante, do nojento e do torpe", preferindo-lhe, em vez, a "naturalidade impressionista"[4]. Convertido em advérbio, o adjetivo "impressionista" aparece aliás na definição que Sidney D. Braun[5] dá de *écriture artiste*: "Um estilo nervoso, caprichoso, usado pelos irmãos Goncourt no empenho de exprimir, impressionisticamente, as sensações produzidas pelos objetos externos. Quando usado por eles apropriadamente, resultava em descrições coloridas e pitorescas".

DESCRIÇÃO & ALUSÃO

Estas considerações acerca da índole caricatural e da riqueza metafórica do estilo d'*O Ateneu*, que lhe conferem uma intensa visualidade, serviram apenas para estabelecer melhor o contraste desta com a discrição por assim dizer acadêmica das vinhetas com que o autor enriqueceu o texto. Tenho para mim que esse desnível entre a vividez do texto escrito e a aparente sensaboria das vinhetas a ilustrá-lo foi proposital. Resultaria menos da mediocridade do ilustrador que da preocupação do romancista de garantir o primado do literário; afinal de contas, ele estava escrevendo um romance, não uma história em quadrinhos, gênero sequer conhecido ou praticado na época, tanto quanto sei. Mas introduzo de caso pensado esta anacronia para acentuar a necessidade de, no exame das ilustrações d'*O Ateneu*, em si mesmas e nas suas relações com o texto, precavermo-nos do hábito mental, inculcado pela história em quadrinhos, de colocar a palavra em pé de igualdade, quando não a reboque, da figura. As vinhetas do romance de Pompéia não "contam" nada que já não esteja dito no texto. Nem por isso são redundantes ou supérfluas. Se por mais não fosse, teriam servido ao autor para focalizar a atenção do leitor em certos pormenores, personagens ou incidentes mais marcantes do texto, funcionando assim como uma espécie de *spotlight* de teatro. Difícil conceber fosse ele escolher para iluminar iconicamente — e o sentido de iluminação, aqui, aproxima-se muito do de iluminura — pontos de escassa ou nenhuma importância na semântica geral do romance. Com isso, as vinhetas passam a funcionar como verdadeiras setas de orientação de leitura, entendida esta, especificamente, como o esforço de interpretar, de decifrar, de buscar, para além do sentido óbvio ou imediato, um sentido subjacente ou virtual mais profundo. Conforme vai fixando a atenção nelas, em função das áreas do texto onde incidem, o leitor começa a perguntar-se por que teria o autor escolhido exatamente aquele ponto para iluminar. A partir desse momento, as ilustrações se integram no corpo do texto; não são mais mera redundância ou ornamento, mas acrescentamento de significado, especialmente no nível das conotações. Nível que se enriquece sobremaneira quando o leitor, além de estabelecer o nexo de cada ilustração com o texto, descobre os nexos das ilustrações entre si, num como efeito de ressonância a interligá-las numa sintaxe própria.

Já a esta altura se impõe, para maior facilidade de análise, o uso de um primeiro critério de classificação das 44 figuras, qual seja o critério de tamanho. Distinguem-se com isso as ilustrações cuja largura coincide com a da página impressa daquelas que só lhe ocupam a metade, no sentido da largura; nenhuma chega a abranger as duas dimensões da página, vale dizer, não há ilustrações de página inteira. É natural que nas ilustrações maiores, dada a possibilidade de incluir maior número de detalhes, prepondere o caráter descritivo ou propriamente icônico, ao passo que as ilustrações menores, por mais esquemáticas, tendem antes ao alusivo ou indicial. Utilizo aqui, quase escusava dizer, a conhecida classificação de Peirce, para quem um ícone "é a imagem do seu objeto" ou, no limite, a sua fotografia, sendo um índice ou indicador aquilo que "assinala a junção de duas porções de experiência"; para citar exemplo do próprio Peirce:

"Uma pancada na porta é um indicador. Qualquer coisa que atraia a atenção é um indicador".[6] Mas não se deve levar muito longe, particularmente no caso das vinhetas d'*O Ateneu*, a diferença entre ícone e índice, pois há sempre algo de descritivo ou icônico na vinheta-índice assim como há de alusivo ou indicial na ilustração-ícone.

Traçados a bico de pena, talvez por imposições de ordem técnica (ignoro se à época em que foi publicado *O Ateneu*, 1888, a tipografia brasileira já dispunha de facilidades para o uso de clichês reticulados), os desenhos de Pompéia se valem de zonas hachuradas, contrapostas a áreas em branco, como recurso de contraste. Umas vezes, o contraste serve à perspectiva e aos jogos de luz e sombra, como uma figura da banca examinadora da Instrução Pública, no início do capítulo X, descrita no próprio texto como iluminada pela luz de uma janela traseira, pelo que as fisionomias dos examinadores ficam ominosamente na sombra. Outras vezes, o contraste entre sombra e luz tem razões mais de ordem enfática: é o caso do poema dito supostamente de improviso pelo prof. Venâncio, em plena chuva, durante o piquenique narrado no capítulo VIII. Na figura grande que fixa o episódio, o declamador aparece em primeiro plano, juntamente com Aristarco, um e outro duas áreas mais claras contra um fundo cerradamente hachurado, de linhas entrecruzadas como cordas de chuva, no qual mal se distinguem as figuras dos alunos a ouvir, ensopados até os ossos, a recitação intempestiva.

O segundo critério de classificação das ilustrações d'*O Ateneu* seria de ordem temática, distinguindo desenhos de pessoas de desenho de coisas. A superioridade numérica dos primeiros — 29 representações de pessoas contra quinze de coisas — leva à constatação elementar de que o romance de Pompéia se ocupa mais em fixar os conflitos de temperamentos e de sentimentos do que os cenários em que ocorrem ou, o que dá no mesmo, é romance antes psicológico que documentário. No grupo majoritário das ilustrações de pessoas, impõe-se fazer uma ulterior diferenciação entre as que retratam uma, duas ou mais pessoas. As de uma só pessoa confirmam o gosto do romancista pela análise de caracteres, de que a construção ficcional da personalidade de Aristarco é reconhecidamente o exemplo supremo, enquanto as de grupos de pessoas não deixam esquecer a presença constante do magma coletivo que os caracteres individuais ajudam a compor e do qual, por sua vez, ressaltam: é o microcosmo feroz do internato como fiel imagem en *abîme* do mundo lá fora. Quanto às vinhetas de duas pessoas, têm um significado marcante, como adiante se verá.

DO DESENHO À PALAVRA

Quando se tenta estabelecer uma ligação entre as vinhetas e o texto d'*O Ateneu*, neste buscando-lhes como que legendas explicativas, verifica-se nem sempre haver relação de contigüidade entre um e outras. Por vezes, a ilustração diz respeito não ao trecho em que imediatamente se insere, mas a trechos anteriores ou posteriores mais ou menos dela afastados. É o caso do retrato de Ema, esposa de Aristarco, no capítulo IX, cuja parte final focaliza um jantar em casa do diretor para o qual é convidado Sérgio, o narrador-protagonista do romance. O texto refere então o enlevo de Sérgio com a beleza sensual de Ema, "miragem sedutora de branco [...] deslumbrante, o vestuário de neve". Entretanto, na vinheta, ela se mostra com o tronco cingido num corpete cujo negror desmente a alvura de vestes tão enfatizada no texto. No primeiro encontro de Sérgio com Ema, referido no capítulo I, é que esta aparece descrita vestindo "cetim preto justo sobre as formas, reluzente como pano molhado; e o cetim vivia com ousada transparência a vida oculta da carne". Tal ênfase na sensualidade do cetim é que melhor serve de legenda para a ilustração de Ema, a qual, todavia, só entrará no texto bem mais adiante. O descompasso funciona aqui, portanto, como uma espécie de seta regressiva, a orientar a memória do leitor para o que ficou dito atrás e que se relaciona, de modo tão significativo, quer com a ilustração, quer com o *locus* textual onde ela incide.

Outro caso significativo de descompasso é a pequena vinheta do capítulo II — uma máxima emoldurada e suspensa à parede, num quadro onde só se consegue ler o título, "Sabedoria". No texto convizinho, nada há que possa servir-lhe de legenda. Esta, só a iremos encontrar, adequada, três capítulos à frente, numa passagem em que se fala das máximas morais redigidas por Aristarco e por ele mandadas afixar nas salas de aula — "o porejamento de doutrina a transudar das paredes, nos conceitos de sabedoria decorativa dos quadros" — e em que se comenta a inutilidade delas no conter a irrupção dos instintos adolescentes. Instintos que a reclusão forçada do intervalo e a presença, entre as suas paredes, da forma feminina personificada em Ângela, a provocante camareira de Ema, só serviam para espicaçar, levando os internos à prática furtiva de vícios, solitários ou não, em cuja descrição e análise a fina, discreta arte de Raul Pompéia excele. Os mesmos quadros moralizantes vão reaparecer, dramaticamente, no último parágrafo do romance, que é ilustrado pelo desenho grande da última página, para mim o melhor de todos. Nele se vê Aristarco reclinado, numa atitude de derrota total, entre os destroços do incêndio que lhe arrasou o colégio. De par com "aparelhos de cosmografia partidos [...] esferas terrestres contundidas [...] planetas exorbitados de uma astronomia morta", não esquece Pompéia de mencionar os "preceitos morais pelo ladrilho, como ensinamentos perdidos". Com isso, a pequena vinheta do capítulo II tem o seu alcance grandemente ampliado, num efeito de eco ou ressonância, passando a servir de índice do próprio malogro da pedagogia do Ateneu e do seu diretor. Contra a hipocrisia dessa pedagogia e desse pedagogo, cujo moralismo palavroso não alcança esconder-lhe a rapacidade de essência, o incêndio final ateado por um dos alunos constitui, tanto quanto os vícios e as abjeções de outros alunos evocados ao longo do livro, um gesto prometéico de rebeldia. Rebeldia da natureza humana, selvagem que seja, mas autêntica, contra tudo que busque falseá-la; revolta da criatura imperfeita contra o criador ainda mais imperfeito do que ela.

Nesse sentido, é instrutivo comparar a derradeira ilustração d'*O Ateneu* com a que está logo no início do capítulo II, onde Aristarco aparece numa atitude meditativa e bem composta, no seu gabinete de trabalho, em meio aos mesmos livros e aparelhos cosmogônicos que irão reaparecer, atirados a esmo, na cena do desastre final. Quando se examina o texto convizinho dessa ilustração do capítulo II, verifica-se que faz referência à duplicidade e ao fingimento de Aristarco. Pouco antes estivera ele a trabalhar na escrituração do colégio, "com a esperteza atenta e seca do gerente"; quando Sérgio e o pai entram no seu gabinete, ele muda imediatamente de atitude, assume "a figura paternal do educador". A simetria do contraste da ordem do gabinete de Aristarco, de sua pose bem ensaiada de educador ao receber visitantes, com o caos que lhe rodeia a atitude de desalento na cena final, faz pensar numa utilização às avessas das técnicas de "semeadura e colheita" da poesia barroca — o verso final de um poema recolhia e ordenava termos espalhados pelos versos anteriores. A inversão, no caso dos dois desenhos de Pompéia, representaria, como se aventou acima, a vitória da espontaneidade desordeira do natural sobre o artificialismo da ordem pedagógica que se busca impor-lhe. Ordem que se pretendia inclusive de origem divina, donde o caráter simbólico do globo terrestre que se vê nas duas ilustrações e a expressiva caracterização de Aristarco, no texto, como um "deus caipora", o mesmo deus cuja mão, na pequena vinheta que fecha o capítulo III, dominava "o tropel dos mundos" durante as lições com aparelhos de cosmografia e se inculcava ostensivamente como a própria "mão da Providência".

DOIS: SEDUÇÃO E PUREZA

Mas a instância mais eloqüente do efeito de ressonância entre as ilustrações d'*O Ateneu*, que as articula entre si numa por assim dizer sintaxe alusivo-visual, está na série de vinhetas onde aparecem pares de pessoas e a cuja importância aludi de passagem. Começa a série na primeira página do livro, numa vinheta mostrando Sérgio e o pai, de costas para o observador, parados diante do portal de entrada do Ateneu; o pai tem a mão protetoramente espalmada nas costas do filho, como que a impeli-lo e a confortá-lo ao mesmo tempo; a legenda da figura é a frase de abertura do romance: "Vais encontrar o mundo, disse-me meu pai à porta do Ateneu. Coragem para a luta". Daí por diante, Sérgio terá de caminhar sozinho, Dante sem nenhum Vergílio a guiá-lo pelos círculos infernais da vida do internato. A menos que se queira ver tal Vergílio em Rebelo, o colega veterano que aparece ao lado de Sérgio numa das vinhetas do capítulo II, a adverti-lo dos perigos à sua espera: "Olhe, um conselho: faça-se forte aqui, faça-se homem. Os fracos perdem-se. [...] Os rapazes tímidos, ingênuos, sem sangue, são brandamente impelidos para o sexo da fraqueza; são dominados, festejados, pervertidos como meninas ao desamparo". A vinheta seguinte da série, no capítulo VIII, mostra dois colegiais ajoelhados, com o rosto oculto pelo braço dobrado. Trata-se de Tourinho e Cândido, obrigados por Aristarco a ajoelharem-se em pleno refeitório, diante de todos os colegas, como "acólitos da vergonha". Interceptara o diretor uma carta amorosa assinada "Cândida" e, após rigorosa devassa, apurara ter sido ela escrita por Cândido a Tourinho, marcando um encontro secreto no bosque. Uma frase da página contígua da vinheta serve-lhe à maravilha de legenda: "Cândido e Tourinho, braço dobrado contra os olhos, espreitavam-se a furto, confortando-se na identidade da desgraça, como Francesca e Paolo no inferno".

A referência aos dois amantes imortalizados por Dante no canto V da primeira parte d'*A divina comédia* é importante no caso, especialmente se se lembrar que foi durante a leitura de um livro amoroso que Francesca da Rimini se deixou beijar por Paolo Malatesta, selando um pacto de adultério cuja punição haveria de ser a morte dos dois amantes. Esta caracterização do livro como instrumento de sedução nos remete de pronto a duas outras pequenas vinhetas, respectivamente nos capítulos III e VI. Aquela mostra um livro aberto; esta uma fileira de livros em pé, alinhados na estante.

O capítulo a que a primeira dessas vinhetas serve de ilustração conta-nos que, perdido "no meio hostil e desconhecido" do internato, Sérgio deixa-se invadir aos poucos pela "efeminação mórbida das escolas"; esquecendo as advertências de Rebelo, acaba por aceitar a proteção do braço forte de Sanches, malgrado a repugnância que por ele sente. Sanches passa então a orientá-lo nos estudos; juntos debruçam-se sobre os compêndios de geografia, gramática, história, e o colega mais velho vai insidiosamente encaminhando a leitura para áreas de natureza mais libidinosa do que propriamente didática. Para exercícios de análise, escolhe o canto nono d'*Os lusíadas*, o episódio da Ilha dos Amores, "rasgando na face nobre do poema, perspectivas de bordel a fumegar alfazema"; no dicionário, conduz o colega mais novo "até a cloaca máxima dos termos chulos". Semelhantemente, os livros enfileirados na vinheta do capítulo VI aludem às leituras a dois que, na biblioteca do grêmio literário do colégio, Sérgio faz com Bento Alves, seu novo "protetor", já que tivera de romper com Sanches para fugir-lhe às propostas obscenas. Em defesa de seu protegido, Bento Alves briga com um outro colega, pelo que é confinado na "cafua" como castigo. A reação de Sérgio ao gesto romântico do seu "protetor" está descrita no final do capítulo: "Por minha parte, entreguei-me de coração ao desespero das damas romanceiras, montando guarda de suspiros à janela gradeada de um cárcere onde se deixava deter o gentil cavalheiro, para o fim único de propor assunto às trovas e aos trovadores medievos".

Esta citação nos faz regredir, por via do jogo de inter-remissões ou ressonâncias a que já fiz referência, até outra pequena e ambígua vinheta do mesmo capítulo: duas janelas em ogiva, talvez de um palácio mourisco ou medieval. Chamei-lhe ambígua porque nem no texto da página em que se insere, nem no da página vizinha ou anterior, encontro nada que possa servir de legenda específica. Entretanto, a expressão "guarda de suspiros à janela gradeada", tanto quanto as menções a "damas romanceiras", "trovas e trovadores medievos", no fim do capítulo, parecem estar relacionadas de perto com essa vinheta, acentuando-lhe assim a riqueza alusiva ou indicial, tal como já acontecera, antes, no caso das aparentemente banais vinhetas de livros.

Mas o jogo de ressonâncias textuais-visuais não pára por aqui. Prolonga-se até a penúltima vinheta da série de duas pessoas, colocada logo no começo do capítulo IX. Nela, Sérgio e seu novo amigo, Egberto — a esse tempo, tinha rompido com Bento Alves, pela mesma razão por que rompera anteriormente com Sanches — jazem em pose bucólica sobre a relva, um sentado, o outro de bruços, com os cotovelos apoiados na perna do colega; junto deles, aberto no chão, mais uma vez um livro. Diferentemente de suas outras ligações, nas quais, por ser o mais novo, era o protegido, desta vez Sérgio assume o papel de "irmão mais velho". Entre as leituras em comum que ele faz com Egberto, destaca-se a de Paulo e Virgínia, de Bernardin de Saint-Pierre, cujo "idílio todo, instintivo e puro", eles revivem, numa relação bem diversa das equívocas relações anteriores de Sérgio. E eis o livro de novo presente como intermediário numa situação, se não de caráter abertamente amoroso, pelo menos de caráter afetivo. A naturalidade e pureza idílicas dessa nova amizade, emblematizada desde logo no cenário bucólico em que a pinta a vinheta, emblematiza-as também a vinheta seguinte. Nela, em lugar de duas pessoas, vemos duas gaivotas a voar lado a lado, metáforas, por sua alvura, de pureza e, por suas asas abertas, de elevação, liberdade. Importa ainda notar que no texto, um pouco adiante desta vinheta, surge um parágrafo acerca de um romance escrito em colaboração por Sérgio e Egberto, um romance de "episódios medievais, excessivamente trágicos, cheios de luar, cercados de ogivas". Mais uma vez, a menção a medievalismo e, sobretudo, ogivas, nos remete de volta à ambígua vinheta das duas janelas, há pouco comentada, confirmando-lhe o papel de índice de uma sexualidade pubescente, ainda difusa, ainda incerta, tanto mais temerosa quanto ignorante de si, que encontra uma via de escape inofensiva no platonismo do amor cortês.

O RITO DE PASSAGEM

A última ilustração da série dual que vimos focalizando introduz um elemento a um só tempo discordante e conclusivo. Até então, os dois figurantes das vinhetas pertenciam ao mesmo sexo, mas na ilustração que surge logo às primeiras páginas do capítulo XII, o último do livro, um dos figurantes é masculino, Sérgio, e o outro feminino, Ema. Mostra-nos, essa figura, Sérgio doente, num dos leitos da enfermaria anexa à casa de Aristarco, sendo atendido por Ema, que se senta ao seu lado segurando-lhe a mão, o rosto ligeiramente inclinado para ele. Ema sempre lhe demonstrara particular afeição, desde o dia da chegada dele ao colégio, quando lhe agradou os longos cabelos louros, pouco depois cortados por ordem de Aristarco, porquanto "os meninos bonitos" não "provavam bem" no seu colégio; mimou-o também durante o jantar em casa do diretor a que, por suas boas notas, ele fizera jus. Agora, que ele está febril de sarampo, assiste-o com desvelos mais que maternais. Na descrição da intimidade estabelecida entre enfermeira e paciente nesses dias de isolamento hospitalar — "a entranhada familiaridade dos casais" — põe Pompéia o melhor de sua arte sutil. Marca-lhe, com pormenores expressivos, o clima de oblíqua sensualidade: o "hálito de veludo" de Ema a acariciar a pálpebra do enfermo; o alimento primeiro experimentado por ela na colher, "com um adorável amuo de beijo", antes de ser levado à boca de Sérgio; os quadris de ambos se tocando quando o ajuda a levantar-se pela primeira vez; as covinhas deixadas no colchão pelos cotovelos dela. Ema lhe fala de sua solidão de mulher, de seu "coração isolado", confessando-lhe, num rompante: "Nesta casa sou demais" — sentimento de exclusão que se confirma pela sua fuga à tirania do marido logo após o incêndio do colégio. Sérgio, de outra parte, sente-se "pequeno deliciosamente naquele círculo de conchego como em um ninho", e, ainda que se cumpra sob o signo inevitável de Édipo, essa volta à infância parece-me configurar menos uma reversão do que uma libertação de Édipo.

Quantos insistem em ver na relação Sérgio-Ema tão-só uma retomada edipiana daquele "conchego placentário" — conforme ele próprio lhe chama — de que se destacou o narrador-protagonista para ingressar no Ateneu e ali "definir a [sua] individualidade", parecem não ter prestado a devida atenção ao significado desta última cláusula, complementar mas antitética daquela, nem tampouco à fundamental qualificação que Sérgio faz do seu amor por Ema: "Não! *eu não amara nunca assim a minha mãe*. Ela andava agora em viagem por países remotos, *como se não vivesse mais para mim*. Eu não sentia a falta. Não pensava nela... *Escureceu-me as recordações aquele olhar* negro, belo, poderoso isto é, [o olhar de Ema]". Como não ver, nas frases por mim grifadas nesse trecho revelador, a superação da relação edipiana por uma relação transedipiana? Nesse *trans-* está, a meu ver, a chave de todo *O Ateneu*, que nada mais seria do que a reconstituição ficcional de um "rito de passagem", para usar, em sentido figurado, a designação dada pelos antropólogos à cerimônia de promoção do jovem púbere aos privilégios e deveres da idade adulta. Nesse ritual de caráter quase sempre esotérico, celebrado pelas sociedades ditas naturais ou "primitivas", o adolescente tem de enfrentar uma série de situações perigosas, adrede preparadas, e demonstrar sua destreza em sair-se delas vitorioso. Rito de passagem semelhante, cumprido no "esoterismo" da vida de internato, é o périplo de traumáticas experiências que, na sua ânsia de definir-se, a puberdade de Sérgio tem de cumprir, furtando-se às violações homossexuais e buscando mediar-se na amizade platônica, até encontrar o seu objeto eletivo, heterossexual.

Desse ponto de vista, é significativo, na vinheta de Sérgio ao lado de Ema, vestir-se ela de preto, o mesmo preto do cetim justo que lhe moldava as formas de *fausse maigre* no retrato do capítulo IX — o capítulo do jantar em casa de Aristarco —, preto no qual algum rankiano mais afoito talvez quisesse ver a cor emblemática do aconchego da noite intra-uterina. Contraste-se o recato desse preto sensual — recato de quem vive uma vida intramuros — com a quase nudez (para os padrões da época) de Ângela, na vinheta que a retrata no final do capítulo V, conquanto a legenda apropriada só vá surgir três capítulos à frente: "em corpinho e saia branca, afrouxando o cordão sobre o seio, mostrando o braço desde a espádua, espreguiçando-se com as mãos ambas à nuca [...] sempre ao sol [...] filha selvagem do sol". A Ângela que se comprazia em espicaçar os desejos enjaulados dos meninos; que os espiava, *voyeuse*, por sobre o muro enquanto nadavam na piscina; e que, pelas insinuações do mesmo capítulo V, distinguia com os seus favores, na calada da noite, os alunos mais velhos e mais árdegos. Não menos significativo é que, promovido para o dormitório dos veteranos, Sérgio nunca tivesse descido pela corda de lençóis, imitando seus companheiros de dormitório nas escapadas noturnas, em busca dos encantos mais ou menos fáceis de Ângela, em quem ele via um daqueles "exemplares excessivos do sexo", uma daquelas "esposas da multidão" cuja lascívia sem peias simultaneamente o fascinava e escandalizava. Isso porque, à sua delicadeza discriminativa de menino "educado exoticamente na estufa de carinho que é o amor doméstico", certamente haveria de chocar tal feminino "carname em postas de um festim de jaula", tanto quanto o chocava a "caricatura de sensualidade" do uranismo a que "o desespero da reclusão colegial e da idade" aviltava tantos de seus companheiros de infortúnio.

Quando assinalei o caráter conclusivo desta última vinheta da série dual, quis com isso referir-me a dois tipos de conclusividade. Por um lado, ela baliza um ponto de chegada ou — para usar, não sem uma ponta caricatural, de resto homorgânica com o estilo do romance de Pompéia, o rótulo marxista — um salto qualitativo. Egresso do conchego placentário, Sérgio, após completar sua jornada dantesca pelos simulacros carcerários do amor e do pátrio poder, de que Aristarco é o preposto educacional, assume enfim, sob o égide inelutável de Édipo, mas de forma conclusivamente transedipiana, a sua individualidade sexual. Por outro lado, com inserir-se no último capítulo do romance, esse idílio transedipiano dá-lhe remate perfeito. Rompe-se a crisálida escolar; Sérgio é um homem agora, como aspirara a ser, e tem diante de si, doravante, o verdadeiro macrocosmo lá fora, não mais a sua imagem *en abîme*, microcósmica. Seu aprendizado de base completou-se. Por isso mesmo, Ema pode ir-se embora — desempenhou a contento o papel pedagógico e curativo de anti-Jocasta — e o Ateneu transformar-se em cinzas, com o seu deus-pai caipora celebrando o "funeral para sempre das horas".

Está cumprido, vitoriosamente, o rito de passagem.

Frankenstein e o tigre

Anos atrás escrevi um ensaio acerca de *Tiger! Tiger!*, romance de ficção científica de Alfred Bester.[1] Nesse ensaio, preocupava-me eu em apontar os nexos de similitude entre o herói do romance — um mutilado que, graças a uma série de implantes biônicos, converte-se numa terrível máquina de vingança contra os responsáveis pela sua mutilação — com *O conde de Monte-Cristo*, de Alexandre Dumas, e o *Frankenstein*, de Mary Shelley. O título do romance de Bester, quase escusava dizê-lo, fora tirado do primeiro verso do poema "The Tyger", de William Blake: isso porque, nos momentos de ira, o rosto do protagonista de *Tiger! Tiger!* se enchia de manchas que faziam lembrar a pele de um tigre.

Tempos depois de publicado o ensaio, certa noite em que, para distrair a insônia, tentava eu traduzir o famoso poema de Blake, dei-me conta de que, de algum modo, estava ele também relacionado com o não menos famoso romance de Mary Shelley. A fim de que os leitores possam entender os motivos desse caprichoso e algo absurdo relacionamento, transcrevo aqui a minha tentativa de tradução. Não, evidentemente, para contrapô-la à criativa versão de Augusto de Campos incluída na sua *Poesia 1949-1979*, mas tão-somente para servir de ponto de partida às considerações que se seguem.

O TYGRE

Tygre, tygre, viva chama
Que as florestas de noite inflama,
Que olho ou mão imortal podia
Traçar-te a horrível simetria?

Em que abismo ou céu longe ardeu
O fogo dos olhos teus?
Em que asas se atreveu ao vôo?
Que mão ousou pegar o fogo?

Que arte & braço pôde então
Torcer-te as fibras do coração?
Quando ele já estava batendo,
Que mãos & que pés horrendos?

Que cadeia? que martelo,
Que fornalha teve o teu cérebro?
Que bigorna? que tenaz
Pegou-te os horrores mortais?

Quando os astros alancearam
O céu e em pranto o banharam,
Sorriu ele ao ver seu feito?
Fez-te quem fez o Cordeiro?

Tygre, tygre, viva chama
Que as florestas da noite inflama,
Que olho ou mão imortal ousaria
Traçar-te a horrível simetria?

Este belo e estranho poema é peça de inclusão obrigatória nas antologias de poesia inglesa, a qual tem em William Blake (1757-1827) uma de suas vozes mais altas. Todavia, enquanto viveu, foi ele considerado apenas um maluco pitoresco e inofensivo que dizia receber a visita de anjos e profetas em sua própria casa, onde também conversava familiarmente com os espíritos de Milton e Shakespeare e em cujo jardim um amigo o encontrou certa feita, a ele e à esposa, recitando em idílica nudez trechos do *Paraíso perdido*. Os pósteros mais ou menos imediatos de Blake, assustados com o hermetismo dos seus *Livros proféticos*, escritos em verso livre e cheios de figuras alegóricas de nome arrevesado — Los, Orc, Uritzen, Enitharmon etc. —, tampouco lhe compreenderam a grandeza, contentando-se em capitulá-lo como um simples excêntrico. Bem mais do que isso, porém, foi ele um visionário cuja imaginação se espraiou numa obra de grande originalidade tanto na sua vertente lírica como na sua vertente profética, originalidade igualmente manifesta nas numerosas gravuras e vinhetas com que a ilustrou de próprio punho. Nas alegorias religiosas de Blake, os exegetas mais modernos discernem um empenho de crítica social tanto mais compreensível quanto se sabe ter sido ele admirador da Revolução Francesa e da Revolução Americana. Blake não se limitou a denunciar, nos seus versos, os aspectos desumanos e espoliadores do industrialismo, de que assistiu aos primórdios na Inglaterra. Em termos da simbologia cristã da Queda e da Redenção vistas como etapas daquela progressão de contrários que, antes da dialética de Hegel e Marx, ele já considerava "necessária à humana Existência", sonhou outrossim a utopia místico-revolucionária de uma nova Jerusalém onde, na edênica liberdade dos instintos, florescesse enfim a "Humana Forma Divina".

"O Tygre (manteve-se o *y* na tradução a fim de lembrar a grafia arcaizante do original) está incluído nas *Canções de inocência e de experiência*, a principal coletânea lírica de Blake, cujo texto e ilustrações ele terminou de gravar em 1794. Na folha de rosto do volume, aparece um subtítulo significativo, "Mostrando os dois estados contrários da alma humana", que lhe evidencia o pensamento de índole dialética. É por isso que os estudiosos, quando se propõem a analisar essas canções, as consideram aos pares, isto é, a cada canção de inocência fazem corresponder uma canção de experiência, tal como as dispôs o seu próprio autor. Correspondência antagônica, conforme já adverte, no subtítulo da coletânea, a menção aos "dois estados contrários da alma humana". O estado de inocência é o estado paradisíaco do Homem, anterior à Queda; Blake o representa por crianças a viver despreocupada e alegremente num cenário campestre, pintado segundo as convenções da poesia pastoril. Contrariamente, o estado de experiência é o encontro, via de regra num cenário urbano, do homem decaído com o sofrimento, a proibição, a miséria, a hipocrisia, a doença, o envelhecimento e a morte. Trata-se, no entanto, de um estágio inevitável no progresso da alma humana, que ao cumpri-lo como Cristo cumpriu o seu calvário, chega ao conhecimento do mal e o supera pelo desejo de redenção, de ascensão.

"O Tygre" é uma canção de experiência cuja contraparte, a canção de inocência "O Cordeiro", mostra-nos a criança, o cordeirinho e Jesus confundidos no mesmo signo de mansuetude. A criança, que assume a elocução do poema, pergunta ao cordeirinho se ele sabe quem o criou e logo lhe dá a resposta:

Cordeirinho, eu te direi,
Cordeirinho, eu te direi:

Pois ele tem o teu nome,
Ele próprio se diz Cordeiro.
Ele é meigo & ele é benigno;
Tornou-se uma criancinha.

Já as numerosas perguntas de que é tecida a elocução de "O Tygre" são perguntas sem resposta: no mundo da inocência, onde divino e humano coincidiam, Jesus se confundia à criança e ao cordeiro, o conhecimento era inato; no mundo da experiência, contudo, regido pelo signo da dúvida, o homem tem de procurar por si mesmo as respostas em meio ao mistério das "florestas da noite". A repetitividade das perguntas e a ausência de respostas mostram desde logo ser o tigre de Blake, diversamente do seu cordeiro — figuração elementar de mansuetude e benignidade —, um símbolo ambíguo, multívoco. Daí que Erdman o pudesse ver como emblema político-revolucionário dos "fogos que 'envolvem o mundo' no primeiro ano da República Francesa",[2] ao passo que Bateson o tem como emblema sobretudo místico: "Deus criou nosso mundo, inclusive os animais. E uma prova de Sua grandeza é Cristo poder ser simbolizado tanto pelo mais feroz como pelo mais manso dos quadrúpedes".[3]

Para que se possa admitir como plausível uma interpretação por assim dizer "frankensteiniana" desse misterioso e multívoco tigre, tem-se de primeiramente deixar de parte, por absurda, qualquer idéia de influência direta, quando mais não fosse pelo fato de "The Tyger", haver sido publicado vinte e seis anos antes de *Frankenstein*. Se se tiver porém em conta que, na casa de um amigo comum, o livreiro Joseph Johnson, Blake conviveu com o pai e a mãe de Mary Shelley, o filósofo William Godwin e sua primeira esposa, a escritora feminista Mary Woolstonecraft (com quem ele, Blake, teria tido inclusive um caso amoroso),[4] vê-se que a distância entre o velho poeta e a jovem romancista não é tão astronômica quanto se possa imaginar. Entretanto, não é no plano das conexões de índole pessoal e sim no das conexões de índole intelectual que a assustadora fera de Blake e o assustador monstro de Mary Shelley se encontram historicamente. O primeiro ponto de encontro é obviamente o fato de ambos serem apresentados não como criações naturais, mas como artefatos. No poema de Blake assistimos, verso por verso, à manufatura do Tygre, enquanto o cordeiro se nos aparece já criado no poema homônimo, sendo ali o seu criador prontamente identificado como o filho e/ou pessoa do próprio Criador. Não será despropositado conceber, pois, esteja envolvida aqui uma contraposição, ao menos virtual, entre a ordem da naturalidade e a ordem da artificialidade. Um dos estudiosos de Blake, J. Bronowski, chama a atenção para o fato de os desenhos de Michelangelo terem representado "a descoberta de uma mesma ordem, a da máquina, tanto no homem quanto no mundo [...] o músculo e a junta são semelhantes à corda e à roldana".[5] Também a anatomia do Tygre pertence à ordem da máquina: como esta, foi ele forjado, com martelo e bigorna, numa fornalha cujo fogo ainda lhe arde nos olhos ou, sinedoquicamente, pelo corpo todo, "viva chama/ que as florestas da noite inflama". A menção chama logo à mente a figura mítica de Prometeu, o ladrão do fogo celeste a quem parece inclusive referir-se, na segunda estrofe do poema, o verso "Que mão ousou pegar o fogo?", conforme assinala Bateson, o qual lembra ainda que num dos poemas proféticos de Blake, "O canto de Los", a figura de Orc, o espírito da revolução, é uma alegoria prometéica.[6] E eis aí outro ponto de contato de "O Tygre" com o romance de Mary Shelley, cujo título completo era *Frankenstein ou o Prometeu moderno*, sendo este, no caso, o jovem cientista suíço que descobriu e ousou insuflar a centelha divina da vida no corpo do seu monstro involuntário, criado com os materiais da "sala de dissecção e do matadouro".

O fato de Blake usar símiles siderúrgicos para descrever a criação do ominoso Tygre se explicaria pelo fato de ter sido a siderurgia, a par da manufatura de tecidos, a principal fautora da revolução industrial na Inglaterra, de que ele foi contemporâneo e a cujos malefícios, sobretudo a exploração do homem pelo homem, encontramos repetidas referências na sua poesia. Num dos poemas proféticos, por exemplo, inverte-se o processo metafórico da criação do Tygre, animal figurado pela máquina, e uma fundição é descrita como um enorme animal: "Os foles são os pulmões do animal, os martelos o coração do animal,/ As fornalhas o seu estômago para a digestão; horrível a fúria delas,/ Quais sete céus em chama alinhados de sul a norte". Esta visão apocalíptica de um industrialismo tão horrível quanto a simetria do seu Tygre siderúrgico, era típica de um artesão que, a exemplo dos luditas do século XVIII quebrando os teares responsáveis pelo seu desemprego, via na máquina a inimiga do homem: "Uma máquina não é um homem nem uma obra de arte; é destruidora da humanidade e da arte". Sua aversão à máquina estendia-se igualmente à ciência moderna de que ela era o resultado, bem como ao racionalismo em que tal ciência fundamentava os seus métodos de experimentação e de raciocínio. Nos poemas de Blake acham-se alusões irônicas a Bacon e Locke, expoentes do racionalismo filosófico, e a Newton, expoente do racionalismo científico: na teoria da gravitação universal, os teóricos conservadores do século XVIII foram buscar argumentos em favor da natureza "lógica" e "natural" de uma ordem social fundada no pressuposto da desigualdade entre os homens. Por isso, aos raciocínios da ciência opunha Blake as intuições da arte e da fé: "A Arte é a árvore da Vida, assim como a Ciência é a árvore da Morte".

O sentimento básico que "O Tygre" visa a infundir no ânimo de quem o lê é de espanto e horror ante uma criação anômala. Aliás, a palavra "horror" surge-lhe em quatro das seis estrofes, ora como adjetivo — "horrível simetria", "mãos & pés horrendos" —, ora como substantivo — "os horrores mortais". A anomalia desse ato de criação é acentuada pela constância do timbre interrogativo: o perguntador em que nos convertemos todos à medida que vamos lendo o poema confirma, a cada pergunta, não encontrar na sua experiência do mundo nenhum olho ou mão, abismo ou céu, arte ou braço, cadeia ou martelo, fornalha ou bigorna capaz de produzir semelhante criatura. Ela foge, portanto, à ordem da naturalidade por ser produto, como já se viu, de uma criação mecânica de vida, anomalia de que decorre a sua horripilância. Donde o perguntador-leitor de "O Tygre" ter dificuldade em ver nele aquele nexo de consubstancialidade sempre de esperar-se entre o criador e a criatura: o Cristo que criou o cordeiro assume-lhe o nome porque compartilha da sua índole meiga e benigna. Mas, diferentemente do Tygre, o Cordeiro é um ser natural, sendo por isso de duvidar possa aquele haver sido criado pelo mesmo Deus que criou este: "Fez-te quem fez o Cordeiro?". Assim como é de duvidar tenha o artífice do Tygre, após forjar-lhe a "horrível simetria", contemplado o seu feito com o mesmo sorriso de satisfação do pai a olhar o filho recém-nascido ou o artista a obra recém-terminada por neles reconhecerem um prolongamento de si: "Sorriu ele ao ver seu feito?".

Nesse estranhamento entre criador e criatura quem não reconhece a mesma sensação de horror experimentada pelo dr. Victor Frankenstein quando vê animar-se pela primeira vez a "coisa sem vida" elaborada por suas próprias mãos, um ser que ele sonhara belo, mas que lhe saiu um monstro: "agora que eu havia terminado, a beleza do sonho desvanecera-se; asco e horror sufocantes enchiam-me o coração"? Ao idear um criador perseguido, escravizado e finalmente destruído pela sua criatura, quis Mary Shelley escrever, como se sabe, uma fábula admonitória acerca dos perigos subjacentes àquela ambição de desvendar todos os segredos da natureza que animava os Prometeus de sua época, quando a revolução científica ensaiava os primeiros passos. Neles, todavia, a jovem romancista neogótica já divisava profeticamente as ameaças do futuro tecnológico que estamos vivendo, hoje quando ganha particular ênfase a advertência do monstro ao dr. Frankenstein: "Lembra-te de que me fizeste mais poderoso do que tu".

Seria decerto tolice querer discernir propósitos admonitórios no poema de Blake, cuja força de persuasão reside antes na sua quota de mistério, tão bem balizada pelos onze pontos de interrogação entretecidos na sua dicção exemplarmente concisa, antípoda do moralismo palavroso e explicativo do romance de Mary Shelley. Mas é precisamente o desafio desse mistério que anima os leitores de "O Tygre" às tentativas de decifração. Mesmo as mais temerárias, como esta que um thriller de ficção científica e uma noite de insônia tiveram o condão ou a má sorte de sugerir.

Epopéia e miséria humana

Este ano de 1990 assinala o octagésimo aniversário de nascimento de Simone Weil. Morta prematuramente aos 34 anos de idade, essa parisiense de físico frágil e espírito tenaz foi uma figura humana fora do comum. Militante de esquerda, pensadora política, professora de filosofia grega, e mística cristã, ela sempre se recusou ao institucionalizado e ao tacitamente aceito, fosse em que domínio fosse. Para poder analisar a condição operária e a opressão social, não se contentou em ler Marx, mas cuidou de fazer o que ele jamais fizera: trabalhar na linha de montagem de uma fábrica. Embora tivesse participado ativamente das lutas sociais e antifascistas na França do pré-guerra, jamais se deixou obnubilar pelos partidarismos: criticou abertamente o stalinismo e chegou a polemizar com Trótski. Suas iluminações místicas não a levaram nunca a aceitar o sacramento do batismo, pelo que foi tida como herética.

Cabe a Ecléa Bosi o mérito de ter introduzido no Brasil o pensamento de Simone Weil através de uma coletânea de seus principais escritos políticos, literários e religiosos, coletânea para a qual escreveu igualmente uma bela introdução acerca da vida, da personalidade e das idéias dela.[1] Entre os textos recolhidos no volume figura "*A Ilíada* ou o poema da força", um estudo luminoso pelas reflexões que propõe e que debate. Um dado que impressiona nesse estudo é a ausência de menções a fontes bibliográficas acerca da questão homérica. Quem já teve ocasião de ler o livro de Robert Aubreton, *Introdução a Homero*,[2] pôde fazer uma idéia da imensa quantidade de obras de erudição por ela suscitada. Simone Weil se abstém de fazer-lhes referência, não por desconhecê-las mas porque, imagino eu, elas não vinham ao caso para o seu enfoque de leitura. Diante do poema de Homero, ela não se deixou intimidar pela multissecular erudição a que ele deu origem; enfrentou-o em estado de inocência, de candidez de espírito. Deixou-se impregnar por ele, em vez de se extraviar por suas interpretações e glosas críticas.

Esse contato direto é responsável pela força de convencimento do estudo de Simone Weil. Logo no começo, diz ela que a *Ilíada* pode ser considerada sob dois pontos de vista: como documento de um passado irremediavelmente passado e como espelho de conjunturas e pulsões ainda hoje presentes na história humana. Nisto, ela confirma de certo modo uma introvisão de Marx a respeito da perenidade da arte grega. Num trecho muito citado da *Crítica da economia política*, Marx se perguntava por que, estando tão distantes de nós, no tempo, as condições históricas que acompanharam o nascimento da arte grega, esta ainda é tida como padrão de excelência. A resposta dada por ele é a de que o adulto tem sempre nostalgia da infância e é capaz de revivê-la pela imaginação. Os gregos, dado o esplendor de sua cultura, teriam representado, na história da humanidade, uma espécie de infância de ouro a que todos gostaríamos de remontar.

Ao debruçar-se sobre a *Ilíada* com a sua "retidão de criança" — para usar uma frase feliz de Ecléa Bosi, — Simone Weil como que assumia o mesmo espírito auroral da cultura grega. Sua candidez de visão tinha outrossim algo a ver com o espírito dos Evangelhos: não disse o Cristo "Se não vos fizerdes como meninos, de modo algum entrareis no reino dos céus"? Um aspecto fundamental de "A *Ilíada* ou o poema da força" é o de configurar uma visão prospectiva do poema de Homero. Prospectiva no sentido de que ele é ali considerado pela ótica dos Evangelhos, tidos por Simone Weil como a última grande manifestação do gênio grego. Daí que a sua leitura atente para pontos que costumam passar em branco nas leituras tradicionais.

A *Ilíada* tem sabidamente, como fontes básicas de interesse, o tema da guerra e o tema do debate, vale dizer, as lutas de corpos e as lutas de espíritos. As cenas de batalha, em cuja descrição brilha a arte do poeta, revelam, de sua parte, um surpreendente conhecimento da técnica militar. Essa ênfase no bélico não é de estranhar quando se pensa no tipo de audiência para a qual os aedos costumavam recitar as estrofes da *Ilíada*. Uma audiência aristocrática que tinha na guerra uma de suas ocupações preferidas. Entretanto, mostra Simone Weil que por sob os episódios guerreiros — momentos em que é dado ao homem pôr à prova sua força física, sua coragem moral e sua destreza nas armas, — há um empenho constante em mostrar o avesso da guerra. Para citar as palavras do seu ensaio, "tudo que está ausente da guerra, tudo o que a guerra destrói ou ameaça".

Logo em seguida, acentua ela que "na *Ilíada*, a fria brutalidade dos fatos de guerra não é disfarçada por nada, porque nem vencedores nem vencidos são desprezados ou odiados". Uns e outros são vítimas do mesmo processo de desumanização que Simone Weil vê como objetivo último da guerra. Esta transforma os homens em coisas, a matéria viva em matéria inerte. A morte é a própria sombra do soldado, a acompanhá-lo o tempo todo. Se para o comum dos homens, nas épocas de paz, a morte é o limite mais ou menos distante de um futuro, para o combatente ou para a vítima civil é o horizonte ameaçadoramente próximo, que os converte em pré-mortos, mortos em vida.

Daí decorre o poder coisificador da guerra, a manifestação mais catastrófica e mais teatral da violência. Pela ação desta, tanto o que a sofre como o que a inflige se igualam sob o mesmo signo da coisificação. Um é o instrumento cego, outro o objeto inerme da sua fúria. O fato de a violência desumanizar, ou seja, alienar de si mesmos seus praticantes e suas vítimas, faz com que ela lhes pareça algo exterior, uma manifestação do destino. Mostra Simone Weil que, embriagado pela própria força, o guerreiro julga iludidamente que tudo lhe é permitido, pelo que acaba sendo atingido pelas conseqüências do seu abuso. É Nêmesis, a punidora do orgulho humano, o qual provoca a inveja dos deuses, e do excesso, que perturba o equilíbrio do universo.

Esta noção visceralmente grega do equilíbrio e da moderação como norma de conduta comparece na *Ilíada* sob a forma de uma "extraordinária eqüidade" de visão, que dá ao velho poema de Homero uma grandeza e uma atualidade que os séculos não conseguiram fazer esquecer. Como diz bem Simone Weil, na *Ilíada* "a miséria de todos é exposta sem dissimulação nem desdém, nenhum homem é colocado acima ou abaixo da condição comum a todos os homens, tudo o que é destruído é chorado. Vencedores e vencidos estão igualmente próximos, são igualmente semelhantes do poeta e do ouvinte".

Assim, por sob a movimentada pintura dos feitos da guerra de Tróia, o cândido e percuciente olhar de Simone Weil vai descobrir, em palimpsesto, uma como que radiografia da violência ou da força na sua natureza íntima e nos seus efeitos mais recuados. Nisto, as reflexões desenvolvidas por ela a propósito da Ilíada fazem lembrar reflexões congeniais de Walter Benjamin nascidas de outra ordem de idéias. Num ensaio intitulado "Crítica da violência —

crítica do poder"[3] discute Benjamin o problema da violência e do poder à luz do direito natural e do direito positivo, indagando-se se os fins justos legitimam o uso de quaisquer meios, mesmo os violentos, ou se a ilegitimidade dos meios não acaba por comprometer a justiça dos fins. Em vez de propor-se a oferecer uma resposta mais ou menos habilidosa a esse dilema sem solução, prefere ele mostrar que o poder é inseparável da violência na medida em que se arroga as prerrogativas do destino ao decidir, através das leis coercitivas ou punitivas, a sorte dos que eventualmente as violem.

A seu ver, qualquer forma de contrato social envolve sempre alguma violência de uma das partes contra a outra que descumpra as determinações contratuais. O próprio Estado, por não poder garantir tão-só pela ordem jurídica os fins práticos a que se propõe, tem de instituir o aparato repressivo da polícia para garanti-los. Em contraposição à cultura do direito, fala Benjamin do que chama de "cultura do coração", a qual, com oferecer aos homens meios puros de entendimento, possibilita uma solução não violenta dos conflitos "na esfera propriamente dita do *entendimento*, a linguagem". Essa esfera de entendimento tem como pressupostos subjetivos, a "atenção do coração, a simpatia, o amor pela paz, a confiança e outras qualidades".

Foram os traços de uma cultura assim, do coração, que Simone Weil soube descobrir, como avesso virtual, por sob a representação da força no nível mais ostensivo de significado da *Ilíada*. Tal cultura, como o demonstra a crítica da violência e do poder intentada por Walter Benjamin e como o dá a entender a interpretação evangélica da *Ilíada* proposta por Simone Weil, não é algo historicamente datado, mas um horizonte permanente de referência ao alcance dos olhos que se empenhem em ver além dos muros repressivos do Poder. É a esse horizonte que conduzem as linhas de fuga da noção de épica esboçada por Simone Weil no último parágrafo do seu estudo. Ali, diz-nos ela que o espírito épico só poderá ser reencontrado na plenitude com que se manifesta na primeira e maior epopéia do Ocidente quando os homens reconhecerem que "nada está ao abrigo do acaso, deixarem de admirar a força, odiar os inimigos e desprezar os infelizes".

Semelhante noção questiona frontalmente a concepção tradicional do gênero. Comumente, tem-se como ponto focal da epopéia a figura do herói e os feitos guerreiros através dos quais ele demonstra suas qualidades de exceção, muito acima das do comum dos homens. Por isso mesmo, a esfera épica transcende a esfera da vida cotidiana. Nela não se celebram os trabalhos rotineiros da paz e sim os feitos memoráveis da guerra, a qual, com romper violentamente a rotina, torna possível a manifestação do heróico, do extraordinário, do sobre-humano. Não é difícil perceber o quanto está afastada deste encarecimento do excepcional a consciência da precariedade das pretensões humanas em face das reviravoltas do acaso, contra as quais nada pode a força, que imagina poder tudo. E é precisamente neste sentimento da comum miséria humana que encontra seu fundamento a tolerância para com o inimigo e a compaixão pelos desafortunados.

Conquanto pareça heterodoxa a noção de epopéia proposta por Simone Weil com base na sua leitura tão pessoal da *Ilíada*, ela nos ajuda a compreender melhor a semântica mais profunda de outras obras compostas à imitação do modelo homérico. Para ficar no domínio da nossa língua, consideremos *Os lusíadas*, onde tal modelo claramente transparece, quando mais não fosse pelo uso da maquinaria mitológica para condimentar com um pouco de maravilhoso a aventura marítimo-comercial de Vasco da Gama. Mas um maravilhoso que o cristinianismo oficializado da época relegara ao domínio inofensivo da alusão literária e que já não tinha qualquer relação de pertinência com a vida diária dos homens, como a tinha nos tempos da guerra de Tróia ou, séculos depois, à altura em que foi escrita a *Ilíada*.

Se olharmos a epopéia de Camões do mesmo ponto de vista pelo qual Simone Weil focalizou a de Homero, veremos que o núcleo da sua semântica não se situa, como tudo leva a pensar, nas "armas e barões assinalados", isto é, nos heróis da história portuguesa, "em perigos e guerras esforçados", os quais o poeta se propõe cantar desde o intróito do poema. Situa-se antes num episódio como a fala do Velho do Restelo, contra a "glória de mandar" e a "vã cobiça" que a tantos obsessiona e que seqüestra os homens da "inocência, idade do ouro", para os atirar às crueldades de uma idade "de ferro e de armas". Situa-se também em passagens ocasionais onde se cala a "tuba canora e belicosa" em que o poeta trombeteia, numa arte de propaganda, as glórias da conquista. Cala-se para que se possa fazer ouvir, em registro menos ruidoso, mas bem mais convincente, a voz daquele mesmo "sentimento da miséria humana [...] condição da justiça e do amor" que Simone Weil ouve tanto na *Ilíada* e na tragédia ática quanto no Evangelho, como o próprio "tom de simplicidade, que é a marca do gênio grego". Tom do qual não está muito distante esta estrofe final do canto primeiro de *Os lusíadas*:

No mar tanta tormenta e tanto dano,
Tantas vezes a morte apercebida;
Na terra tanta guerra, tanto engano,
Tanta necessidade aborrecida!
Onde pode acolher-se um fraco humano,
Onde terá segura a curta vida,
Que não se arme e se indigne o Céu sereno
Contra um bicho da terra tão pequeno?

Ao generalizar assim a fragilidade da condição humana em face das calamidades e do acaso, Camões pôde ultrapassar a barreira ideológica de sua época, que o incitava a estremar gentios de cristãos. Captando, para além de suas exterioridades retóricas, algo da interioridade mesma do modelo homérico — tão equânime em relação a gregos e troianos porque imbuído do sentimento da comum miséria humana, — logrou ele infundir na sua epopéia lusíada um sopro de universalidade que a redime, pelo menos em parte, da miopia do ufanismo a que pagou tão eloqüente tributo histórico.

O escritor que fugia de si mesmo

Escovar a poeira da legenda de Monteiro Lobato nesta antevéspera de mais uma Bienal do Livro talvez seja, mais do que oportuno, recomendável. Uso a palavra "legenda" no seu sentido etimológico de "coisa que deve ser lida": legendas chamavam-se, na Idade Média, os relatos de vidas de santos compilados com o propósito de estimular os fiéis a seguir-lhes o exemplo de conduta reta e devota. Dos nossos santos de casa, força é reconhecer que Monteiro Lobato foi um dos pouquíssimos a conseguir realizar seu milagre, qual fosse a criação de uma indústria brasileira do livro. Mas criou-a, paradoxalmente, não porque nascesse editor, mas porque nasceu escritor. E, ainda mais paradoxalmente, seu rápido sucesso editorial não tardou a levá-lo à falência, assim como seu não menos rápido sucesso literário cedo o desiludiu das letras.

Foi relendo *A barca de Gleyre*, em busca de dados para uma palestra sobre correspondências de escritores, que me dei boa conta de a história de vida de Lobato ter muito de antilegenda. Isso porque boa parte das cartas coligidas nesse livro pode ser lida como uma espécie de fábula admonitória de que, embora estreitamente correlatas, as atividades do escritor e do editor regem-se por valores que raras vezes são congeniais. Mal terminara eu de reler *A barca de Gleyre*, recebo do editor Cláudio Giordano um interessante trabalho seu que serviu para espicaçar certas instigações da releitura das cartas de Lobato a Godofredo Rangel. O trabalho de Cláudio Giordano, que se intitula *Monteiro Lobato editor* e acaba de ser publicado num pequeno volume de caprichada editoração, ocupa-se em fazer um levantamento analítico dos lançamentos da Editora Monteiro Lobato Ltda. entre sua fundação em 1918 e sua falência em 1925.

Nesse breve período, Lobato operou, no ronceiro sistema de edição e comercialização do livro *brasileiro*, uma revolução cujo alcance foi bem sumariado por Edgard Cavalheiro no capítulo "Livros, livros a mancheias" do seu até hoje insuperado *Monteiro Lobato, vida e obra*. Nesse capítulo, Cavalheiro sublinha o caráter *sui-generis* da política de Lobato-editor: "lançar somente novos" escritores cujas obras estavam na gaveta por não encontrarem editor com discernimento e coragem bastantes para publicá-las: "Apesar de critério tão pouco comercial, Monteiro Lobato acertava. Os resultados materiais eram esplêndidos. O dinheiro pingava diariamente, vindo dos lugares mais distantes, e o negócio crescia tão vertiginosamente que a firma [...] precisou transformar-se em sociedade anônima".

No seu ensaio-levantamento, Cláudio Giordano não esquece tampouco de chamar a atenção para esse ponto nevrálgico, que justifica eu ter grifado mais acima o adjetivo "brasileiro". Diz ele a certa altura: "Das cerca de 250 edições feitas por ele que levantamos, talvez menos de uma dezena seja de traduções. E como salientamos, empenhou-se em publicar os novos, sem descurar os consagrados". Na nossa atual produção livreira, a porcentagem de obras literárias traduzidas é muitíssimo superior, como se sabe, às de obras vernáculas, e, destas, são ainda mais raras as de autores novos. Se se tiver outrossim em conta que o pouco que sobrou de imprensa literária entre nós mal lhes dá atenção, percebe-se que não há exagero em falar de ponto nevrálgico.

Entre os autores novos lançados pela Editora Monteiro Lobato Ltda., estava o seu próprio fundador e diretor. Embora ele tivesse dito a Godofredo Rangel, numa carta de 1909, que "quem se edita por conta própria faz uma coisa antinatural — como entre as mulheres o parir pela barriga, na cesariana", Lobato não tardaria muito a cometer a antinaturalidade de editar-se a si próprio. Em 1918, saiu *Urupês*, o seu livro de estréia. Ajudado pela nomeada que seu autor já granjeara entre os leitores de *O Estado de S.Paulo*, onde vinha publicando artigos de grande repercussão — entre eles o histórico "Velha praga", sobre Jeca Tatu —, *Urupês* alcançou rápido e estrondoso sucesso. Lobato não desmerecia da bravata que fizera a Rangel numa carta de 1905: "Ou dou um dia coisa que preste, que esborrache o indígena, ou não dou coisa nenhuma".

Para atender a um público a cada dia mais ávido de novos livros seus, o autor de *Urupês* apressou-se a recolher, em volumes de caráter miscelâneo, não só artigos mais recentes, publicados na chamada grande imprensa, como também coisas mais antigas — crônicas, contos, reflexões e anotações fragmentárias — divulgadas na imprensa interioriana. É de supor que essa apressada recolta, feita para atender solicitações de mercado, fosse presidida mais pelo interesse comercial do editor do que pelo senso crítico do autor. Assim é que, em cinco anos, Lobato lançou nada menos de oito livros seus, entre eles *Idéias de Jeca Tatu*, *Cidades mortas* e *Negrinha*. Em carta a Rangel, de novembro de 1919, confessa que o fez oportunisticamente, para "explorar o nome que, diz você, até no sertão está popular". Dois meses depois, não se peja de dizer que não é literato e que escreve livros e os vende "porque há mercado para a mercadoria; exatamente o negócio do que faz vassouras e vende-as, do que faz chouriços e vende-os". E em maio de 1921 vai ainda mais longe: "A minha obra literária, Rangel, está cada vez mais prejudicada pelo comércio. Acho que é melhor encostar a literatura e enriquecer".

Estamos, é fácil ver, bem longe dos tempos do "Aqui só se come o pão do espírito", divisa escrita na parede do Minarete pelos aspirantes a escritor que lá moravam. Nessa república estudantil do Belenzinho, viveu Lobato, como se sabe, seus anos juvenis de total fervor pela literatura. Fervor que, numa de suas primeiras cartas ao ex-companheiro do Minarete e desde então seu confidente e correspondente para o resto da vida, ele assim caracterizava: "Tentei arrancar de mim o carnegão da literatura. Só consegui uma coisa: adiar para depois dos 30 o meu aparecimento. Literatura é cachaça. Vicia. A gente começa com um cálice e acaba pau d'água de cadeia". Nas cartas que escreve a Rangel de 1904 a 1918, Lobato fala obsessivamente de literatura e quase que só dela. Comenta autores e livros, faz observações sobre estética literária, anota descobertas estilísticas, critica suas próprias produções e as de seu correspondente.

A partir de 1917, as cartas começam a mudar de tom. Preocupações pragmáticas, ligadas antes aos seus interesses de editor que às suas paixões de escritor, vão invadindo cada vez mais o espaço outrora dedicado exclusivamente à literatura. Até mesmo a anterior e irrestrita admiração de Lobato pela ficção de Rangel, a quem ele considerava o único escritor autêntico do grupo do Minarete, começa a empalidecer. Embora insista em publicar pela Editora Monteiro Lobato Ltda. o livro de estréia do amigo, *Vida ociosa*, que até então cumulara de elogios, nele descobre, uma vez editado, o defeito de não ser "romance de enredo intenso, dos que o público adora e determinam grande venda". Público, venda — o pão do espírito cede lugar ao pão do estômago e Mercúrio vai substituindo Apolo no santuário das devoções íntimas de Lobato.

Sua aventura editorial foi o primeiro passo num caminho que

tenderia a afastá-lo cada vez mais da literatura, pelo menos tal como até então a entendera. As etapas ulteriores de sua história de vida — adido comercial do Brasil em Nova York, fundador de uma companhia metalúrgica, idealizador de uma empresa de prospecção de petróleo — mostram-lhe a insistência em trilhar o caminho da ação empresarial, contraposto ao da mera especulação literária: "O Lobato que fazia contos e os discutia com você está morto, enterradíssimo", diz a Rangel em carta de 1928; "Porque tenho sido tudo, e creio que *minha verdadeira vocação é procurar o que valha a pena ser*".

Ironicamente, o que valeria a pena ser, ele o era desde o nascimento — um escritor pela graça de Deus. O malogro de suas ambições empresariais, primeiro como editor, depois como metalurgista e petroleiro — e o sonho do petróleo nacional o acabaria levando aos cárceres do Estado Novo —, teve o condão de devolvê-lo à literatura. Não mais como o contista maupassantiano e kiplinguiano de *Urupês* e outras coletâneas — cujo momento histórico havia passado com o advento do modernismo programático a que ele se mostrou infenso — mas como o maior dos autores brasileiros de literatura infanto-juvenil. Nessa área, Lobato fez o mesmo tipo de revolução que os modernistas haviam feito na área da chamada literatura de proposta, pelo que não é demasia ver em Emília e na sua turma do Sítio do Picapau Amarelo os Macunaímas anunciadores dessa outra revolução.

Livrando-se dos pruridos da prosa de arte que praticara na ficção adulta — preço que teve de pagar pelo fervor de suas leituras portuguesas e francesas fim de século —, Lobato alcançou desenvolver, na literatura para crianças e jovens, um inimitável estilo de narrar, despojado, vivaz, entranhadamente brasileiro. Numa reveladora carta de 1943, ele confessa a Rangel, grifando a frase, que "*o certo em literatura é escrever com o mínimo possível de literatura!*", e acrescenta que foi salvo pelas crianças: "De tanto escrever para elas, simplifiquei-me, aproximei-me do certo (que é o claro, o transparente como o céu)". Daí poder confessar, de alma leve: "Também creio, Rangel, que estou sarado da mania de negócios. Cortei as relações com a ambição monetária e fiquei sozinho com a literatura — a sem aspas. E estou até em lua-de-mel com a coitadinha".

Uma lua-de-mel, na verdade, que remontava a *Narizinho arrebitado*, de 1921, e que se prolongou, sem desfalecimentos, até *A chave do tamanho*, de 1945, um ano antes da morte do escritor, que já em 1926 aspirava a escrever livros "onde as nossas crianças possam morar [...] como morei no *Robinson* e nos *Filhos do capitão Grant*". Pelo trampolim lúdico do humor, que é o avesso da chatice da lição de moral, Lobato conseguiu chegar, desde o seu primeiro livro para crianças, ao coração da infância brasileira. Levou-o até lá não o saber de psicólogo, mas a intuição de escritor. Ao transcrever, numa de suas últimas cartas a Rangel, a carta de uma pequena leitora que o havia particularmente impressionado, Lobato a faz preceder destas palavras nascidas de uma longa experiência:

> Ah, Rangel, que mundos diferentes o do adulto e o da criança! Por não compreender isso e considerar a criança "um adulto em ponto pequeno", é que tantos escritores fracassam na literatura infantil e um Andersen fica eterno. Estou nesse setor há já vinte anos, e o intenso grau da minha "reeditabilidade" mostra que o meu verdeiro setor é esse. A reeditabilidade dos meus livros para adultos é muito menor. Não posso dar a receita. Entram em cena imponderáveis inapreensíveis.

O reencontro consigo mesmo como escritor, após os descaminhos da sua teimosia empresarial, poderia dar a pensar que a antilegenda de Lobato é a de uma oposição de raiz entre os valores estéticos do mundo da criação e os valores comerciais do mundo da edição. Mas a experiência do editor Lobato com as idiossincrasias do público ledor foi que, bem feitas as contas, acabou levando o escritor Lobato ao seu "verdadeiro setor". Isso para o seu próprio bem e da literatura infanto-juvenil brasileira, de que foi, a bem dizer, o fundador. E assim, sob a égide dos males que vêm para bem, a antilegenda lobatiana ganhou um final feliz de legenda.

Pinguelos em guerra no mato e na maloca

No décimo capítulo de *Macunaíma*, o herói supostamente sem nenhum caráter criado pela irreverência modernista de Mário de Andrade irrita-se com o discurso de um mulato acerca da simbologia patriótica do Cruzeiro do Sul e lhe contrapõe a lenda da ave Pauí-Podole que, para se livrar das formigas, foi morar no céu, onde se metamorfoseou nas quatro estrelas do Cruzeiro. A narrativa de Macunaíma encanta a tal ponto seus ouvintes paulistanos que eles, com o "coração cheio de explicações e cheio das estrelas vivas", passam a ver desde então as luzes do céu como as vê o imaginário indígena, ou seja, como brasão dos "assombros misteriosos que fizeram nascer todos os seres vivos".

Com ambientar em São Paulo alguns lances fundamentais da sua rapsódia folclórica, Mário de Andrade como que lhe estava atribuindo a função pedagógica de não deixar os homens da cidade das máquinas esquecerem de todo as raízes silvestres mais remotas da sua cultura — o mundo de assombros da mítica indígena. Que tal lição não foi em pura perda prova-o agora o só fato de que quem já tenha lido o *Macunaíma* com um mínimo de empatia estar com a sensibilidade suficientemente afinada para deleitar-se também com os contos de *A guerra dos pinguelos*. Não só porque neles voltará a encontrar outras versões de episódios aproveitados por Mário de Andrade na sua rapsódia — a exemplo do esmagamento dos bagos de Macunaíma por culpa do logro nele pregado pelo macaco comedor de coquinhos — como sobretudo porque irá mergulhar mais fundo naquela estranha aura de ingenuidade, violência, malícia, horror, sortilégios e prodígios que coroa os mitos e que parece evolar-se diretamente das solfataras do inconsciente coletivo — construto discutível, mas nem por isso menos sedutor.

A guerra dos pinguelos foi o título originalmente dado pela antropóloga Betty Mindlin a uma coletânea de contos eróticos de aborígines da Amazônia brasileira que ela coligiu e que acaba de ser editada com o título bem menos apropriado de *Moqueca de maridos* (Rio de Janeiro, Record, 1997). Com essa coletânea, Betty Mindlin dá continuidade a um projeto de extrema importância, qual seja o de salvar, antes que seja tarde, a memória cultural de povos indígenas do Brasil cujas línguas estão à beira da extinção. Iniciado com *Vozes da origem* (S. Paulo, Ática, 1996), o projeto vem sendo desenvolvido com rigor científico tanto na coleta do material quanto nos escólios antropológicos de que a sua organizadora os enriquece. Nem por isso tais publicações se destinam apenas aos especialistas. Pelo seu interesse humano e estético, agradarão igualmente ao leitor comum.

Ao dar o título de *A guerra dos pinguelos* à segunda dessas coletâneas, quis Betty Mindlin certamente ressaltar, através de um coloquialismo emblemático, a "enorme liberdade de expressão erótica, [...] sem nenhuma censura" com que eles lhe foram transmitidos pelos trinta e seis narradores indígenas relacionados na página de rosto do volume. Transmissão oral, feita nas línguas maternas dos povos a que eles (ou elas) pertencem — Macurap, Tupari, Jabuti, Aruá, Arikapu e Ajuru, todos de Rondônia.

A partir de registros gravados e com auxílio de tradutores

também indígenas, Betty Mindlin verteu para o português e pôs por escrito os contos, mantendo na medida do possível o estilo oral dos tradutores. Mas são inevitáveis as perdas nessa transposição do oral para o escrito. Perdem-se as inflexões de voz com que o narrador busca manter desperto o interesse dos ouvintes, o jogo de ênfases com que vai realçando os pontos altos da narrativa. Para se ter uma idéia da medida dessa perda, basta ouvir a faixa 16 do CD *Ihu: todos os sons*, de Marlui Miranda. Ali, ela imita à perfeição uma índia Suiá recitando o mito da origem do milho, recitativo onde as variações de timbre e os prolongamentos silábicos musicalizam tão expressivamente a narrativa.

Em alguns momentos de *A guerra dos pinguelos*, a própria narração faz referências a elipses desses valores vocais. Por exemplo, no conto Tupari 24, sobre a donzela Piripidpit que, por recusar o marido escolhido para ela, foi morta, assada e comida pelos primos dele, diz a narradora que enquanto moqueavam o corpo, os assassinos "cantavam *como eu estou cantando agora*". Também no conto Ajuru 39, a desconsolada menina cujo sogro-onça lhe devorou o irmão pequeno, "cantava o choro, *como eu estou cantando agora*, dizendo o nome do sogro" (itálicos meus).

No domínio da oralidade, as modulações melódicas, as expressões fisionômicas e gestuais do narrador cumprem a mesma função que recursos retóricos como a descrição, o suspense, a reiteração, a elipse, a hipérbole etc. cumprem no domínio do conto literário. Tais modulações e expressões são um complemento *formal* ao enredo esquemático da história, que se limita a arrolar sucintamente as peripécias do entrecho, sem demorar-se na descrição de seus ambientes ou personagens. Daí que se possa estender à audiência dos contos folclóricos o dito de Ortega y Gasset acerca do "primitivo leitor de romances", que era como "o menino que, numas poucas linhas, num simples esquema, crê ver, com vigorosa presença, o objeto íntegro".[1]

Embora as peripécias dos enredos dos 67 contos coligidos em *A guerra dos pinguelos* sejam narradas as mais das vezes em apenas duas ou três páginas e o caráter de suas personagens esboçado nuns poucos traços, a impressão que eles deixam no espírito do leitor letrado é da "vigorosa presença" de um imaginário cujos sortilégios semelham ser, a um só tempo, exóticos e estranhamente familiares. Isso porque têm todos a ver com o universo dos mitos, conforme explicita o subtítulo do livro de Betty Mindlin e seus narradores: "uma antologia dos mitos indígenas da Rondônia".

Se bem a palavra grega *mythos* designe qualquer espécie de conto, o certo é que ela não tardou a adquirir, pelo menos desde Platão e Evêmeros, a acepção restritiva de narrativas em torno de seres divinos ou superiores e das origens das coisas e fenômenos da natureza. Por sua vez, os etnólogos reservam a designação de contos míticos para aqueles que dizem respeito a um mundo anterior ao mundo presente. Essa duplicidade de mundos, que é sistêmica no imaginário dos povos ditos "primitivos", poderá ser encontrada em vários contos de *A guerra dos pinguelos*, como em pouco se verá.

A sensação de exotismo que tais contos suscitam tem a ver obviamente com a distância cultural que extrema a vida "civilizada" do leitor, da vida selvagem neles figurada — visando as aspas em "civilizada" abrandar com um grão de ceticismo voltairiano o que possa ainda haver de triunfalista nesse adjetivo de desastrosa carreira. Quanto à aura de estranha familiaridade de que se faz contraditoriamente acompanhar a sensação de exotismo, não é nada fácil explicá-la.

Na teoria junguiana dos arquétipos ou imagens primordiais, os motivos míticos são "elementos estruturais da psique"[2] — melhor dizendo, da sua parte mais profunda ou inconsciente. Ao reencontrá-los sob outras figurações num conto que não conhecíamos, surge então aquela impressão de familiaridade/estranheza que nos dão numerosas passagens de *A guerra dos pinguelos*. Mesmo pondo sob suspeição o construto junguiano de um inconsciente coletivo, não há como fechar os olhos à intrigante similitude estrutural dos mitos dos mais diferentes povos — similitude indicativa, quando mais não seja, das mesmas operações básicas da imaginação mitopoética, a despeito da variedade dos materiais que elas se aplicam em afeiçoar dentro de cada cultura. Ao opor reparos à noção postulada por Ernst Cassirer, de o mito ser sinônimo do modo mitopoético de consciência, Philip Wheelwright[3] faz uma distinção assaz pertinente entre a universalidade da imaginação mitopoética e a especificidade dos mitos que engendra.

Nas narrativas de *A guerra dos pinguelos*, três operações básicas da imaginação mitopoética avultam. A primeira é a ingerência constante de espíritos ou entidades sobrenaturais — Txocopods, Epaitsits, Tapurás — na vida dos indígenas, subvertendo-lhe a normalidade com feitos prodigiosos. Tais feitos pertencem as mais das vezes à ordem da metamorfose, outra operação a que o imaginário mitopoético recorre para dar conta, em lendas etiológicas, da origem de grande parte dos seres, coisas e fenômenos da natureza; daí o poeta Ovídio ter subsumido sob o título de *Metamorfoses* sua narrativa versificada de episódios da mitologia grega. A terceira operação mitopoética iterativa nos contos de *A guerra dos pinguelos* é a duplicação temporal do mundo em anterior e presente.

Releva notar que esse presente é sempre o dos personagens da narrativa, e nas pouquíssimas vezes que traz algum indício de datação *histórica*, ele se revela mais ou menos remoto do presente dos narradores. Assim, o conto 46, sobre a Raposa Antiga que roubava bichos de estimação das malocas dos Jabuti, exclui a galinha desse rol de bichos, porque "nesse tempo não existia galinha", ave introduzida na região com a chegada dos brancos. Já a circunstância de a protagonista do conto 23 ter sido bisavó da narradora situa a ação narrada num "presente" bem menos remoto. Note-se outrossim que enquanto o registro do conto 46 é claramente mítico, por atribuir dom de fala humana à Raposa Antiga e referir intercurso sexual de onças com mulheres, o conto 23 limita-se ao registro *histórico* de um ataque sanguinário sofrido pelos Tupari de seus inimigos Pawatü. Os itálicos nos adjetivos "histórico" e "mítico" visam a contrapô-los: aquele implica algum tipo de determinação temporal; este é, quando não intemporal, anterior ao tempo histórico.

Podem-se distinguir três níveis de temporalidade em *A guerra dos pinguelos*. O primeiro e mais longínquo é o tempo mítico da origem das coisas em que se situa a ação dos contos de caráter etiológico. É o tempo por excelência da realização utópica, da soberania do desejo, da fundação pelo Verbo: "Nesse tempo de antigamente, o que se dizia acontecia" (conto 46); "nesse tempo, tudo o que se falava acontecia de verdade" (conto 49).

Sucede-lhe um tempo não mais etiológico, mas ainda ante-histórico e mítico, cujos sucessos, também permeados de maravilhoso, envolvem conúbios de seres humanos com animais ou entidades sobrenaturais investidas de traços antropomórficos. Finalmente, nuns poucos contos, o tempo histórico começa a insinuar-se timidamente num ou noutro tipo de circunstância datadora.

Um dos mais líricos, entre os contos etiológicos, é o 17, sobre como os Macurap aprenderam a cantar "música de verdade", a qual foi ensinada a uma jovem da tribo pela cobra Botxatô, encarnação zoomórfica do arco-íris: essa aproximação entre cores e sons faz lembrar a teoria das correspondências de Baudelaire, Rimbaud e outros simbolistas. Passa-se do lírico ao erótico-grotesco no conto nº 2, também Macurap, acerca da origem do peixe-elétrico da Amazônia: enjoada do marido, uma mulher casada passara a deleitar-se com um Txocopod ou assombração que de noite enfiava o braço por entre as palhas da maloca para acariciar-lhe o clitóris; mas este começa a crescer até alcançar proporções catastróficas, quando então é cortado e atirado n'água, onde se converte no poraquê ou peixe-elétrico...

Este conto traz à tona outras características da mítica erótica de *A guerra dos pinguelos*. A começar da palavra emblemática com acerto escolhida pela organizadora da coletânea para dar-lhe título. *Pinguelo* designa, ali, não apenas o pênis mas também o clitóris. O "não apenas" e o "também" servem para marcar uma dualidade cujos termos têm pesos específicos diferentes. Conquanto os contos que estamos comentando dêem voz a um imaginário predominantemente falocêntrico, isso não obsta a que neles se faça ouvir de quando em quanto a voz da libido feminina, abafada mas reconhecível.

Na aparência, o conto etiológico do peixe-elétrico é um típico conto de exemplo. Por querer ser dona do seu desejo, como o é o homem na sociedade homossocial (para usar um adjetivo feminista em moda), a mulher é punida com o agigantamento falomórfico do órgão com que transgrediu o direito marital de posse. Mas esse agigantamento, ao hiperbolizar *também* a transgressão, dá-lhe uma ênfase que torna no mínimo ambígua a exemplaridade.

O conflito entre libido masculina e feminina reaparece em várias outras histórias. Na 1, Macurap, as mulheres da tribo encantam-se com um ser fluvial e vão atrás dele, declarando contra seus maridos uma greve do sexo, como as atenienses da *Lisístrata* de Aristófanes. Também na história 52, Jabuti, as mulheres, enojadas dos homens que antigamente comiam as próprias fezes com pamonha, metamorfoseiam-se em pássaros e os abandonam. A história 5, Macurap, versa o tema das amazonas, donzelas sem homens que viviam numa ginocracia mas um dia se apaixonam por um caçador extraviado a quem ensinam "os segredos das folhas, da caça e da pesca abundante"; tais segredos são todavia postos a perder por culpa de um intrometido ou "teimoso", personagem que em vários contos assume o papel estereotípico de transgressor ou violador de mistérios. Na história 4, as mulheres não só abandonam os maridos como, incitadas por Katuxuréu, a velha hedionda que vive no fundo de uma lagoa, passam a matá-los e devorá-los.

Dois outros curiosos contos "feministas" dos Macurap merecem referência à parte, por se reportarem ambos ao "antigamente" das origens míticas. O 10 fala do tempo utópico em que as mulheres "não tinham nem barriga grande, nem dor durante o parto" porque copulavam e partejavam pela unha do pé, isso até o dia em que um homem, apaixonado pela esposa do Caburé ou coruja, fez nela uma vagina; desde então as mulheres passaram a menstruar, com o que as "unhas do pé perderam o encanto anterior"... E no conto 73 o *topos* do mundo às avessas rastreado por Ernst Robert Curtius na literatura antiga e medieval[4] aparece em registro utópico-humorístico: "Antigamente os homens é que ficavam menstruados"; tinham de ficar reclusos numa pequena choça e agüentar a caçoada das mocinhas; irritado com isso, um rapaz atirou um pouco do seu sangue menstrual numa delas, "acertou em cheio, bem no meio das pernas", e a partir daí o mundo às avessas recompôs-se: "As mulheres é que passaram a ficar menstruadas, em reclusão cada mês".

Além da duplicação do tempo em mítico e histórico no universo narrativo de *A guerra dos pinguelos*, cumpre atentar para a organização do seu espaço vital em duas áreas contrastantes: a maloca e o mato. Embora o adjetivo "selvagem" nomeie aquele que vive na selva, o índio, pela circunstância de estar tão perto dela, estabelece uma nítida distinção entre a taba onde vive e o mato que, intermediado pela roça — ou seja, pela vegetação já domesticada por ele —, lhe rodeia as malocas. Disso dão claro testemunho as suas histórias míticas.

Nelas, como já vimos, os humanos convivem permanentemente com espíritos a cujos poderes mágicos se devem as metamorfoses que acionam a dramática da narrativa. Esses espíritos são entidades maléficas, gulosas de carne humana e com gostos contrários aos dos homens, tanto assim que preferem os lugares imundos e os bichos que neles vivem, sobretudo ratos. À semelhança das vítimas do lobisomem e do vampiro europeu, as vítimas de tais espíritos podem se transformar em assombrações: a protagonista do conto Tupari 30 namora um Epaitsit e, depois de devorada por ele, vira também Epaitsit. O mesmo acontece nas várias versões (7, 44 e 48) do macabro conto da mulher voraz cuja cabeça se soltava à noite e vagava em busca de comida. Impedida de retornar ao corpo, porque o enterram ou queimam, a cabeça vai morar no mato, lá vira um Txocopod que reina sobre os ratos e devora qualquer humano que lhe passe perto.

Enquanto na taba e na maloca a presença humana congregada tem o dom de afastar os espíritos maléficos, o mato ermo está infestado deles, que ali encontram o seu espaço de eleição. Tal contraste entre espaço humano e espaço sobrenatural ganha relevo nas histórias de malocas abandonadas por seus moradores que passam a ser habitadas por espíritos. Como no conto Tupari 29, em que uma mulher, por estéril, é rejeitada pelo marido e vai morar numa maloca abandonada onde vive um casal de espíritos. Ela aceita ser babá do filhinho-espírito deles, mas rouba-o um dia e foge para a aldeia; o pai-espírito, ameaçando matar todos os habitantes da aldeia, consegue recuperar o filho. Essa invasão, por uma entidade sobrenatural, do espaço humano defeso, justifica-se pela violação do direito parental cometida por um humano.

Com os seus espíritos comedores de gente viva, o mato é um espaço titânico: os Txopocod aterradores que o dominam lembram os Titãs da mítica grega chefiados pelo Crono devorador dos próprios filhos. A esses protodeuses monstruosos, tão próximos do Caos primevo que, anteriores ao tabu do incesto, consorciam-se com suas irmãs Titânidas, sucedem os deuses civilizadores do Olimpo.

Pelo fato de os perigos e horrores titânicos que dominam as representações do Além nos contos eróticos de Rondônia não deixarem nenhum lugar para entidades favoráveis de índole olímpica e civilizadora, nem por isso o interdito do incesto deixa de ser ali menos categórico. O incesto só chega a consumar-se num conto (Macurap 13) curiosamente evocador da lenda grega da Psiquê que perde o amor de Eros quando desobedece à proibição de ver-lhe o rosto. Na história Macurap, certa donzela visitada toda noite por um amante incógnito fica curiosa de conhecê-lo e, enquanto ele dorme, pinta-lhe a cara com jenipapo; no dia seguinte, descobre que se trata do seu próprio irmão; este, coberto de tristeza e de vergonha, foge para o céu, onde se converte em Uri, a lua.

Não obstante a devoradora ferocidade dos Txocopods, humanos de ambos os sexos eventualmente se arriscam, para sua desgraça, a consociar-se com eles. É o caso do filho do cacique do conto 15, que toma por esposa a órfã de um Txocopod e acaba sendo devorado por ela. Já os conúbios com bichos oferecem menos perigo, talvez pelos laços totêmicos que os aproximam do mundo humano. Outrora, bichos como o caburé (conto 10), a anta (conto 14), a arara (conto 16), o urubu (conto 34), o sapo (conto 43) e a onça (conto 46) podiam assumir a forma de gente e casar-se com humanos. Estes, em contrapartida, podiam metamorfosear-se em animais.

No conto Jabuti 55, uma esposa adúltera namora secretamente uma anta-macho, que antes de fazer amor tira a pele, pendura-a num galho e se torna gente; apesar de advertido a não fazê-lo, um jovem veste a pele da anta e se metamorfoseia nela. Outras vezes, a metamorfose é incompleta, como a sogra que por um feitiço do genro virá metade mulher, metade bacurau (conto 56), ou a jovem que, por recusar o marido escolhido para ela, torna-se, por feitiço dele, metade mulher e metade cobra (conto 67).

Para a imaginação mitopoética dos índios Jabuti, tais metamorfoses são naturais porque a aparência é só casca, como está dito no conto 45: "É a pele que fica, uma coisa vira outra, como o lagarto vira borboleta". Num belo conto Tupari (28), de que há também uma versão Arikabu, a introdução da arte cerâmica num tempo em que "as mulheres ainda não tinham potes para cozinhar" é figurada, num lance de dedicação maternal, na mãe que se metamorfoseia em pote de barro para ajudar a filha a cozinhar chicha, bebida fermentada da maior importância na dieta dos indígenas.

Essa constância do processo metamórfico nos contos de *A guerra dos pinguelos* ilustra quão próximo está, no imaginário indígena, o mundo dos homens do mundo dos espíritos e do mundo dos animais e das plantas. A fluidez das fronteiras que os separam ostenta-se, quando mais não fosse, na rapidez das mágicas transformações que as rompem a cada passo e que fazem lembrar o que Ítalo Calvino disse das *Metamorfoses* de Ovídio: de nelas a "mescla deuses-homens-natureza" instituir um "campo de tensão em que tais forças se defrontam e equilibram".[5]

Não deve causar maior espécie essa prodigiosa mescla metamórfica se fazer, na mítica dos povos indígenas de Roraima, sob o signo do desejo erótico. Nas mais antigas cosmogonias, o ímpeto genésico está na origem das coisas e à sua força avassaladora ninguém escapa. É ele que faz de todos os seres, naturais ou sobrenaturais, incansáveis combatentes da eterna e universal guerra dos pinguelos.

Cinco livros do modernismo brasileiro

I

Na perspectiva de uma história da invenção de formas literárias, as chamadas grandes obras do modernismo brasileiro, por meritórias que possam ser, necessariamente aparecem como algo tardias e/ou epigonais em relação às do seu epicentro francês, aquele "umbigo do mundo" a que se referia Paulo Prado no prefácio de *Pau-brasil*. Os treze anos que separam a realização da Semana de Arte Moderna de 1922 do lançamento do Manifesto futurista de 1909, ponto de partida da longa série de proclamações vanguardeiras das três primeiras décadas do século, mostram não ter sido assim tão instantânea quanto pretendia Antônio de Alcântara Machado a repercussão, no Brasil, do "movimento reacionário europeu". Por outro lado, uma vista de olhos ao índice de nomes citado por Mário de Andrade na sua súmula da poética de 22, *A escrava que não é Isaura*, dá logo a perceber tampouco terem sido "independentes entre si" os movimentos desencadeados pela "mesma ânsia de renovação" artística tanto "na Europa quanto nas

271

duas Américas". As frases entre aspas são ainda de Alcântara Machado,[1] cujo testemunho acerca das idéias e das ilusões do grupo modernista de São Paulo é particularmente significativo por vir de um dos seus primeiros e mais bem dotados seguidores.

Todavia, à luz de um projeto de cultura brasileira que começa a se esboçar já no século XVI, a atualidade e a pertinência das principais obras do movimento de 22 passam a primeiro plano, fazendo recuar para os fundos de quadro, por secundária, a questão de sua dívida para com modelos ou antecedentes europeus. Talvez se possa ver como teorização pioneira desse até então informulado projeto de cultura brasileira a "lei da obnubilação" formulada por Araripe Júnior num dos aditamentos à sua biografia de Gregório de Matos (1893). Lei que consistiria em o colono arribado à América Portuguesa ter de alijar a sua "bagagem de homem civilizado" e se animalizar, "descendo a escala do progresso psicológico" — isto é, revertendo ao estado de barbárie —, a fim de poder "concorrer com os primitivos íncolas",[2] mais bem adaptados do que ele ao habitat selvagem. Outra instância do mesmo esforço de teorização aflora na barbarização empática que, através de uma citação de Taine, se propõe Euclides da Cunha logo à entrada d'*Os sertões*. Na noção tainiana do "narrador sincero" empenhado em "sentir como bárbaro, entre os bárbaros" (para pôr em vernáculo o que Euclides deixou em francês, sem se dar muita conta da incongruência desse respeito tão pouco bárbaro pela letra do texto alheio), encontrava ele o paradigma do seu próprio esforço de, para além das deformações da sua ideologia positivista, discernir a verdadeira semântica social de Canudos.

Obnubilação, barbarização — outros tantos nomes para aquele processo de mestiçagem ou sincretismo que, num vislumbre de rara lucidez, Sílvio Romero enxergou como básico na formação não só da gente mas principalmente da cultura brasileira. Com os modernistas de 22, o conceito de mestiçagem cultural chegaria ao grau máximo de lucidez, transformando-se inclusive em bandeira de luta, isso desde o Manifesto da poesia pau-brasil de 1924, com a sua ênfase no "bárbaro e nosso", até o Manifesto Antropófago de 1928, onde o "bárbaro tecnizado de Keyserling"[3] é dado como ponto de chegada da Revolução Caraíba. Nessa promoção culta da barbárie, foi decisivo o impulso aqui recebido da moda primitivista que assolou a Europa a partir do começo do século e que se veiculou nos seus movimentos artísticos de vanguarda. Na gênese do cubismo, a escultura da África negra teve, como se sabe, importância comparável à da lição geometrizante de Cézanne. A poesia primitiva africana, por sua vez, transitou dos expressionistas alemães para os dadaístas de Zurique que, nas noitadas do Cabaré Voltaire, se compraziam em declamá-la ao som de tambores. O Brasil não ficou esquecido nessa voga: em 1918 Paris ouvia a execução de dois poemas tupis musicados para vozes femininas e batidas de mãos por Darius Milhaud, o mesmo Milhaud responsável pela partitura de *L'homme et son désir,* texto teatral de Paul Claudel ambientado na floresta amazônica e encenado em 1921 pelo Balé Sueco.[4] Convém ainda não esquecer as estreitas ligações dos modernistas de São Paulo com Blaise Cendrars, cuja *Anthologie nègre* de 1918 foi um dos marcos do neoprimitivismo literário, a que ele não deixou de incorporar o exótico brasileiro através de poemas e textos em prosa sobre as experiências de suas viagens ao país.

Entretanto, ao aderir de corpo e alma à voga do primitivo, os vanguardistas de 22 não estavam apenas copiando mais uma moda européia. Estavam era tentando descobrir a identidade brasileira por um processo de retomada cultural que Oswald de Andrade explicitou no Manifesto Antropófago: "Sem nós a Europa não teria sequer a sua pobre declaração dos direitos do homem". Referia-se ele obviamente ao mito do bom selvagem inspirado pelo índio americano a Montaigne e Rousseau e que o neoprimitivismo se encarregou de pôr outra vez em circulação. Antonio Candido acentuou a legitimidade dessa retomada ao observar que "no Brasil, as culturas primitivas se misturam à vida cotidiana ou são reminiscências ainda vivas de um passado recente", pelo que as "terríveis ousadias" sugeridas a artistas plásticos como Picasso e Brancusi ou a poetas como Max Jacob e Tristan Tzara pelas deformações e/ou simplificações expressivas da arte primitiva são "mais coerentes com a nossa herança cultural do que com a deles".[5] "Primitivo" era então um rótulo muito amplo. Abrangia não apenas culturas tradicionais já extintas como a etrusca, a egípcia e a da Grécia pré-clássica, ou ainda vivas, como as da África negra, da Oceania e das Américas, mas também a cultura popular contemporânea, especialmente as expressões de arte *naïve* tão caras aos cubistas, fossem os quadros do Douanier Rousseau ou os espetáculos de circo, a música de café-concerto ou o romance-folhetim, cuja leitura Apollinaire, aficionado de Fantomas, reputava "uma ocupação poética do mais alto interesse".[6] O primitivo, outrossim, se aproximava da criança na medida em que com ela partilhava da mesma mentalidade pré-lógica, categoria de base da antropologia de Lévy-Brühl bem conhecida de Mário e de Oswald de Andrade. A infantilidade é, reconhecidamente, um dos traços da arte moderna. No dadaísmo, por exemplo, Renato Poggioli discerniu uma "intransigente puerilidade, um extremo infantilismo";[7] a seu ver, a exaltação da espontaneidade infantil, característica de boa parte da arte de vanguarda, aponta para uma regressão psicológica ligada de perto à relação conflituosa entre filhos e pai. Relação que o choque de gerações próprio da dinâmica da história literária vai constituir em dialética, ao passadismo dos pais ou antecessores opondo-se o vanguardismo dos filhos ou sucessores. Dessa síndrome regressiva da vanguarda são componentes essenciais o gosto pela arte como jogo ou brincadeira, donde contestar ela pela sátira e a paródia a seriedade da arte acadêmica, tanto quanto a nostalgia da inocência ou pureza da infância, a que busca remontar pela recusa da má consciência que considera inseparável da lógica e da moral burguesas.

Curioso observar que, no modernismo brasileiro, a volta ao primitivo e ao infantil configurava um itinerário inverso ao dos seus modelos estrangeiros. Por ter como motivação o fastio, quando não a desistência dos valores da civilização ocidental, o primitivismo das vanguardas européias punha à mostra o seu caráter de fuga ao familiar rumo do exótico. O dos modernistas brasileiros de 22 significava, ao contrário, a busca das raízes remotas, e supostamente mais autênticas, de sua própria cultura. Daí que a regressão que eles gostosamente empreendiam em verso e prosa fosse menos a uma infância individual do que a uma infância nacional. Antes de evocar no *Primeiro caderno de poesias*, de 1927, a sua meninice paulistana, Oswald de Andrade revisitara antes, em *Paubrasil*, de 1925, a infância histórica de sua pátria com a "alegria da ignorância que descobre".[8] Também a pletora de adivinhas, frases feitas, parlendas e trava-línguas do folclore infantil usada por Mário de Andrade em *Macunaíma* para narrar as andanças do seu herói-síntese ecoa-lhe, isomorficamente, a matreirice de moleque, primeiro das trilhas do mato, depois das ruas de São Paulo.

O remonte às origens históricas da nacionalidade, ao momento mítico do encontro do índio com o europeu, equivalia a um banho lustral para a recuperação daquele "estado de inocência" do primitivo e da criança que um dos incisos do Manifesto da poesia pau-brasil de 1924 aproximava do estado de graça. Como toda inocência *a posteriori*, a do primitivismo modernista tinha o sentido crítico de uma redução fenomenológica. Sentido aliás discernível desde o indianismo neoclássico, onde a ingenuidade do iroquês de Voltaire pode ser vista como uma espécie de estratagema eidético para desmascaramento de embustes ideológicos, tanto quanto o era, no indianismo romântico, a contraposição da nobreza moral do selvagem à amoralidade utilitária de seus colonizadores. Assim também, chegados ao presente depois de sua viagem de ida e volta ao Cabralismo, puderam os modernistas de São Paulo, com a "alegria da ignorância que descobre", iniciar a crítica da herança colonial que ainda lhes embargava o passo à altura de 1922. Então, nas comemorações do primeiro centenário da independência política do Brasil, a retórica cívica, pela sua própria vacuidade, pôs bem à mostra o atraso material e cultural em que vegetava o país. Voltado porém mais para o estético do que para o político ou o social (e o esquematismo da hermenêutica histórico-sociológica do *Retrato do Brasil*, de Paulo Prado, antes parece confirmar do que desmentir pela exceção um pendor generalizado), o grupo de 22 só se ocupou das mazelas culturais decorrentes dessa incômoda herança. Empenhou-se em denunciar-lhe a bacharelice, o "lado doutor" da pedagogia jesuíta continuado pelas Faculdades de Direito, e o verbalismo que lhe é congênito, o "falar difícil" da língua culta submissa à norma gramatical lusitana. Foi neste ponto que, espicaçado pelas naturais afinidades do primitivo com o popular exploradas pelo cubismo europeu, os primitivistas brasileiros deram o melhor de si ao renovar radicalmente o código literário. Voltando as costas à erudição e à gramática, foram buscar no *melting pot* da cultura popular do campo e da cidade a língua "sem erudição", a língua "natural e neológica" que, forjada pela "contribuição milionária de todos os erros", veio enfim amalgamar sem fissuras o "como falamos" ao "como somos" e dar voz própria ao homem brasileiro. No domínio da língua, foi sem dúvida com o modernismo que a literatura brasileira conquistou em definitivo sua autonomia.

Para concluir: a dialética das vanguardas, que pedem sempre ao passado remoto o aval das inovações com que contestam o passado imediato, alcança explicar satisfatoriamente o paradoxo de os primitivistas de 22, tão nostálgicos dos tempos cabralinos, terem não obstante os olhos voltados para o futuro. Tanto assim que, fazendo tábula rasa do que ficou a meio caminho desses dois extremos — o meio caminho do período colonial e do período que, embora se pretendesse já nacional, guardava tantos resquícios daquele —, propuseram-se eles a conjugar sem contradição a inocência da barbárie reconquistada à sabedoria pragmática da tecnologia da modernidade para poderem ser com isso os "brasileiros da nossa época".[9]

É de esperar que esta brevíssima incursão pelos pressupostos do que se poderia chamar uma teoria do modernismo de 22 tenha bastado para pôr em relevo quão grande foi a refração sofrida pelas influências das vanguardas européias ao passarem pelo prisma de um projeto obnubilador ou antropofágico de cultura brasileira que, ao menos virtualmente, era anterior à revolução modernista. Cumpre ter sempre em mente o grau dessa refração para se poder estimar no seu justo valor o contributo das principais obras geradas pelo movimento. Ao limitar a cinco o número das que irão ser aqui discutidas, atentou-se sobretudo no seu caráter de abridoras de caminhos novos, caminhos que obras posteriores suas ou de outros autores, ainda que de mérito comparável, só fizeram alargar.

II

Em *Paulicéia desvairada* (1922), de Mário de Andrade, cronologicamente o primeiro livro modernista publicado no Brasil, a refração naturalizadora se confina ainda ao domínio do personalismo, sem chegar a apontar para um projeto comum. A propósito desse livro, costuma-se falar da influência do unanimismo de Verhaeren e Jules Romains, perceptível também em *Há uma gota de sangue em cada poema* (1917), o livro de estréia do autor. No caso de *Paulicéia desvairada*, a influência deles sofre uma refração que se faz sentir, quando mais não seja, na intromissão constante do Eu lírico num tipo de discurso que, por aspirar à expressão daqueles "sentimentos unânimes"[10] citados por Romains no título do seu artigo-manifesto de 1905, refugia do pessoal. Sendo Verhaeren e Romains poetas da fase intervalar entre o fim do simbolismo e o advento das vanguardas, não estranha que, ao escolher um verso do primeiro para epigrafar o "Prefácio interessantíssimo" de *Paulicéia desvairada*, Mário de Andrade se desculpasse ali de "estar tão atrasado dos movimentos artísticos atuais". De fato, em comparação com o atualizado elenco de autores modernisticamente canônicos citados em *A escrava que não é Isaura*, os trazidos à colação no prefácio de *Paulicéia desvairada*, onde Marinetti e Cocteau ainda se acotovelam ecleticamente com Victor Hugo e Bilac, mostram que a modernice dele estava em processo de formação.

Escrito em parágrafos curtos, de linguagem incisiva, como convém aos manifestos, o "Prefácio interessantíssimo" era uma espécie de ata de fundação do desvairismo, escola ou movimento cujo âmbito de atuação se esgotou ali. Para justificar o título do livro e o nome da escola a que servia de ilustração prática, explicava o poeta: "Quando sinto a impulsão lírica escrevo sem pensar tudo o que o meu inconsciente me grita". Não é difícil perceber nisto o magistério do automatismo psíquico iniciado pelos dadaístas e sistematizado depois pelos surrealistas, assim como o culto literário do desvario — alegorizada por uma maiúscula simbolista, "minha Loucura" será a musa do poeta ao longo do livro — tem possivelmente algo a ver com as sete "chansons de fou" da primeira parte de *Les villes tentaculaires* de Verhaeren, confessadamente o autor de cabeceira de Mário de Andrade no ano em que compôs *Paulicéia desvairada*.[11] Ao apresentar-se "como louco" no "Prefácio interessantíssimo", o poeta aceitava por antecipação o rótulo depreciativo que lhe seria pespegado pelos filisteus. A eles haveria por certo de parecer adoidada e incompreensível a "ordem imprevista das comoções, das associações de imagens, de contatos exteriores" que, para poder contar o "seu inconsciente", Mário de Andrade registrava nos seus versos, tão discrepantes de tudo quanto havia sido feito até ali na poesia brasileira, ainda que parecessem tímidos em comparação com os primeiros poemas dadaístas. Tivera ele um antegosto da reação filistina quando do escândalo provocado pelo aparecimento, em 1921, do artigo de Oswald de Andrade "O meu poeta futurista" no qual era reproduzido um dos poemas de *Pauli-céia desvairada*. O "Prefácio interessantíssimo" faz referência aos inconvenientes pessoais trazidos a Mário de Andrade por esse escândalo, e a virulência com que, em peças como "Ode ao burguês", "A caçada", "Colloque sentimental" e "As enfibraturas do Ipiranga" é versada a oposição entre artista e burguês, revela tratar-se menos da exploração de um *topos* da arte de vanguarda que de um desabafo de ordem íntima.

O desvario da linguagem inovadora do poeta paralelizava o desvario da vida trepidante da metrópole por ele celebrada. Mediante o uso sistemático do que, no "Prefácio interessantíssimo", ele chamava de "verso harmônico" e "polifonia poética" — um verso formado de palavras futuristicamente em liberdade, sem ligação gramatical entre si, a vibrarem no seu insulamento como a harmonia de um acorde irresoluto; uma polifonia verbal conseguida pela superposição de frases soltas, as mais das vezes elípticas por escamoteamento do verbo —, tentava ele suscitar o mesmo efeito de simultaneidade do "tumulto desordenado das muitas idéias" a se atropelarem no cérebro num momento de especial comoção. Para dar conta de tal comoção e do tumulto interior por ela engendrado, abusava o poeta inclusive de notações gráficas como as reticências e o ponto de exclamação, de uso extensivo já entre os simbolistas. Só que, em *Paulicéia desvairada*, as reticências visavam dar força de ressonância à palavra em si, liberta das sujei-ções sintáticas, enquanto o ponto de exclamação era a imagem icônica de uma subjetividade teatral a admirar-se de suas próprias visões e introvisões.

A simetria, desde o nível de uma teoria da composição, entre a tumultuosa interioridade do poeta e a não menos tumultuosa exterioridade da sua Paulicéia anuncia-se no verso de abertura do primeiro poema do livro:

São Paulo! comoção da minha vida...

Trata-se, contudo, de uma simetria dialética, inscrita mais na ordem da polaridade de contrários que do alinhamento de semelhanças. Se, pelo que dão a entender poemas de efusão lírica como "Inspiração", "Paisagem nº 1" ou "Tristura", é de amor a relação entre o poeta e a Cidade, outros poemas como "Os cortejos", "A escalada" ou "Ode ao burguês" mostram a dose de rancor subjacente a tal efusão. O tema da metrópole moderna aparece em *Paulicéia desvairada* com o mesmo sentido que tem na poesia de Baudelaire e Reverdy, onde, segundo Mortimer Guiney, é "símbolo da matéria fria, estática e indiferente, criada pelo homem na sua tentativa de estabelecer uma ponte entre si e o mundo exterior [...] do insucesso da humanidade ante o problema da incompatibilidade entre espírito e matéria".[12] Essa relação problemática é marcada, na estilística de inovação de *Paulicéia desvairada*, pela freqüência com que advérbios e infinitivos são substantivados pela anteposição de artigos: "os sempres", "os aplaudires", "os tambéns", "os muito-aolonges", "nos jamais" etc. Aponta semelhante recurso para uma espécie de reificação da circunstância, indicativa de um malogro do Eu em avir-se com ela, de um desencontro entre a magnitude do desejo e a escala do possível. Outrossim, o fato de a substantivação se fazer sempre no plural envolve a idéia de fatal e desalentadora repetitividade, além de evidentemente contrastar com a singularidade do Eu: na gramática poética do livro, a primeira pessoa do singular e suas marcas, pronomes e flexões verbais, corporificam a interioridade do poeta, ao passo que a terceira do plural é a máscara da Cidade e de seus mandatários:

Paulicéia — a grande boca de mil dentes

A essa pessoa múltipla ou "alma coletiva" diz respeito a pluralização constante de substantivos quase sempre abstratos por via dos quais, ao mesmo tempo em que mapeia os seus dilemas interiores, vai o poeta desenhando o perfil moral da sua desvairada Paulicéia. Perfil de cunho fortemente crítico nos poemas que tematizam o conflito entre os valores antagônicos do Eu e do Eles. É o caso de "A escalada", cuja metáfora de base, a Cidade como um "morro de ambições", se prolonga na do calvário ("crucificação da honra") que o poeta, falando consigo mesmo numa segunda pessoa de tom ironicamente admonitório, incita-se a escalar após ter-se livrado dos "fardos" de seus escrúpulos idealistas ("Estes mil quilos de crença") para, Hermes-Pança, poder chegar ele também ao "sol sonante" dos plutocratas. Em "Tietê", o rio da outrora aventura bandeirante aparece degradado em mero local de competições de natação: o advérbio "esperiamente", no segundo verso, deriva do nome de um clube esportivo então freqüentado por imigrantes enricados ou descendentes deles, a julgar pelos dois versos em italiano na última estrofe.

A imagem da Paulicéia como espaço de opulência financeira e refinamento mundano, iterativa em "Rua de São Bento", "O domador", "A caçada", "Paisagem nº 2", condensa-se no refrão "— Futilidade, civilização" que fecha cada uma das quatro estrofes de "Domingo", com o seu *staccato* de notações coloquiais compondo um quadro sarcasticamente descritivo. O mesmo registro sarcástico, que chega à virulência política em "O rebanho" e "Ode ao burguês", pervaga de começo a fim "As enfibraturas do Ipiranga", o texto mais ambicioso do livro. Nesse "oratório profano", os vários estratos da sociedade paulistana — escritores e artistas acadêmicos, milionários e burgueses, operariado e gente pobre — alternam coralmente suas vozes com as das Juvenilidades Auriverdes, ou seja, o grupo modernista, e da Minha Loucura, figuração simbólica da individualidade do poeta. Lançando mão de recursos como a monotonia das rimas repetitivas ou o contraste entre fórmulas prosaicas e metáforas alambicadas, "As enfibraturas do Ipiranga" compilam um catálogo de chavões do senso comum, da patriotada e do academismo, de par com certos cacoetes do próprio idioleto modernista, para fazer ouvir em plenitude o registro paródico que será a marca de fábrica do modernismo brasileiro em sua fase heróica.

O caráter coral do último poema de *Paulicéia desvairada*, discrepante do personalismo da maior parte dos que o antecedem, aponta já para um projeto transpessoal, de grupo. Em pólo oposto, "Colloque sentimental" nos dá a expressão mais reveladora da dialética do amor/rancor própria do subjetivo de *Paulicéia desvairada*, assim como a de amor: humor o será do visual de *Pau-brasil*. Na mesma linha do "Noturno" do Cambuci, cuja condição de bairro popular é conotada pelo grito do vendedor de batata assada e pelo violão do "mulato cor de oiro", a condição aristocrática de Higienópolis nos anos 20 ressalta dos flagrantes ora descritivos ora alusivos com que "Colloque sentimental" lhe fixa, em meio à noite paulistana, o brilho das mansões com, lá dentro, as casacas de seus condes e os ombros nus, o *rouge* pecaminoso e adulterino de suas grandes damas. Há uma ostensiva nota de crítica social nesses flagrantes — como o "rio de lágrimas" proletárias escorrendo de sob as portas das mansões —, mas ela não obsta a que o elocutor do poema, identificado pelo "eu" elíptico do primeiro verso, confesse no mesmo tom expiatório de "Religião", poema que se segue imediatamente a "Colloque sentimental", sua invencível atração por aquelas "Babilônias dos [seus] desejos mais baixos" que, embora sentindo-se excluído, ele culposamente percorre com os "pés chagados nos espinhos das calçadas". Não vem ao caso apontar eventuais nexos de simetria das equações amor: rancor e amor: humor com as diferenças de *status* social dos autores de *Paulicéia desvairada* e *Pau-brasil* à altura em que escreviam esses livros inaugurais. Nem explicar por aí eventuais atitudes de estranhamento ou à-vontade em relação ao apoio recebido pelo grupo de 22 do patriciado paulista, que tantas vezes o acolheu em suas mansões de Higienópolis. O que importa, acima de tudo, é a diversidade dos resultados literários das ditas equações e o alargamento assim trazido ao espectro da expressão modernista.

III

Conquanto o famoso epigrama "amor: humor" só vá aparecer no *Primeiro caderno de poesia do aluno Oswald de Andrade* (1927) — o qual, não obstante o título, é na realidade o segundo livro de poemas do autor—, ele já preside implicitamente a poética de *Pau-brasil* (1925). Não tanto a teorizada nos versículos de "falação", variante condensada do manifesto pau-brasil, como a dedutível dos poemas que a ela se seguem. A extremada concisão desses poemas levou Paulo Prado, no prefácio do livro, a chamar-lhes "comprimidos, minutos de poesia", glosando assim, talvez sem o saber, um dito de Tristan Tzara, que falou em "comprimido de linguagem"[13] ao referir-se ao lugar-comum usado pelos poetas cubistas com propósito semelhante ao das colagens da segunda fase, a fase sintética, da pintura cubista. O magistério do cubismo literário e pictórico é de resto perceptível em *Pau-brasil*, não mais, porém, do que o alto grau de inventividade demonstrado pelo seu autor no aproveitar-lhe as instigações para fundar uma "poética da radicalidade"[14] com justeza ali apontada por Haroldo de Campos. Para se ter a medida dessa radicalidade, é ilustrativo cotejar os poemas brasileiros de *Feuilles de route*, de Blaise Cendrars,[15] com peças de temas semelhantes de *Pau-brasil*. Nestas, muito mais que naqueles, a redução ao mínimo dos nexos gramaticais, a constante elipse do verbo, os deslocamentos qualificativos e os jogos paronomásicos e alusivos não só dinamizam a elocução como a fazem distanciar-se do lógico rumo ao analógico.

Além de estimular-lhe a capacidade de fixar em linhas rápidas de caricatura o essencial do que pretendia representar, a síntese cubista abriu os olhos do poeta de *Pau-brasil* para o espetáculo do cotidiano. "Escapulário", a peça de abertura do livro, vale como espécie de sua divisa ou programa:

> *No Pão de Açúcar*
> *De Cada Dia*
> *Dai-nos Senhor*
> *A Poesia*
> *De Cada Dia*

Aí estão *in nuce* alguns dos principais artigos de fé da arte poética oswaldiana. A paródia do texto litúrgico é visualmente sublinhada pelo uso de maiúsculas de reverência, sendo que, em nível semântico, o jogo alusivo convida a ler o virtual por sob o literal: a poesia de cada dia é também o pão de cada dia. Não o pão *tout-court* que mata a fome, mas o pão de massa mais fina que, além de matá-la, lisonjeia o paladar: mais bem se percebe a ironia desta complementação do utilitário pelo hedonístico ou estético quando se pensa na virtude da frugalidade tão encarecida nos textos de edificação religiosa. Todavia, o fundamental é a paródia ser acionada pelo aproveitamento de um lugar-comum da geografia turística nacional que, em outro poema do mesmo livro, "Noite no rio", assume também caráter litúrgico pela sua homologia de contornos com o manto triangular da Virgem tal como representada na iconografia: "O Pão de Açúcar/ É Nossa Senhora da Aparecida/ Coroada de luzes".

O lugar-comum é a pedra de toque do cotidiano por cristalizar-lhe, numa fórmula *readymade*, a consubstancial mesmice ou falta de novidade: a vida de todos os dias como repetição, rotina. Situa-se ela, portanto, nos antípodas da literatura, a qual tem antes a ver com a novidade da matéria ou expressão, quer em prosa (*novela* vem de "nova") quer em verso (o poético é o contrário do prosaico). Daí que, ao privilegiar o lugar-comum e ao tematizar o cotidiano, a poesia de *Pau-brasil* se colocasse deliberadamente no campo da antiliteratura. Poder-se-ia inclusive considerá-la, historicamente, o avesso da dicção parnasiano-simbolista, onde linguagem e tema "elevados" eram de praxe e de rigor. Mas por sob a negatividade paródica de *Pau-brasil* corre um permanente fio de positividade: humor é amor. Ao voltar-se para o cenário cotidiano, o poeta não quer vê-lo com os olhos da rotina. Propõe-se antes vê-lo com os olhos novos da "ignorância que descobre", mesmo porque "a poesia é a descoberta/ das coisas que eu nunca vi", lição por ele aprendida do seu filho de dez anos, conforme está dito num dos poemas do livro, "3 de maio". Ver o já-visto como nunca-visto equivale a inverter radicalmente as regras do jogo, fazendo do cotidiano o espaço da novidade e do literário o espaço da rotina ou convenção.

O enternecimento irônico (amor + humor) com que o poeta se compraz em rever o dia-a-dia para revitalizar-lhe os estereótipos é típico da ignorância ou inocência assumida *a posteriori*. Nela, à surpresa infantil com o nunca-visto subjaz a má consciência adulta do já-visto, donde a sua ironia ou duplicidade de visão. Ela dá sinal de si em "História do Brasil", a primeira das nove seções temáticas em que se divide *Pau-brasil*. Ali, trechos de prosa de cronistas coloniais, Caminha, Gandavo, d'Abeville e outros, são dispostos em forma de versos a fim de melhor ressaltar o pitoresco do deslumbramento pueril deles ante as singularidades e maravilhas do Novo Mundo. Esta utilização da técnica de colagem é *sui generis* por utilizar material historiográfico em vez de material contemporâneo, os recortes de jornal, fragmentos de conversação, letras de canções etc. a que os poetas cubistas costumavam recorrer. Digna de nota, ainda, a recorrência de técnica semelhante em "Secretário dos amantes". O título dessa sexta seção de *Pau-brasil* foi tirado das brochuras populares de modelos de cartas de amor, e os seis breves poemas que a compõem podem ser vistos como uma espécie de paródia das cantigas d'amigo: a elocução é de igual modo assumida pela mulher, mas a mistura coloquial de expressões de carinho com observações práticas ironiza em certa medida a sentimentalidade costumeira do gênero. Neste caso também limitou-se Oswald de Andrade a dar forma de versos a trechos de cartas que lhe foram escritas pela pintora Tarsila do Amaral, então sua mulher.[16]

Usada com freqüência ao longo do livro, a colagem, notadamente de textos de anúncios, serve a fins de sátira por assim dizer documental, já que, por cortejar o favor do público, o reclame acaba por lhe revelar obliquamente a psicologia e os valores. Entretanto, quando se avém com textos *naïfs*, a sátira oswaldiana deixa entrever uma indisfarçável ponta de enternecimento com a ingenuidade popular. Foi o que, não sem lhe opor alguns reparos, assinalou Mário de Andrade em *Pau-brasil*: "O. de A. se aternurou sem crítica por tudo o que é do povo".[17] Esse enternecimento paródico está por trás da fidelidade com que é registrada em "Carnaval" e "O ginásio", por exemplo, a linguagem a um só tempo empolada e canhestra das proclamações dos ranchos cariocas e dos volantes de propaganda de espetáculos populares como o do "tenor boxeur Romão Gonçalves". É ela ainda que explica a atração, do mesmo poeta cosmopolita que em "Contrabando" dirá trazer no coração "Uma saudade feliz/ de Paris", pela simplicidade da vida nas cidadezinhas do interior de São Paulo e Minas Gerais celebradas em "RP 1" e "Roteiro das Minas". Uma delas lhe vai inspirar o admirável "ditirambo" ("Meu amor me ensinou a ser simples/ Como um largo de igreja") e nos letreiros das modestas casas de comércio de outra, "Nova Iguaçu", enxergará ele alvíssaras do "país sem pecados" sonhado pela nostalgia dos tempos idílicos do Cabralismo, assim reverentemente grafado com maiúscula inicial na abertura de "Falação". Na linguagem, nas festas e nos costumes da vida popular do seu tempo o poeta reencontra o mesmo "bárbaro e nosso" das origens cabralinas. Pois este é o próprio *genius loci* a que devemos a "originalidade nativa" capaz de redimir-nos do pecado da "adesão acadêmica" do "Brasil doutor" para que possamos ser enfim os "brasileiros de nossa época".

É bem de ver que, em *Pau-brasil,* o pendor primitivista e popularesco convive, sem contradição, com o culto modernista do progresso. Culto que ressalta em alguns dos poemas de "Lóide brasileiro", a última seção do livro: no "Canto de regresso à pátria", parodiando Gonçalves Dias, diz-nos o poeta que deseja voltar para "o progresso de São Paulo", e em "Recife", tanto ou mais do que as relíquias históricas, encantam-no os guindastes e chaminés da cidade, "Baluarte do progresso". É menos insólita do que pode parecer esta simbiose da barbárie e do primitivismo com o progresso e a tecnologia. Aos olhos dos defensores mais ferrenhos da cultura dita humanística, a idolatria moderna da técnica sempre se afigurou, no fundo, a emergência de uma nova barbárie. E se se tiver em mente que o Manifesto da poesia pau-brasil se volta sobretudo contra a erudição e a bacharelice "humanísticas" de nossa formação histórica, não fica difícil entender o apreço de Oswald de Andrade, no Manifesto Antropófago, pelo "bárbaro tecnizado de Keyserling".

Um último aspecto de *Pau-brasil* que não pode passar sem registro é a sua visualidade e, correlatamente, a sua impessoalidade, já que ali nos fala o poeta menos de si que do mundo à sua volta. Isso mau grado ele se ter proposto, em "falação", uma "perspectiva de outra ordem que a visual". Referia-se, no caso, ao visual meramente fotográfico da "argúcia naturalista", em troca da qual aspirava à nova visualidade da "síntese" cubista. Esta, ele a soube realizar, pioneiramente e melhor do que ninguém entre nós, por via da feliz conjunção da paródia, da colagem e do lugar-comum revitalizado, "a poesia de cada dia", no quadro de uma poética de amor:humor. E o contraste entre a impessoalidade dela e o personalismo subjetivo de *Paulicéia desvairada* dá fé não apenas da amplitude do projeto modernista em sentido estrito como das futuras aporias da nossa modernidade em sentido lato.

IV

Quando se passa da poesia para o romance de Oswald de Andrade, está-se passando de arte que busca esconder a sua mestria por trás de uma estudada simplicidade para arte que timbra em alardear-se o tempo todo como tal, apontando um dedo enfático para a sua própria máscara.[18] Asceticamente, a poesia pau-brasil almejava ser uma simples "apresentação dos materiais" em estado bruto, no que se contrapunha, de caso pensado, à poesia sua antecessora "emaranhada na cultura" e nos "cipós das metrificações".[19] Já a prosa de arte das *Memórias sentimentais de João Miramar* (1924) prazerosamente se entrega às "violências maravilhosas da cor", conforme lhe está dito no prefácio, de modo a não deixar dúvidas quanto à sua primazia de iniciadora da expressão modernista em nossa ficção. A justificativa desta dualidade de posturas estilísticas talvez esteja na circunstância de, como poeta, Oswald de Andrade ter estreado já modernista, enquanto *Os condenados*, seu primeiro romance, publicado embora no mesmo ano da Semana de Arte Moderna, é visivelmente um livro pré-modernista. O "gongorismo verbal da escrita"[20] nele denunciado por Antonio Candido o define desde logo como um produto típico do *art-nouveau* literário.

À adjetivação frondosa de quem, por focalizar a vida sob as lentes de um patetismo à D'Annunzio, se esmerava em realçar-lhe operisticamente as tintas, sucede a preocupação do "estilo telegráfico e a metáfora lancinante" anunciados desde o prefácio das *Memórias sentimentais de João Miramar* como fruto da "nova revolução" em prol de "uma língua modernista". Língua que, distinguindo-se pela novidade desses recursos da tradição arte-novista, desta herdara contudo o mesmo impulso ornamental. Quando se fala em ornamento, está-se implicitamente falando em excesso ou transbordamento do significante sobre o significado, como se aquele se tornasse em certa medida independente deste. No caso de *Miramar*, tal relativa independência é confirmada pelo fato de, após uma viagem a Paris onde travou conhecimento mais íntimo com as novas modas artísticas, ter o romancista modernizado radicalmente o estilo de uma primeira versão mais conservadora do livro, datada de 1917.[21] Era como se, invertendo o exemplo clássico que Paulo Prado invocava no prefácio de *Pau-brasil* para expressamente desmenti-lo com a novidade tanto de fundo quanto de forma da poesia ali enfeixada, o seu autor, agora *doublé* de romancista, passasse a fazer versos novos sobre pensamentos antigos.

Não é assim tão descabido falar em versos a propósito de *Miramar*. Na medida em que se distanciava do ideal de uma "prosa pura" sonhado por Antônio de Alcântara Machado, incorria ele no equívoco da "prosa lírica" que o mesmo Alcântara Machado verberara como prosa que "não é prosa".[22] Salta à vista tender o estilo de *Miramar* mais à exuberância lírica do que à objetividade prosaica. Nele se multiplicam as metáforas de impacto ("o vento batia a madrugada como um marido"), as rimas e aliterações consecutivas ("sapos sapeiam sapas sopas"), as metonímias violentas ("sons lestos de campainhas ancoraram o navio"), os oxímoros ("escala subia quedas"), as onomatopéias semantizadas ("o grilo/ Triste tris-tris-triste"), os lances trocadilhescos ("bandos de bondes iam para as bandas da Avenida"), os deslocamentos qualificativos ("as barbas alemãs de um médico"), as alterações de regência verbal ("malta escabriavam salas brancas"), as nominações grotescas ("Miss Piss", "Pindobaville").[23] Mas o que particularmente se faz notar é o gosto futurista do telegráfico e do neológico, manifesto um na sistemática omissão de conectivos gramaticais, em especial artigos, e o outro na freqüente verbalização de adjetivos ou substantivos ("norte-americanava", "guardanapavam"). Se aqueles outros recursos de expressão podem ser vistos como manifestações mais ou menos gratuitas de ludismo poético, estes dois últimos estão intimamente ligados à semântica do livro. O telegráfico ecoa isomorficamente o tema da viagem, nele central, e da correlata dialética entre o Lá e o Cá emblematizada no nome do seu protagonista, um Miramar de olhos sempre postos "no mar de embarques", nunca de desembarques. O neológico, por sua vez, articula a fala de um desejo que, na exasperada multiplicação dos signos da modernice cosmopolita de Lá, busca uma compensação simbólica para o provincianismo da atrasada vida de Cá. Lá é evidentemente a Europa, a França em particular, de onde o Brasil importava então quase todos os refinamentos modernos, entre eles a ânsia de uma liberdade sexual que Oswald de Andrade iria exprimir mais de uma vez nas suas inacabadas memórias *Um homem sem profissão* (1954): "Tudo isso vinha confirmar a idéia de liberdade sexual que doirava o meu sonho de viagem, longe da pátria estreita e mesquinha, daquele ambiente doméstico onde tudo era pecado. [...] Na Europa, o amor nunca foi pecado. Não era preciso matar para possuir uma mulher. Não havia lá sanções terríveis como aqui pelo crime de adultério ou sedução. Enfim o que existia era uma vida sexual satisfatória, consciente e livre".[24]

Não é descabido trazer à colação esse texto autobiográfico

para iluminar aspectos do texto ficcional: um e outro coincidem repetidas vezes, como mostrará qualquer leitura comparativa de *Um homem sem profissão* e *Miramar*. Neste, após narrar a infância e adolescência do seu herói, demora-se o romancista em descrever-lhe a viagem pela Europa, de volta da qual Miramar desposa uma prima rica, herdeira de fazendas de café. O restante do livro é consagrado a pormenorizar-lhe as aventuras extraconjugais e boêmias em São Paulo, Santos e Rio, culminadas no seu divórcio, a que se seguem as mortes sucessivas da sogra e da esposa. Este anticlímax faz da filha única de Miramar herdeira dos bens maternos e garante a ele a vida sem preocupações materiais de que o seu hedonismo não podia abrir mão. Combinado à similitude de títulos, a menção do hedonismo traz à mente do leitor das *Memórias sentimentais de João Miramar* a lembrança das *Memórias póstumas de Brás Cubas* daquele Machado de Assis que, ao lado de Euclides da Cunha, era tudo quanto, na literatura brasileira, interessava ao autor de *Um homem sem profissão*, segundo ali confessa.[25] A despeito das extremadas diferenças de tempo histórico e projeto criativo, há algumas semelhanças entre os dois livros. Em *Brás Cubas* talvez aprendesse Oswald de Andrade a técnica dos capítulos curtos com títulos as mais das vezes irônicos utilizada em *Miramar,* depois em *Serafim Ponte Grande* (1933). E tanto o herói machadiano quanto o oswaldiano parecem ter sido talhados no mesmo pano para, cada qual à sua maneira, figurar o tipo do gozador elegante e cínico que, num texto autobiográfico, se distrai a fixar os ridículos, pecados e fraquezas alheios, por eles obliquamente justificando uma moral de interesse próprio. Brás Cubas se dá ao trabalho de explicitar as justificativas nas pachorrentas reflexões a que naturalmente o convida o seu eterno ócio de defunto sem mais nada por viver; as tropelias boêmias de João Miramar não lhe deixam tempo livre para refletir sobre elas, só para vivê-las; tire quem quiser a moral da fábula. Tirando-a, percebe-se que aponta menos para as feições intemporais de um caráter à Teofrasto do que para o rosto histórico de um patriciado agrícola cujo cosmopolitismo bem viajado mal lhe escondia a condição semicolonial.

Do que há de bifronte nesse rosto histórico dá testemunho imediato, no plano das homologias, o transbordo da modernice mais que futurista do estilo de *Miramar* por sobre a convencionalidade da sua matéria ficcional, que faz lembrar a do romance cosmopolita e fútil de Morand, Dekobra ou Guido de Verona. Com duas ressalvas: a de o trabalho de linguagem de *Miramar* ser muito mais avançado do ponto de vista estético, e a de ter sido livro escrito num diapasão satírico que não teme ir até o bufo. Estas ressalvas apontam, por sua vez, para duas direções diversas, identificadas no *mea culpa* que Oswald de Andrade antepôs ao *Serafim Ponte Grande* como prefácio. Penitencia-se ele de, nesse romance e no *Miramar*, ter feito literatura de vanguarda na ilusão burguesa de "colocar a literatura nova-rica da semicolônia ao lado dos custosos surrealismos imperialistas". Mas reconhece porém, no seu vanguardismo, "uma fonte sadia, o sarcasmo", que lhe permitiu servir "à burguesia sem nela crer". Com isso, podia aliviadamente concluir, no mesmo prefácio, terem sido seus dois romances modernistas não apenas um "índice cretino, sentimental e poético" das veleidades cosmopolitas da burguesia cafeeira de São Paulo, mas também o seu "necrológio". Um necrológio em grande estilo, ainda que feito de *vers nouveaux sur des pensers antiques*.

V

No "Prefácio interessantíssimo", cuja publicação antecedeu de dois anos a do Manifesto da poesia pau-brasil, Mário de Andrade já caracterizava os modernistas como os "primitivos de uma nova era". Mas fazia questão de ressaltar que, ao escrever os poemas de

Paulicéia desvairada, buscara fugir do "primitivismo vesgo e insincero" para só reter, das hipóteses acerca dos "primitivos das eras passadas", aquilo que o pudesse levar a uma "expressão mais humana e livre de arte". Seis anos depois, com a publicação de *Macunaíma,* parece ele ter deixado definitivamente de parte quaisquer reservas anteriores para mergulhar fundo na voga primitivista. Era o que dava a entender a circunstância de a figura do herói do livro e grande parte das peripécias ali narradas terem sido tomadas de empréstimo à mitologia ameríndia, a par de o registro coloquial em que foi escrito estilizar a fala popular. *Macunaíma* apareceu no mesmo ano em que Oswald de Andrade divulgava (maio de 1928) o seu Manifesto Antropófago. Mário de Andrade sublinhou, na época, tratar-se de mera coincidência, visto a primeira versão do livro datar de 1926; o certo, no entanto, é que ele respondia ao mesmo clima de idéias do manifesto, afora o qual, aliás, Oswald de Andrade não produziu nada de reconhecivelmente "antropófago". Em matéria de criação literária, portanto, a Antropofagia se limitou praticamente a *Macunaíma* e *Cobra Norato,* poema de Raul Bopp só em 1931 recolhido em livro.

A designação de "rapsódia", introduzida a partir da segunda edição de *Macunaíma* para definir-lhe a forma narrativa, pode ser entendida, literariamente, no sentido de imitação do estilo de compor dos rapsodos ou cantadores populares e, musicalmente, no sentido de fantasia livre e exuberante sobre motivos folclóricos. As duas acepções são pertinentes. A primeira é ilustrada, na linguagem do livro, pela freqüência de enumerações, refrões, frases rimadas ou aliterativas; pelo aproveitamento sistemático de locuções tradicionais e parlendas infantis; pelo recurso iterativo ao provérbio e à hipérbole; pelo à-vontade com que o mágico e o real se entremesclam. Tudo isso dentro do espírito lúdico de quem se encantasse mais com o fluxo da própria fala do que com a coerência da exposição, espírito no qual se faz reconhecível um pendor retórico herdado pelo homem do povo de seus antepassados índios. Ao dar cidadania literária à fala popular, tentava Mário de Andrade, como ele próprio diz na "Carta pras icamiabas" (capítulo IX), transpor o fosso que separava o "brasileiro falado" do "português escrito". Por isso não há em *Macunaíma* a diferença de registro elocucionário que havia na ficção regionalista sua antecessora entre personagem e narrador: este assume, sem mais diferença de estatuto social, a voz e a *persona* daquele.

Tampouco se percebem aqui os propósitos de registro localista que animavam o regionalismo. A fantasia rapsódica combina agora livremente entre si, na mesma tapeçaria de deliberado desenho transregional, motivos folclóricos provindos das diversas regiões do país. Desse transregionalismo dão prova, no nível da efabulação (onde, por repetitivas, assumem categoria de procedimento formal), as correrias do herói e seus perseguidores e/ou perseguidos por todos os quadrantes do país, numa movimentação cuja rapidez fabulosa oblitera as distâncias de ordem quer geográfica quer cultural. A exuberância da fantasia rapsódica ultrapassa livremente os limites da paráfrase para invadir os da invenção: o rol de episódios míticos tradicionais é enriquecido de episódios novos, mas consubstanciais deles, como se a inventiva do escritor se folclorizasse por contaminação. É o que avulta nos lances em que usos e artefatos da vida moderna são explicados por via mítica (por exemplo, o caso da onça virada em automóvel no capítulo XIV), à maneira dos contos etiológicos. Dada a anterioridade temporal do texto de *Macunaíma*, seria descabido querer ver em lances que tais ilustrações fabulares de postulados do Manifesto Antropófago. Mas não há como fugir à evidência de terem sido inspirados pela mesma preocupação de estabelecer o nexo de consubstancialidade entre primitivo e atual que, para os modernistas de 22, se fazia o penhor de serem eles os verdadeiros "brasileiros de nossa época".

Deste prisma, a transposição das aventuras de um herói folclórico da longínqua Amazônia para as ruas metropolitanas de São Paulo ganha outro sentido que não o de mera exploração das possibilidades cômicas do anacronismo. Como se sabe, Mário de Andrade foi buscar, às lendas ameríndias colhidas pelo etnógrafo alemão Koch-Grünberg no norte do Brasil e na Venezuela, o material de base da sua rapsódia, que posteriormente enriqueceria com elementos de outras numerosas fontes e com matéria de sua própria invenção. O enredo de *Macunaíma* gira em torno da viagem empreendida pelo herói epônimo e seus irmãos Jiguê e Maanape, desde a beira do Uraricoera, onde ele havia nascido e onde se tornara imperador da Mata-Virgem depois do seu casamento com Ci, rainha das amazonas, até São Paulo. O motivo da viagem é encontrar a muiraquitã ou talismã da felicidade que ele perdera e que lhe fora presenteado por Ci antes de ela, inconformada com a morte de seu filho com Macunaíma, subir para o céu e converter-se numa estrela. O talismã extraviado estava agora em poder do mascate Venceslau Pietro Pietra, avatar do gigante Piaimã. Depois de numerosas aventuras picarescas por São Paulo e Rio, onde se passa o principal da narrativa, o herói consegue recuperar a muiraquitã e volta para o mato de onde viera. Mas a sua tribo havia sido entrementes liquidada por uma epidemia e seus dois irmãos também não tardam a morrer. Solitário e abúlico, Macunaíma já não tem interesse pelas coisas. Nova perda do talismã por culpa do engodo de uma uiara que o atraíra para dentro d'água tira-lhe o último meio de devolver algum sentido a sua vida, pelo que ele, despedindo-se do mundo, ascende ao céu e se transforma numa constelação.

Ao escolher para protagonista de sua rapsódia um herói folclórico cujo nome significava "o grande malvado" e em cuja personalidade a soma dos defeitos sobrepujava bastante a das qualidades, Mário de Andrade não escondia um propósito de crítica que o subtítulo de "o herói sem nenhum caráter" dado a ela só fazia realçar. De começo, alegando tratar-se de um "livro de pura brincadeira", negou-lhe a condição de símbolo do *homo brasilicus* nele vista por Tristão de Ataíde, um dos seus primeiros resenhadores. Isso porque, no entender do autor de *Macunaíma*, símbolo implicava uma "totalidade psicológica" de todo ausente do seu herói ou anti-herói, de quem tirara "propositalmente o lado bom do brasileiro" a fim de poder torná-lo uma "sátira".[26] Enquanto símbolo negativo, o protagonista de *Macunaíma* compendia os traços psicológicos essenciais que Paulo Prado (a quem o livro está dedicado) recenseou em *Retrato do Brasil* como resultantes dos percalços da formação histórica da nacionalidade: a ambição da riqueza fácil, a lascívia sem freio, o individualismo anárquico, a carência de espírito de cooperação, a hipertrofia da imaginação, a loquacidade, a facilidade de decorar, as alternativas de entusiasmo e apatia, a indolência, a melancolia difusa. Traços eles todos negativos, próprios de uma visão crítica do caráter e da realidade nacionais que timbrava em distanciar-se o quanto pudesse da ufania a que desde sempre se apegara certo patriotismo tanto mais inócuo quanto acrítico. Ainda que semelhante catálogo de traços esteja longe de dar conta da personalidade contraditória e múltipla de Macunaíma — seria preciso acrescentar-lhe no mínimo os traços conexos de esperteza, prazer de mistificar e dom da improvisação —, são o bastante para destacar, na criação individual, o débito para com um ideário de grupo. O lado menino ou moleque do herói mário-andradino inculca-o de pronto uma figuração da irreverência infanto-juvenil com que as vanguardas costumam reptar a respeitabilidade do *Establishment*.

No artigo em que recenseou *Macunaíma* quando do seu lançamento em 1928, lembrava Tristão de Ataíde, a propósito da "Carta pras icamiabas", as *Cartas persas*.[27] Mas isso de passagem, sem se demorar no paralelo. Desenvolvido, ele levaria necessariamente a uma similitude de funções entre as proezas de Macunaíma em São Paulo, clímax da narrativa, e o confronto iluminista civilização x primitividade de que *L'ingénu* de Voltaire é o paradigma no terreno da prosa de ficção. Também a gesta paulistana do herói do Uraricoera serve para pôr em relevo mais a presteza com que ele se integra no mundo tecnológico do que sua estranheza ante os prodígios dele. Mal chegado à Paulicéia, ei-lo que decifra, à luz do pensamento mítico, um mistério que o pensamento lógico não conseguira nunca decifrar: "A Máquina era que matava os homens porém os homens é que mandavam na Máquina". Isso acontecia simplesmente por que eles "não tinham feito dela uma Iara explicável mas apenas uma realidade do mundo".[28] Vale dizer: tinham-na deixado ficar na ordem desumana do real em vez de integrá-la na ordem humana do mítico. E da superioridade desta sobre aquela é sinal seguro a facilidade com que, logo em seguida a essas reflexões, Macunaíma consegue transformar magicamente seu irmão Jiguê numa máquina-telefone a fim de ligar "pros cabarés encomendando lagosta e francesa". Não só alcança, pois, um domínio demiúrgico da máquina como a põe a serviço da satisfação imediata dos seus desejos, em vez de ficar à mercê do capricho dela, como os civilizados.

À primeira vista, este passo, e outros semelhantes, parecem indicar a recorrência, sob a forma de realização fictiva, do ideal do selvagem tecnizado de Keyserling que o Manifesto Antropófago propunha sob a forma de postulado. A suposição teria a respaldá-la a reconhecida influência das idéias de Keyserling acerca do homem novo das Américas sobre o pensamento de Mário de Andrade. Delas, porém, as que mais de perto lhe interessaram foram as relativas à significatividade da indolência tropical (donde o mote famoso de Macunaíma: "Ai que preguiça") e da necessidade de sintonia entre o "Können" e o "Sein", entre desenvolvimento material e desenvolvimento espiritual.[29] Elas o levaram a uma crítica da noção de progresso, principalmente tecnológico, em função da incompatibilidade de valores entre civilização européia e civilizações tropicais. A falta de caráter do brasileiro, personificada por Macunaíma, adviria de sua insistência em fugir dos valores telúricos do trópico onde vive e em tentar adaptar-se, com isso se descaracterizando, aos valores de uma civilização não tropical como a européia. Essa traição ao *genius loci* está alegoricamente representada em dois episódios do livro. No capítulo VIII, o herói, conquanto se houvesse comprometido em desposar uma das filhas de Vei, figuração mitológica do Sol, acaba se enrabichando por uma varina, isto é, uma portuguesa vendedora de peixe. E no capítulo XVIII, último do livro, ele vence o receio da água fria para atirar-se nos braços da uiara da lagoa: quando volta à margem, está todo desfigurado. O significado de ambos os episódios foi explicado mais tarde por Mário de Andrade. No primeiro, ao recusar "uma das filhas da luz", Macunaíma (e com ele o Brasil) renegava o exemplo "das grandes civilizações tropicais, China, Índia, Peru, México, Egito, filhas do calor" para se amulherar equivocamente com "o Portugal que nos herdou os princípios cristãos-europeus". No outro episódio, Vei ou "a região quente solar" se vinga da traição contra ela cometida fazendo "aparecer a uiara que destroça Macunaíma". E este não consegue realizar-se, "adquirir um caráter", pelo que, frustrado, "vai pro céu, viver 'o brilho inútil das estrelas'".[30]

Já não se está mais, como se vê, no clima de otimismo utópico do segundo manifesto de Oswald de Andrade, com sua Revolução Caraíba promovida pelo "bárbaro tecnizado" que antropofagicamente aproveitaria, do progresso europeu, "só a maquinaria", deixando-lhe de parte "as idéias e as outras paralisias". Dir-se-ia que o desfecho melancólico da fábula de Macunaíma, com o seu anticlímax de derrota e desistência, leva em direção oposta. Configura antes o epitáfio do sonho antropófago, a sua autocrítica antecipada, essa fábula do índio dominador das máquinas da urbe industrial que, por não se encontrar mais a gosto nela nem na selva natal a que baldadamente regressa, desiste de viver. No que lembra madame Bovary, menos, herói sem nenhum caráter que é, a grandeza moral dela. E como a Antropofagia assinala o fim do ciclo histórico do modernismo de 22, *Macunaíma* vale implicitamente por um balanço das suas consecuções, de que é uma das mais altas, tanto quanto de suas ilusões, a que serve de esplêndido mausoléu.

VI

Antônio de Alcântara Machado fez parte do grupo da *Revista de antropofagia*, mas o seu compromisso com a moda primitivista, pelo que dele dão notícia os contos de *Brás, Bexiga e Barra Funda* (1927), parece ter sido *sui generis*. Talvez nem conviesse falar de primitivismo no seu caso, não fosse a circunstância de o rótulo também se poder aplicar às manifestações mais ingênuas da vida popular contemporânea: como já se disse, ela tinha tanto interesse para os cubistas franceses quanto a dos povos "selvagens" propriamente ditos. Ao enfileirar os nomes dos três bairros pobres de São Paulo onde se fixaram os imigrantes italianos que não foram para a lavoura de café ou dela conseguiram alforriar-se, o título do primeiro livro de contos de Alcântara Machado já punha de manifesto suas intenções, de resto confirmadas na dedicatória dele ao "triunfo dos novos mamalucos", entre os quais estavam incluídos os modernistas Menotti del Picchia, Anita Malfatti e Victor Brecheret. Explicava o prefácio do livro que os novos mamalucos ou "intalianinhos" resultavam do ulterior ingresso, na obra de miscigenação das "três raças tristes" formadoras da nacionalidade brasileira, da nova raça "alegre" vinda da Itália no bojo dos transatlânticos modernos.

Alegria e modernidade eram ingredientes canônicos do movimento de 22, mas, a julgar pela representação desfavorável do imigrante italiano na prosa de ficção de Oswald e Mário de Andrade, não o era a simpatia para com os novos mamalucos e seus maiores. Em *Miramar*, o "intalianinho" Chelinini acaba por se revelar um escroque que ascende socialmente através de casamento de interesse com a sogra do protagonista; mais adiante, italianos enriquecidos no comércio e na indústria vão aparecer mancomunados a agiotas "turcos" para, com financiar-lhe a estroinice dos filhos ou genros-famílias como o próprio Miramar, levarem o patriciado cafeeiro à ruína. Em *Macunaíma*, por sua vez, o ogre ou vilão Piaimã assume o nome e a personalidade do italiano Venceslau Pietro Pietra, regatão ou mascate dos rios amazonenses que vem roubar a um filho da terra seu bem mais precioso, a muiraquitã da felicidade.

Nos contos de Alcântara Machado, os italianos e os "intaliani-nhos" são vistos por outra ótica. A minuciosa atenção posta pelo contista no registrar-lhes os torneios de expressão, o modo de vestir e de comportar-se, os ambientes onde viviam e conviviam, as metas e ambições que lhes norteavam a conduta, revela por si só, para além da escrupulosidade do simples repórter sem "partido nem ideal" que no prefácio de *Brás, Bexiga e Barra Funda* ele diz ser, uma indisfarçável empatia de visão. Esta se voltava menos para imigrantes bem-sucedidos como o cav. uff. Salvatore Melli, o industrial do conto "A sociedade", do que para gente humilde como o garoto de rua do "Gaetaninho", a costureirinha de "Carmela", o cobrador de ônibus do "Tiro de guerra nº 35", o barbeiro de "Amor e sangue", a menina pobre de "Lisetta", o órfão matreiro de "Notas biográficas do novo deputado" e assim por diante. Não é argumento contra a autenticidade da empatia de visão tais "aspectos da vida trabalhadeira" dos ítalo-brasileiros (a frase aspeada é ainda do prefácio do livro) terem sido observados sob a lente da caricatura, do outro lado da qual se poderia discernir, igualmente deformado pelo vidro de aumento, o olhar de superioridade entre compassivo e curioso do paulista bem-nascido. O mesmo traço caricatural está presente nos contos de *Laranja da China* (1928), cujos personagens nada têm de ítalo-paulistas, mas ostentam sobrenomes lidimamente portugueses.

O gosto da caricatura era indissociável do espírito de 22 e Alcântara Machado o cultivou regularmente nos seus contos, nas crônicas de viagem de *Pathé-Baby* (1926) e nos artigos de jornal postumamente reunidos em *Cavaquinho e saxofone* (1940). Num desses artigos, importantes pelo que dão a conhecer de suas opiniões acerca da literatura e da vida, ele se debruça sobre a arte de Voltolino, caricaturista ligado ao grupo modernista. Ao analisá-la parece estar falando de sua própria arte de contista, como quando observa que Voltolino, por ter o "lápis desgracioso [...] caricaturava melhor os humildes", em especial os da colônia ítalo-paulista a que pertencia e onde se travava a "luta surda [...] entre os que para cá vieram enriquecer trazendo no fundo da trouxa, entre roupas remendadas e caçarolas furadas, todo o peso das tradições de sua raça, e os filhos que deles nasceram aqui, livres dos preconceitos ancestrais, crescendo e se afirmando brasileiros em absoluta identidade com o solo e com o meio".[31]

O lápis de caricaturista de Alcântara Machado era também "desgracioso" na medida em que fugia de caso pensado da sedução arte-novista do ornamento, a que pela sua própria exuberância, folclórico-coloquial num caso, mais-do-que-futurista noutro, nem *Macunaíma* nem *Miramar* souberam esquivar-se. Diferentemente deles, o narrador de *Brás, Bexiga e Barra Funda* cultivava a virtude da "secura telegráfica" e a punha a serviço da "obra literária de movimento"[32] que ele via confundir-se vantajosamente com a reportagem. Daí não temer apresentar os seus contos como "um jornal" que se contentava em apenas noticiar a vida: "Não comenta. Não discute. Não aprofunda".[33] Num outro artigo de *Cavaquinho e saxofone* Alcântara Machado opõe o romancista ao repórter para tomar decididamente o partido deste último: "O romancista está espiando para dentro, bem no fundo. A vida que vive na luz é o repórter o único a fixar. Fixar por um minuto".[34] O minuto de vida é fixado nos contos de *Brás, Bexiga e Barra Funda* por uma técnica de síntese que parece haver recrutado seus recursos na caricatura, no jornalismo e no cinema. Da primeira vem a economia de traços com que o caráter de cada personagem é esboçado; do segundo, a fatualidade do enfoque e a direitura do modo de narrar; do último, a montagem da efabulação em curtos blocos ou tomadas descontínuos. A técnica narrativa de Alcântara Machado deixaria inclusive uma marca indelével no conto brasileiro, rastreável desde Marques Rebelo até Dalton Trevisan.

Mas o essencial a destacar na citação há pouco feita do texto sobre Voltolino é a "luta surda" travada entre o imigrante italiano e os "intalianinhos" dele aqui nascidos. Não só porque ilustra outra instância do conflito filhos x pai, típico da arte de vanguarda em geral e do modernismo de 22 em particular, como porque traz outra vez à baila o tópico da obnubilação ou barbarização, da mestiçagem ou antropofagia cultural, que é o ponto de fuga de todo o projeto modernista. Desse tópico, o último conto de *Brás, Bexiga e Barra Funda* constitui uma boa ilustração: o barbeiro Zampinetti vai abandonando o seu antigo chauvinismo italiano à medida que enriquece em São Paulo; termina por ser cabo eleitoral do PRP e por se naturalizar brasileiro tão logo seu filho Bruno se forma em Direito.

A imigração italiana assinalou, no campo, o fim do trabalho escravo e, na cidade, o crescimento da indústria, a que forneceu primeiro mão-de-obra e mais tarde alguns dos seus capitães na figura de imigrantes aqui enriquecidos. Num dos artigos de *Cavaquinho e saxofone*, ao mesmo tempo que reconhece esse contributo, Alcântara Machado cuida de sublinhar, não fosse paulista de primeira hora: "A mão-de-obra em parte é estrangeira. A iniciativa porém tem sido sempre paulista. [...] Os cueras somos nós paulistas. Basta atentar no nosso poder formidável de absorção". O "triunfo dos novos mamalucos" marcava, pois, uma vitória do *genius loci* que vinha coroar o processo histórico brasileiro inaugurando-lhe a fase propriamente século XX, quando ao caldeamento das três raças tristes se veio juntar a alegria italiana. Era a liquidação da melancolia índia, do banzo africano e da saudade lusa, trindade colonial em que o busilis parece estar no segundo membro. Isso porque, mesmo recalcado, o ideal do embranquecimento crescente do brasileiro parece ter sempre estado subjacente ao sonho modernista: Macunaíma nasce preto, mas assim que pode se torna branco. Estaria aí uma das razões inconfessas da empatia de Alcântara Machado pelos novos mamalucos... brancos? pergunta que permanece em aberto e quem se disponha algum dia a fechá-la não poderá dispensar-se de ler, em *Cavaquinho e saxofone,* os três artigos em que o autor anotou suas entusiasmadas impressões da Argentina. Num deles, significativamente intitulado "Onde o homem o é", ocorre esta passagem não menos significativa: "O branco não quer se tisnar de negro nem de amarelo e repele, com indisfarçável repugnância, convencido da sua superioridade, a parte negra e mulata da população brasileira. [...] Com sangue europeu do sul, do norte, inclusive judeu, aqui se está formando uma raça de ombros largos, estatura alta, saudável, sólida, igualmente feita para o trabalho e os chamados prazeres da vida".

O surrealismo
na literatura brasileira

I

Do surrealismo literário no Brasil quase se poderia dizer o mesmo que da batalha de Itararé: não houve. E não houve, explica-o uma frase de espírito hoje em domínio público, porque desde sempre fomos um país surrealista, ao contrário da França, cujo bem-comportado e incurável cartesianismo vive repetidamente a exigir terapias de choque como a poesia de Baudelaire, Lautréamont e Rimbaud, os manifestos de Tzara e Breton, o romance de Céline e Genêt. Em tom de aberta reprovação, Mário de Andrade deu foros de diagnóstico a essa frase de espírito quando num artigo de 1931, mais tarde recolhido aos *Aspectos da literatura brasileira*, se referiu ao "instintivismo que a fase atual da literatura indígena manifesta"[1] e que a seu ver — diferentemente do instintivismo europeu da década de 20, "por assim dizer organizado" porque fruto, ainda que paradoxal, da "exasperação racionalista do século XIX" — era expressivo "da nossa entidade" como povo na medida em que se inculcava o "instintivismo bêbado e contraditório" próprio "duma desorganização nem mesmo bárbara" e do "nada que somos como entidade".

É significativo, nesse diagnóstico de moralista, ter Mário de Andrade incluído o *Surréalisme* entre as principais manifestações do instintivismo universal da época. Assim grafado à francesa e em itálico, a palavra recendia ainda a novidade, a estrangeirismo; só mais tarde é que ela seria abrasileirada em "surrealismo" pelo comum das pessoas e em "super-realismo" pelos puristas mais ou menos confessos. Mas qualquer que seja a grafia, ao falar em surrealismo está-se falando a rigor do escolástico, instaurado por Breton com o manifesto de 1924 e desde então indissoluvelmente ligado ao seu nome, a ele que foi um pastor zeloso sempre disposto a fulminar com anátema as tentativas de cisma na sua igreja. A par, todavia, do surrealismo oficial e histórico, há um outro difuso, oficioso, sem doutrina ou preceptística claramente definida, mas nem por isso menos atuante enquanto espírito de época. Damaso Alonso, ao estudar os poetas espanhóis dos anos 20 e 30, chamou de "hiper-realismo" a esse "vasto movimento", do qual o surrealismo "seria só um subgrupo", surgido como "uma necessidade de época", concomitantemente com a psicanálise, e empenhado em "explorar, no romance e na poesia, as regiões mais profundas da subconsciência",[2] como Joyce o fizera magistralmente com o Ulisses, antes do manifesto de Breton. Outro não é o entendimento de Antonio Candido no seu artigo sobre *O agressor*, de Rosário Fusco: longe de a restringir ao surrealismo francês, estende a designação de "super-realismo" a "todos aqueles processos literários consistentes em violentar a contingência física e romper o nexo lógico", processos que remontam ao "elemento mítico primitivo",[3] esplendem nas tendências irracionalistas dos séculos XVIII e XIX e culminam no surrealismo escolástico do nosso século.

Dentro dessa perspectiva ampla, não é despropositado capitular no nosso páleo-surrealismo, como exemplo de violentação da contingência física e rompimento do nexo lógico, os bestialógicos em que se compraziam os poetas estudantes de São Paulo nos meados do século passado. Almeida Nogueira, que define o gênero pantagruélico ou bestialógico como um "discurso em prosa ou composição em verso, de estilo empolado e com propositais absurdos, engraçados pela extravagância",[4] indica como seu introdutor entre nós o Bernardo Guimarães daquele famigerado soneto cuja primeira quadra diz:

> *Eu vi dos pólos o gigante alado*
> *Sobre um monte de pálidos coriscos,*
> *Sem fazer caso dos bulcões ariscos,*
> *Devorando em silêncio a mão do fado![5]*

Não se deve levar muito ao pé da letra o adjetivo "propositais" com que Almeida Nogueira qualifica os absurdos cômicos visados pelos bestialógicos. Como eles eram compostos de improviso durante a tropelia das ceias estudantis, esta circunstância, além do seu total descompromisso para com as limitações da verossimilhança e da lógica, os aproxima da escrita automática de Breton e Soupault, quando não da livre associação da psicanálise. Não sei se alguém já se lembrou de fazer remontar o nosso bestialógico, para além de sua evidente matriz rabelaisiana, até as fatrasias francesas do século XII. Esse nome (de fatras, mixórdia) era dado às composições medievais em verso nas quais a confusão produzia absurdos cômicos, como numa célebre fatrasia de Arras:

> *O som de uma corneta*
> *come ao vinagrete*
> *o coração de um trovão*
> *quando um salmão*

prende no alçapão
o curso de uma estrela…[6]

Ainda recentemente, Jacques Dubois e seus colaboradores analisaram a estrutura dessa fatrasia com vistas a detectar o código retórico daqueles textos que "a poética geralmente evita enfrentar" e a cujo número, significativamente para o tema que ora nos ocupa, pertencem "os escritos surrealistas e, em geral, as manifestações da poesia irracional".[7]

Manifestações assim, e como tal capituláveis de igual modo no nosso páleo-surrealismo, ocorrem com freqüência na poesia necrofílica de Augusto dos Anjos, onde a alucinação ou delírio — estado de ânimo propício aos afloramentos do inconsciente deliberadamente buscados pelo oficiante surrealista — é invocada como álibi para a ilogicidade das enumerações caóticas em que o "poeta do hediondo" se esmera. É o que acontece por exemplo na terceira parte de "Os Doentes", em estrofes como:

O trem particular que um corpo arrasta
Sinistramente pela via férrea,
A cristalização da massa térrea,
O tecido da roupa que se gasta;

Ainda no mesmo período pré-modernista em que se situa Augusto dos Anjos, mas agora no campo da prosa de ficção, é indispensável citar o nome de Adelino Magalhães. Tendo publicado alguns dos seus livros mais marcantes antes do advento do surrealismo — *Casos e impressões*, em 1916, *Visões, cenas e perfis*, em 1918, *Tumulto da vida*, em 1920, *Inquietude*, em 1922 —, neles já utilizava, segundo Xavier Placer, o automatismo psíquico para explorar, em contos e novelas, o subconsciente, o sonho, o erotismo recalcado, as impressões pré-lógicas, as associações;[8] em suma, o próprio domínio do irracional onde Breton e seus seguidores plantaram o marco de posse. Daí poder Nestor Vítor assinalar em 1928 que "com o supra-realismo, ele [Adelino Magalhães] está na hora que lhe cabe".[9] Eugênio Gomes, por sua vez, discerniu-lhe na ficção um esforço de representar "a realidade [...] psíquica imediatamente",[10] o que sem dúvida faria dele um precursor daquele "ditado do pensamento, na ausência de qualquer controle exercido pela razão, fora de qualquer preocupação estética ou moral" preconizado por Breton no seu manifesto de 1924.[11] Mas nem a representação da realidade na obra de Adelino Magalhães é tão imediata quanto pretendeu Eugênio Gomes, nem dela está ausente a preocupação estética tida por Breton como incompatível com o registro automático. O estilo trabalhado em que ela foi escrita de pronto evidencia, no gosto do neologismo e na "originalidade procurada e cerebrina"[12] denunciada por Alfredo Bosi, uma estilização ornamental tipicamente *art nouveau* que a data historicamente, sem lhe tirar de todo o caráter precursor.

II

Nos primórdios do modernismo paulista, uma influência dominante foi, como se sabe, a do dadaísmo suíço-francês, de cujas hostes saíram os primeiros surrealistas. Versos de Tzara e Picabia são transcritos por Mário de Andrade n'*A escrava que não é Isaura*, plataforma por excelência da poética de 22. Se bem ele ali não fale explicitamente em surrealismo, dele se mantém muito próximo o tempo todo por ver na "consciência subliminal", nas 'impulsões do eu profundo a que não rege nenhuma determinação intelectual", "na liberdade aparentemente desordenada do subconsciente", a fonte imediata daquela "poesia panpsíquica"[13] que tanto admirava em Tzara, Éluard, Soupault, Aragon etc, vale dizer, nos surrealistas de primeira hora. Mas o teórico de *A escrava que não é Isaura* timbrava em distinguir entre lirismo, "reprodução exata do subconsciente", e poesia, tradução por um "esforço de vontade" inteligente e estilizador da "matéria afetiva e do subconsciente". Por isso, mesmo vendo na livre associação de imagens e de idéias o "princípio da Ordem Subconsciente"[14] privilegiado pela poesia modernista, lhe condenava o uso indiscriminado, tal como acontecia na poesia do seu amigo Luís Aranha.

Foi graças a um ensaio de Mário de Andrade divulgado originariamente na *Revista Nova* em 1932 que o nome desse poeta demissivo, bem como parte da sua curiosa obra poética, só agora editada em livro, competente e oportunamente, por Nelson Ascher e Rui Moreira Leite, foram salvos do esquecimento. Nos três longos poemas que escreveu antes de 1922, "Drogaria de Éter e de Sombra", "Poema Giratório" e "Poema Pitágoras", Luís Aranha se entregava "sem mais controle intelectual nenhum à associação de imagens", numa antecipação brasileira da escrita automática. Tratava-se de um "associacionismo subconsciente" no qual afloravam sobretudo "noções livrescas colhidas em [...] livros de leitura ginasiana",[15] donde o nome de "poesia preparatoriana" com que a batizou Mário de Andrade. Nessa poesia, há momentos de sabor inegavelmente surreal:[16]

A última vez que te vi
Numa folha de parra
Eu comia um pedaço do pólo
Teu coração
Ele se degelava em minha mão
Eu era uma bússola
Teu rosto um quadrante
Uma roda
Uma hélice
Um ventilador

Segundo Afrânio Coutinho que, não tendo sequer mencionado o surrealismo no índice geral de nomes, títulos e assuntos de *A literatura no Brasil*, dele tratou não obstante numa comunicação acadêmica,[17] deve-se a Prudente de Morais Neto as primeiras tentativas, entre nós, de escrita automática diretamente influenciada pelo primeiro manifesto de Breton. Publicou Prudente de Morais Neto dois poemas em prosa em 1926 e 1927 cuja dicção, por ilógica e desconexa a despeito de modalizações do tipo de "assim sendo", "reconhecidamente", "compreende-se", suscita no leitor uma sensação de estranhamento semelhante à que os textos surrealistas costumam suscitar. Veja-se por exemplo este passo de "Aventura", estampado no nº 3 (novembro de 1927) de *Verde*, a histórica revista de Cataguases: "E por absurdo que pareça, nem todo mundo desistiu de conciliar o sono. O sono ao contrário é que tomou o maior número de iniciativas. Percebendo a manobra atrevida não tive dúvida em contemplar pessoalmente as nuvens face a face. De todos os lados protestos intrínsecos faziam que sim com as mãos, os pés e algumas orelhas".[18]

É após 1930 que traços de influência surrealista se tornam mais bem perceptíveis na poesia brasileira, especialmente na obra por todos os títulos ímpar de Murilo Mendes. Para isso deve ter concorrido a amizade do poeta com Ismael Nery, que em 1927 tomara contato direto com o surrealismo em Paris e o incorporara à sua pintura, na qual símbolos oníricos se revestem de uma aura metafísica à De Chirico. Em *Tempo e eternidade*, escrito em parceria com Jorge de Lima, renegava Murilo Mendes o modernismo paródico-satírico de história do Brasil para, numa dicção mais sóbria e grave, restaurar a "poesia em Cristo", de conformidade com a divisa daquele livro de 1935. Conquanto ali já se definissem alguns dos temas iterativos do poeta, tais como o sentimento do eterno, a visada apocalíptica, a mediação do divino e do terreno pela musa, a simbiose do bíblico e do contemporâneo, ainda não se fazia sentir o que tanto escandalizaria Mário de Andrade ao recensear *A poesia em pânico*, em 1939: aquela "atitude desenvolta que o poeta usa nos seus poemas pra com a religião" e que "além de um não raro mau gosto, desmoraliza as imagens permanentes, veste de modas temporárias as verdades que se querem eternas".[19] Entretanto, é precisamente nessa desenvoltura, nesse suposto mau gosto e nessa preocupação com as "modas temporárias" que melhor ressalta a vertente surrealista de Murilo Mendes, comunicando-lhe à poesia religiosa uma ágil modernidade e impedindo-a de esclerosar-se no hieratismo. Atente-se em *O visionário*, publicado em 1941 mas escrito entre 1930 e 1933, para a mistura de sagrado e mundano, sexualidade e humor, coloquialismos e alusões religiosas, por via da qual o poeta manifesta a sua antevisão do caos prenunciador do juízo final. Tal mistura esplende, para citar um de numerosos exemplos, num poema de título e índole oniricamente surrealistas como "O sonho é vida":

Ele nasceu ciclone e não sabia,
Por isso é que as constelações, os braços, as pedras
Deixavam-no passar;
As virgens recuavam, as prostitutas também;
Os bancos, os quartéis, as usinas
Fechavam as janelas,
O deserto mandava a esfinge na frente
Para lutar com ele;
Os arranha-céus cresciam para ele não alcançar;
As orquestras se refugiavam nas vitrolas,
Os anjos no céu, o demônio no inferno, os mortos no purgatório

Até que ele um dia, cansado,
Apagou o último seio-farol da noite da pedra,
Trancou-se nos limbos
E encerrou-se com um sinal o ciclo dos tempos.

A linguagem de *As metamorfoses*, livro que se seguiu a *O visionário*, mantém as características já apontadas neste, mas carrega-se de alusões à guerra, com a qual passa a se confundir o juízo final repetidamente antevisto pelo profetismo católico do poeta. Intensifica-se, ao mesmo tempo, aquela "anulação de perspectivas" e aquele "intercâmbio de todos os planos" percebidos por Mário de Andrade nos Poemas de 1930 e decorrentes, a seu ver, de um aproveitamento "sedutor e convincente da lição sobre-realista", embora ele se desse boa conta de Murilo Mendes não ser "um *surréaliste* no sentido de escola".[20] Em meio aos quadros apocalípticos de *As metamorfoses*, tão belamente ilustrado por Portinari, repontam de quando em quando cenas pastorais que trazem à mente a onírica ingenuidade da pintura de Chagall:

> *Minha amada na janela*
> *Suprime a terra, a distância.*
> *Vôo com flores nas mãos,*
> *Para continuar a história*
> *Sem sombra de fatalidade.*

A obsessão com a guerra se faz marcar pela constância das alusões a máquinas de destruição, em particular a aviões, o avesso metafórico dos anjos; o poeta recebe granadas "em vez da Santa Eucaristia", vê os navios trazerem "víveres para os órfãos do terremoto" e a família ensaiar "máscaras contra gases mortíferos", denuncia os bárbaros que "fuzilam crianças com bonecas ao colo", acompanha a formação de "trincheiras nas nuvens" e as filhas do relâmpago "empunhando fuzis". Com essa imagética bélica, convivem sem contradição metáforas tradicionalmente murilianas, rastreáveis na melhor tradição surrealista, como os pianos, os manequins, as muletas, os velocípedes, o Minotauro. O *staccato*, cada verso fechado em si mesmo, a sucessão de versos correspondendo não ao desenvolvimento de um motivo, mas a um apinhamento deles, foi característico da dicção de Murilo Mendes até *Poesia Liberdade* (1947) e acompanhava de perto o atropelo das sugestões da subconsciência. A partir de *Contemplação de Ouro Preto* (1954), tal dicção se faz mais concatenada e passa a recorrer aos metros regulares, distanciando-se com isso do pendor surrealista que a marcara até então.

Jorge de Lima, irmão de armas de Murilo Mendes na campanha de restauração da poesia em Cristo, costuma ser apontado como outro dos raros poetas brasileiros sobre os quais o surrealismo exerceu algum influxo, embora este seja talvez mais bem perceptível na sua pintura de *dimanche* do que nos seus poemas e nos seus romances propriamente ditos. Alexandre Eulálio, além de discernir "um exercício de escrita automática" em *Anunciação e encontro de Mira-Celi*, aponta "paisagens metafísicas" no *Livro de sonetos* e "uma viagem ao subconsciente"[21] Na *Invenção de Orfeu*. No primeiro caso, a despeito de ocasionais sugestões surrealistas, parece-me haver um empenho doutrinário e um nexo discursivo dificilmente conciliáveis com a espontaneidade da escrita automática. Algo parecido se pode dizer do *Livro de Sonetos* e da *Invenção de Orfeu*, onde a exuberância metafórica estaria a serviço mais da construção que da catarse. Isto não significa que na poesia de Jorge de Lima não haja "marcas evidentes do processo surrealista" (a frase ainda é de Alexandre Eulálio), mas elas são menos profundas e menos sistemáticas que na de Murilo Mendes. Quanto à escrita de romances como *O anjo* e *Guerra dentro do beco*, o que nela releva é o à-vontade do poeta franqueando com a imaginação os limites da realidade verossímil, não uma tentativa deliberada de fundir sonho e realidade "numa espécie de realidade absoluta, a surrealidade", como buscou Breton fazer em *Nadja*.

Tampouco se poderia falar rigorosamente de surrealismo no caso de *O agressor* (1943), romance de Rosário Fusco. Contudo, o artigo em que Antonio Candido o analisava chamava-se precisamente "O surrealismo no Brasil". Para o autor desse artigo (depois incluído em *Brigada ligeira*), havia de surrealista em *O agressor* o fato de ações de seu protagonista se organizarem "segundo uma certa lógica do absurdo".[22] Tal era, indubitavelmente, a lógica por que se pautavam as relações do contador David não só com o seu patrão Franz e a mulher e sucessora dele, Frederica, como também os demais personagens: a empregada e a dona da pensão, a vizinha do edifício em frente etc. Conseqüência direta da mania de perseguição de David, em quem se centra o foco narrativo, é o clima alucinatório que pervaga o romance todo e atinge o auge na naturalidade com que os membros do sindicato dos chapeleiros aceitam a morte de Franz em plena sessão, que não é interrompida um segundo sequer. Chapeleiro faz logo lembrar Lewis Carroll, e o nome da empregada da pensão onde mora David, Amanda, é quase o mesmo da heroína de *O lobo da estepe*, de Hermann Hesse, em cujo "teatro mágico" quiçá esteja um dos pontos de partida do atual realismo mágico ou fantástico. No seu artigo, Antonio Candido se refere a Lewis Carroll como um dos precursores dos processos surrealistas, e se bem não cite nominalmente Hesse, aponta *O processo*, de Kafka, como um livro a que "muito e muito"[23] deve *O agressor*.

III

A esta altura, seria oportuno distinguir entre surrealismo e realismo mágico, para evitar o erro de capitular naquele a abundante floração de textos de prosa de ficção, na maioria contos, ocorrida entre nós na esteira de *O ex-mágico*, o livro pioneiro de Murilo Rubião que antecipou de pouco, no Brasil, a voga de Kafka, e de muito a de Borges, Cortázar e Garcia Márquez. Num suplemento especial dedicado pelo *Jornal do Brasil* ao cinqüentenário do surrealismo, Silviano Santiago[24] já insistia na importância dessa distinção. Caracterizava ele o realismo mágico como uma espécie de metaforização do real, ao passo que no surrealismo, a seu ver, imperava o desejo de apreender o fantástico no real. Poder-se-ia completar a distinção lembrando que desde o intróito do seu primeiro manifesto, Breton se queixava da insuficiência da vida real e lhe contrapunha a vida onírica, não para negar aquela, mas sim para completá-la numa super-realidade onde haveria a "resolução futura desses dois estados, aparentemente tão contraditórios entre si". Esse intento de unificação contrasta com a tendência disjuntiva do realismo mágico, implícita na dualidade de sua mesma denominação. Isso porque os efeitos de surpresa ou estranhamento por ele deliberadamente visados dependem do contraste entre o real e o fantástico.

À diferença de tantos contistas brasileiros que nestas duas últimas décadas vêm explorando os efeitos realístico-fantásticos, Aníbal Machado se manteve perto do surreal em alguns dos contos posteriores a *Vila feliz*, incluídos nas suas *Histórias reunidas* (1959). Em "O iniciado do vento", segundo Cavalcanti Proença, "fantasia e realidade são uma e só coisa, interpenetram-se, indelimitam-se", e é tal unificação que levou esse crítico a encontrar, nas histórias de Aníbal Machado, "componentes surrealistas, sem que, entretanto, se possa reconhecer uma ortodoxa adesão".[25] No protagonista de *João Ternura* (1965), criatura chapliniana a transitar labilmente entre o sonho e a realidade, há igualmente traços surrealistas; todavia, é nos *Cadernos de João* (1957) que eles avultam em plenitude. Não tanto nos aforismos ou anotações lírico-sapienciais na linha de Valéry, mas antes nas pequenas fábulas que com eles alternam e cujo humor e/ou non-sense as aproximam dos textos de Jacques Prévert. É o caso de "A bicicleta do filho pródigo", "A barraca de Orestes", "As pernas do campeão" e várias outras, entre elas destacando-se, pela riqueza metafórica, a "Última carta de Pero Vaz":

Digo a Vosmecê que no fim da planície há um gigante fumegando
Uma viúva sem consolo e um pássaro conversível
[...] Há um foco de generais
Ao pé de uma bananeira
[...] Há uma nuvem metida em aparelho de gesso.

Coetâneo dos modernistas históricos de Minas, o autor de *Cadernos de João* estreou tardiamente em livro nos meados da década de 40, e o surrealismo de seus poemas em prosa não deixa de apontar para uma tendência que, embora fugaz, pode ser rastreada nuns poucos poetas da chamada "geração de 45". Mas antes de falar neles, cumpre dar notícia de *Carrussel fantasma* (1937), ao que me consta o único livro de poesia de Fernando Mendes de Almeida. Nele, Mário de Andrade, a quem a obra está dedicada, ouviu "clarinadas longínquas do inconsciente", conquanto lhe parecesse que o seu "processo de concatenar imagens e idéias por contraste" não resultava "propriamente de uma associação lírica e subconsciente".[26] Mais taxativo, Péricles Eugênio da Silva Ramos acha *Carrussel fantasma* um "livro de expressão inconfundível, desarticuladamente surrealista".[27] O *cantabile* dos metros regulares a que o seu autor com freqüência recorre não chega a abrandar-lhe o abrupto dos versos, ora ponteados de exclamações ("Olhai a cidade dos pregões!/ Rita! Nau! Vitória! Esconderijo!"), ora sem quase nexos de sentido a articulá-los entre si, numa alogicidade de tipo surreal:

Vinho dos pólos da geografia!
Quero beber-vos e, só, em paz.
O amor-rinoceronte é uma ficção
e os camelôs já vendem alianças.

No mesmo ano de 1937 em que saiu o *Carrussel fantasma*, era publicado em livro o teatro de Oswald de Andrade. Para Sábato

Magaldi, há "muito ainda do surrealismo" na "hipérbole imaginativa"[28] do autor de *O rei da vela*, de *O homem e o cavalo* e de *A morta*. É bem de ver porém que, nessas peças, a intencionalidade política, de um marxismo de cartilha, de par com a preocupação da frase de efeito, à Wilde, posta a serviço de uma construção bufa cujo pendor esculhambativo é bem 22, não deixam muito campo livre para a espontaneidade surrealista. Isso em *O homem e o cavalo*, e, em menor grau, em *O rei da vela*. Já em *A morta*, de maior carga subjetiva porque centrada no dilema catacumbas líricas x catacumbas políticas em que a essa altura se debatia a consciência do teatrólogo e que a intuição do poeta iria resolver no *Cântico dos cânticos para flauta e violão* sob o signo da indistinção entre amar e combater, a linguagem está mais perto da catarse psíquica. Daí ter cabida a aproximação proposta por Sábato Magaldi entre o teatro de Oswald de Andrade e o de Nelson Rodrigues, o qual, "em grande parte de sua obra, não fez mais do que fixar os personagens numa perspectiva psicanalítica".[29] Se essa perspectiva não permite caracterizar como surrealista o "espaço subconsciente"[30] das peças de Nelson Rodrigues, permite ao menos enquadrá-lo no mesmo *Zeitgeist* de que psicanálise e surrealismo foram afloramentos gêmeos.

IV

São da década que assistiu, entre admiração e susto, à estréia de *Vestido de noiva*, dois livros de poesia em que os traços da influência surrealista se fazem sentir, incontestáveis. *Pedra do sono* (1942), de João Cabral de Melo Neto, apesar de trazer como epígrafe um verso de Mallarmé, corifeu da poesia desperta, privilegiava o onírico como material de construção, conforme deixa perceber o seu título. Anteriormente, num texto em prosa, *Considerações sobre o poeta dormindo*, o autor dessa coletânea de poemas postulara o sono como útil ginástica prévia para o exercício da poesia.[31] Nisso, imitava ele o Saint-Pol Roux citado por Breton no seu manifesto de 1924, que, quando ia dormir, pendurava à porta de sua mansão um avisão: "O poeta trabalha". Repetem-se, nos versos de *Pedra do sono*, as referências a sono, adormecer, pesadelo, sonho, sonâmbulo, mas a marca surrealista transparece melhor no desenvolvimento de certos poemas mais por enumeração díspar do que por variação de um motivo-chave, para não falar da "absurdez imediata" de tantas imagens de impacto, que servem de "trampolins para o espírito", como queria Breton:

E nas bicicletas que eram poemas
chegavam meus amigos alucinados.
Sentados em desordem aparente,
ei-los a engolir regularmente seus relógios
enquanto o hierofante armado cavaleiro
movia inutilmente seu único braço.

Em *Os três mal amados*, poema em prosa de 1943, João Cabral parece empenhado em ilustrar a técnica bretoniana da "verdade absoluta" do diálogo, cada interlocutor perdido no seu próprio solilóquio, sem sentir nenhum "prazer dialético especial" de impô-lo ao próximo: as falas de João, Raimundo e Joaquim, personagens tomados de empréstimo ao poema "Quadrilha", de Drummond, são estanques entre si, a Teresa onírica e distante de um nada tendo a ver com a Maria sucessivamente praia, fonte, campo asfaltado, garrafa de aguardente, livro, folha branca e limite do outro, nem tampouco com o faminto amor do terceiro, que lhe vai comendo desde o nome até as dores de cabeça. A partir de *O engenheiro* (1945), em alguns poemas do qual Sérgio Milliet ainda enxergou um surrealismo fácil, à Dali,[32] o "sol da atenção" a que o poeta se refere na sua *Psicologia da composição* começa a ganhar ascendente sobre a lua do onírico. Firma-se o primado do verso "nítido e preciso [...] praia pura/ onde nada existe/ em que a noite pouse" que haveria de ser doravante a marca de fábrica da poesia cabralina.

Psicologia da composição era dedicado pelo autor a um coestaduano, Antônio Rangel Bandeira, que por sua vez lhe dedicou a segunda parte, "Musa aventureira", do seu livro de estréia, *Poesias* (1946). Em mais de uma peça dele deparamos aquilo que, à falta de melhor designação, se poderia chamar de "teatralidade surrealista", como no poema de abertura, em que, à repentina chegada do lirismo

os personagens desceram do palco
Assassinaram o Autor
Que estava sentado na primeira fila da platéia
Fugiram
E confundiram-se
No turbilhão da cidade.

Pela sua índole enumerativa, outros poemas fazem lembrar naturezas mortas ou colagens surrealistas. Veja-se "Laboratório de Mateus de Lima" e, mais ainda, "Sugestão plástica":

Endormidos vultos marinhos
Cavalos comerciais
Gramáticas portuguesas
Dicionários de Séguier
E uma vela acesa na medida do tempo.

Um outro caso de estréia tardia em livro, a desafiar a boa ordem das exposições cronológicas, é o de Sosígenes Costa. A sua *Obra poética*, conquanto reunisse textos escritos de 1924 a 1959, só foi publicada neste último ano. "O dourado papiro", poema de 1935 e um dos pontos altos do volume, tem impregnações de ordem surrealista:[33] a história do menino bonito por quem uma serpente se apaixona a ponto de persegui-lo nos sonhos, quando então o arrasta a estranhos reinos bíblicos, egípcios, incas e astecas perdidos no fundo do rio, transcorre numa atmosfera de *non-sense*, de um encanto onírico realçado pelo coloquial da linguagem narrativa, tão consubstancial àquele super-realismo folclórico, "do populário de todos os povos, com raízes que mergulham no elemento mítico primitivo", apontado por Antonio Candido como uma das matrizes mais remotas da "variação francesa do surrealismo".

V

Com o fechamento da "escola" de Breton após a sua morte e, mais do que isso, com a incorporação da técnica da metáfora surreal à linguagem corrente da poesia, deixou de ter sentido o afã de querer aferir o maior ou menor débito deste ou daquele autor mais recente para com a dita escola. Tudo quanto cabe agora dizer, à guisa de conclusão, é que entre os poetas brasileiros surgidos nas três últimas décadas há uma corrente que cultiva a efusão catártica, contrariamente tanto à "elevação do vulgar"[34] perseguida pelos porta-vozes da geração de 45 quanto à preocupação antidiscursiva da poesia concreta, evidenciada no seu recurso ao laconismo espacial, ideogrâmico e intersemiótico. Essa catarse poética, que tende à oralidade, não deixa de apresentar afinidades com a da geração *beat* americana, a qual, através de Henry Miller e pela mesma "insistência no espontâneo, no improvisado, na importância de viver o momento presente, na sensualidade, naturalidade e desprezo à censura, no sentimento de sacralidade, na receptividade", conforme diz dela Lawrence Lipton,[35] mostra ter raízes, ainda que indiretas, no libertarismo surrealista.

Não é este o lugar nem o momento para selecionar criticamente obras e autores dessa corrente ou tendência que não chegou a configurar-se em movimento. Contentemo-nos em citar, por amor do exemplo, os nomes de Claudio Willer, cujas traduções de Lautréamont e de Guinsberg são expressivas de tendências da sua própria poesia, e de Roberto Piva, cujo *Paranóia* mereceu uma resenha no número de novembro de 1965 de *La Brèche*, revista consagrada à "action surrealiste" e dirigida por André Breton. Ali se diz que "*Paranóia* é o primeiro livro de poesia delirante publicado em brasileiro (sic)" e se acentua que Freud e Lautréamont "têm a maior importância" para o seu autor, a quem "a mais moderna literatura beat norte-americana [...] transmitiu a fascinação dos neons e a alucinação pela metrópole metálica que evocam as fotografias de São Paulo inseridas no seu livro". Não seria demais acrescentar o nome de Artaud (o ex-companheiro de Breton que não hesitou em levar até a loucura sua fidelidade ao automatismo psíquico) ao rol das principais influências recebidas por Piva, que confessa não ter jamais aberto mão da aspiração surrealista de fundir inextricavelmente sonho, poesia e vida.

O amigo dos bilhetes

Os bilhetes de que se vai falar aqui nada têm a ver com os de um certo ex-presidente que, na sua ânsia de publicidade, não dava ponto sem nó sequer nos memorandos de serviço. Nunca fui seu eleitor, quanto mais seu amigo. Seus amigos eram os grandes empreiteiros cuja desinteressada amizade parece ter-se transferido para um outro alcaide também com ambições presidenciais, felizmente frustradas até agora.

Há meio século coleciono, com o maior desvelo, os bilhetes e os livros que de vez em quando me chegam de um contista de Curitiba a quem o crítico Fausto Cunha considerou, com fundadas razões, um dos melhores do mundo. Aliás, das mãos desse mesmo contista recebeu Curitiba, como Dublin das de Joyce ou os campos gerais das de Guimarães Rosa, sua carta de cidadania literária. Sobre ele já tive ocasião de escrever uma orelha de livro e dois ensaios, além de um verbete de dicionário ao qual ele costumava remeter leitores que o iam importunar à cata de informações sobre sua vida e obra. Avesso a toda forma de promoção pessoal, o contista de que falo detesta dar entrevistas.

322

A pretexto de comemorar-lhe os setenta anos, um jornal curitibano teve a infeliz idéia de pedir a intelectuais e escritores que lhe endereçassem perguntas, embora ele jamais as fosse responder. Ciente disso, assim formulei a minha: "Quando tenho alguma curiosidade sobre você, vou aos seus livros, interrogo-os e com o que consigo apurar escrevo um artigo. Por isso me limito agora a perguntar: 'você vai bem, Dalton Trevisan?"

Espero em Deus que ele esteja tão bem como quando o conheci nos meados dos anos 40. Por essa época eu estudava química industrial em Curitiba. A bem da verdade, estudei-a muito pouco: a política e a literatura quase não me deixavam tempo para ela. Política dentro da linha justa do Partido, que malgrado os pés de mau barro staliniano, ainda se agüentava então sobre eles. Quanto à literatura, Curitiba dispunha de um espaço privilegiado para o seu cultivo — o Café Belas Artes, ponto de reunião de escritores, artistas, corretores e comunistas. Tentei preservar-lhe a lembrança numa balada cujas primeiras estrofes diziam:

No mármore das mesas
do café Belas-Artes
os problemas se resolviam
como em passe de mágica.

Não que as leis do real
se abolissem de todo
mas ali dentro Curitiba
era quase Paris.

Dalton Trevisan aparecia pouco no Belas-Artes e tanto quanto sei não se interessava por linhas justas dentro ou fora da literatura. Sua roda era do outro lado da rua Quinze, na Livraria Ghignone, onde pontificavam também Temístocles Linhares e Wilson Martins. Wilson foi o primeiro crítico de prestígio nacional a chamar a atenção para a novidade e excelência das histórias do jovem contista que *Joaquim* regularmente divulgava. Dalton e *Joaquim* eram uma só pessoa: a revista tinha a mesma irreverência e inquietude do seu fundador. Por isso logo se afirmou ela como a mais combativa da geração de pós-guerra, designação que prefiro às de geração de 45 ou geração neomodernista.

O pessoal do nosso grupo do Belas-Artes passou a colaborar em *Joaquim* quando nos aproximamos de Dalton para fazer frente comum com ele na empresa de passar uma rasteira nos velhotes acadêmicos e organizar, para o segundo Congresso Brasileiro de Escritores, uma comitiva paranaense só de jovens. A rasteira teve êxito e lá seguimos nós — Samuel Guimarães da Costa, Armando Ribeiro Pinto, Glauco Flores de Sá Brito, Colombo de Sousa, Dalton Trevisan, Temístocles Linhares e eu — para Belo Horizonte, sede do Congresso.

O crítico Temístocles Linhares era o menos jovem de nós, um já senhor de hábitos morigerados, como lhe convinha à idade. Mas quando passamos pelo Rio, não me lembro se na ida para Belo Horizonte ou na volta de lá, Dalton conseguiu mefistofelicamente arrastá-lo até um *dancing*. Dalton era grande conhecedor da vida noturna de Curitiba, cujos *rendez-vous*, inferninhos e bares mais esconsos lhe iriam fornecer os ambientes e tipos humanos de alguns dos seus contos mais característicos. Esses poucos lugares de má fama destoavam da respeitabilidade burguesa e provinciana da Curitiba dos anos 40, que costumava ir dormir cedo.

O que possibilitava a um grupo de notívagos entregar-se ao seu esporte favorito — "frestar". Frestar era sair à procura de casas onde houvesse ainda alguma luz acesa e espiar sorrateiramente lá para dentro através de buraco de fechadura, fresta de porta ou janela malfechada. De suas caçadas noturnas voltavam esses *voyeurs* contando coisas de arrepiar, frutos naturalmente mais de imaginações fecundas que de vistas aguçadas. Ainda que o futuro autor de *O vampiro de Curitiba* não pertencesse ao clube dos frestadores, soube traduzir em vários dos seus contos mais grotescos e patéticos, como expressão literária de um certo *genius loci*, o voyeurismo curitibano dos anos 40, que já lá vão tão longe.

Terminado o curso de química aos trancos e barrancos, deixei Curitiba e nunca mais vi Dalton Trevisan. Isso não impediu que continuássemos a nos comunicar por carta, mantendo viva a chama da amizade. Falar de cartas, no caso de escritor tão conciso quanto ele, é positivamente um exagero. Dalton não escreve cartas, escreve haicais epistolares — bilhetes de umas poucas linhas nas quais o essencial é dito com economia e com humor.

Comunicamo-nos também por livros: ele me manda praticamente todos os que publica. Orgulho-me da minha Daltoniana. Nela só faltam *Sonata ao luar* e *Sete anos de pastor*, duas obras de juventude que o autor parece ter renegado e não são encontráveis em nenhum sebo de Curitiba. Dizem as más línguas que o próprio Dalton se empenhou em comprar quantos exemplares achasse à venda para tirá-los de circulação. Na minha Daltoniana constam inclusive os folhetos de cordel editados pelo próprio contista e uma coleção incompleta de *Joaquim*, a desfalcar-se ainda mais em futuro próximo. Prometi doar à preciosa biblioteca de José Mindlin os números que a ajudem a completar sua coleção.

Como amizade é rua de mão dupla, costumo também mandar a Dalton meus livros originais e minhas traduções. Quando lhe chegaram os *Sonetos luxuriosos* de Aretino, ele lamentou que eu tivesse usado só duas palavras na nossa riquíssima sinonímia de palavrões para traduzir a *potta* e o *cazzo* tão iterativos nos sonetos. E, para minha edificação, deu-se ao trabalho de arrolar duas dezenas de designações populares do órgão sexual feminino. Desconfio tenham sido os *Sonetos luxuriosos* e, anos depois, o *Poesia erótica em tradução* que lhe mandei, os responsáveis pela marota idéia de usar o meu nome para apresentar-se nos inferninhos onde não fosse conhecido pelo seu próprio. Eu soube disso por um amigo comum que conversou há dois ou três anos atrás com esse meu até então insuspeitado duplo curitibano.

Quase desnecessário dizer que a troca de bilhetes entre dois velhos amigos — no devido tempo também acabei contaminado pelo vírus do haicaísmo epistolar — envolve uma troca sadia de mútuos elogios. Na sua correspondência com Godofredo Rangel reunida em *A barca de Gleyre*, livro que no conjunto da obra de Lobato ocupa a mesma privilegiada posição das *Conversações com Eckermann* na de Goethe, diz ele em certo momento: "O elogio, concordo, é o mesmo néctar dos deuses do Olimpo. O paladar de nossa mente reclama-o como o paladar físico reclama sal na comida. [...] Nas nossas cartas os melhores pedaços eram os em que personalizávamos e permutávamos amabilidades chinesas".

Entre as amabilidades chinesas que tenho trocado com o meu haicaísta epistolar de Curitiba, citarei um só exemplo de parte a parte, para não levar mais longe o censurável ato de inconfidência que sempre é tornar pública uma correspondência originariamente privada. Quando Dalton me mandou seu *A faca no coração*, acusei-lhe o recebimento num bilhete:

> Passei o último fim de semana saboreando, com vagares de *gourmet*, o seu guisado de pão com sangue, apurado com perícias de *cordon-bleu*. Ou de minimalista, diria alguém mais atualizado que eu, do *tour de force* dos seus haicais. Eles também me impressionaram; foi mais um caminho que você abriu pioneiramente no conto brasileiro e que a rapaziada anda agora explorando com avidez de novo-rico. Obrigado pela remessa do livro e parabéns pela manutenção do pique: você nunca deixa a bola cair.
> Junto com a mixórdia metafórica de futebol com culinária e francês de carregação vai o abraço velho do.

Por sua vez, tempos depois de ter recebido a minha poesia reunida, Dalton me escreveu:

Que vergonha, será que não agradeci o seu belíssimo *Um por todos*"? Toda a culpa do A. Bosi, que nos tira as palavras da boca. Você bem sabe o segredo do nosso Anton Pavlovitch: falar curto das coisas longas. Que grande poesia, Zé Paulo, a que fica de pé na estante. E não menos importante, que grandíssimo amor, pela sua Dora. A mim então, chegado a um haicai, os seus versos perfeitos me dão arrepio no céu da boca e titilam o terceiro dedinho do pé esquerdo. O velho abraço do seu sempre e cada vez mais admirador.

Perdoe-se a imodéstia da citação *pro domo*, mas a vaidade autoral se lamentaria o resto da vida se perdesse tão preciosa ocasião de, para citar outra frase de Lobato, lambusar-se com o mel do elogio. Quando ele vem de um escritor da grandeza de Dalton Trevisan — amigo de quem recebi tantos bilhetes premiados, como sempre o foram e serão os seus, — seria um ato de no mínimo sovinice escondê-lo do mundo. Ainda que o mundo, *vanitas vanitatum*, não vá a se dignar a dar-lhe a mínima.

Por direito de conquista

"São Paulo, comoção da minha vida!" O verso de Mário de Andrade veio naturalmente à lembrança do rapazola assim que ele avistou, deslumbrado, a festa de luzes da avenida São João e do vale do Anhangabaú. Tinha acabado de chegar do interior para tentar a vida na capital. Pegara um bonde em frente da estação da Luz e rumara para o centro na companhia de uns colegas de sua cidadezinha da antiga Araraquarense que já trabalhavam em São Paulo. Junto deles, metropolitanos, o rapazola se sentia um matuto. Como eram tempos de guerra e muita gente estava vindo para a capital, ficava difícil achar quarto em hotel. Naquela noite, depois de muita procura sem fruto, ele teve de dormir numa casa de *rendez-vous* do Abaixo-o-Piques, a única que consentiu em alojá-lo até o dia seguinte, quando os conterrâneos tentariam lhe arranjar vaga numa pensão de estudantes.

De lá para cá muita água do Tietê correu sob a Ponte Grande. O Abaixo-o-Piques, reurbanizado, é agora a praça da Bandeira, e os *rendez-vous*, casas discretas até onde se ia a pé ou de bonde, foram substituídas pelo sexo motorizado e alardeado dos motéis. Neste meio século, a cidade se agigantou; se cobriu de poluição industrial, estufou de migrantes de toda parte, esparramou-se tentacularmente pelos subúrbios, o seu trânsito se tornou um caos. Mudou a cidade, mudei eu. O rapazola dos anos 40 é hoje um sexagenário que já andou por Oropa, França e Bahia, casou com uma paulistana da Barra Funda e mora no bairro de Santo Amaro, a vinte quilômetros do vale do Anhangabaú. É o poeta mais importante de sua rua, mesmo porque é o único nela. Faz mais de cinco anos que não vai ao centro da cidade. Mas sabe, pela televisão, que o viaduto do Chá, a rua Direita, a praça da Sé estão entupidos de marreteiros, como aqueles que, muitos anos atrás, viu espantado pelas ruas de Lima, numa profusão bem reveladora de quão grave era a crise econômica do Peru. Agora, para vê-la igual ou pior, ele não precisaria mais atravessar os Andes. Bastaria tomar um ônibus até a praça da Bandeira ou até o largo Treze de Maio, em Santo Amaro mesmo. Ou então passar diante das favelas do Morumbi, ao lado das mansões e edifícios de apartamentos de luxo. Ou espiar os sem-teto acampados debaixo dos viadutos.

Na verdade, para sentir a cidade, na sua miséria e na sua pujança, na sua pequenez e na sua grandeza, na sua impiedade e no seu encanto, o poeta distrital nem precisa mais sair de casa. A cidade se transfundiu nele ao longo desse diário, lento, imperceptível processo de naturalização do homem pela sua circunstância que o tempo vai efetuando. Não acontece coisa alguma no seu coração quando ele hoje atravessa a Ipiranga e a avenida São João. O que tinha de acontecer aconteceu há muitos anos atrás. Agora ele não é nenhum forasteiro: é um paulistano por direito de conquista. O que não quer dizer que tenha abdicado de sua raiz interiorana. Mas faz tanto que saiu da sua Taquaritinga de ruas em pé que já não sabe como lá voltar: só se pode voltar no espaço, não se pode voltar no tempo. Com a Paulicéia desvairada é diferente — as suas cidades foram se sedimentando pouco a pouco dentro dele, à semelhança das Tróias sucessivas que o arqueólogo Schliemann desenterrou na costa da Ásia Menor. Cidades no plural, sim, que São Paulo é um empilhamento delas.

Há pelo menos três, diversas, guardadas nos desvãos da minha memória sentimental, essa velha senhora que, para meu vexame, se diverte em misturar datas, baralhar a ordem dos acontecimentos, confundir rostos e nomes. A mais antiga São Paulo de que me recordo e que recebe a classificação de pré-histórica na minha cronologia pessoal, é a dos anos 40, quando aqui cheguei pela primeira vez. Quantos habitantes teria a cidade a essa altura? Um milhão, dois milhões? Não sei, nunca procurei saber. Só sei que a escassez de produtos manufaturados, nos anos de guerra, dera um bom empurrão na indústria paulista, cujo crescimento atraía para cá mão-de-obra, sobretudo do interior do Estado. Empregos não eram difíceis de encontrar e no geral se vivia com um mínimo de decência na pobreza, sem o aviltamento da miséria cada vez maior que divide atualmente espaço com o arrogante desperdício do consumismo. São Paulo era uma cidade ainda boa para nela se viver. Podia-se andar pelas ruas sem medo de assalto e, a não ser nas horas de entrada e saída do trabalho, viajar sentado nos bondes. Bondes abertos que possibilitavam ao passageiro não só respirar a plenos pulmões (havia ar respirável naquela época!) como distrair-se vendo a agilidade com que o cobrador pulava de balaústre em balaústre para receber os tostões da passagem. Quem vinha do interior só fazia jus à cidadania quando conseguisse finalmente saltar do bonde em pleno movimento sem esparramar-se no chão, arte que, após alguns tombos humilhantes, consegui dominar.

Diferentemente da frenética verticalização à americana de agora, que multiplica biombos de cimento armado cada vez mais altos entre os olhos e a paisagem, a cidade guardava ainda um certo ar europeu no aberto de suas perspectivas, a exemplo dos dois viadutos, o do Chá e o de Santa Ifigênia. Lembrava, esse europeísmo de segunda mão, o de Montevidéu e Buenos Aires, inclusive no estilo das construções — o da estação da Luz, do prédio dos Correios, dos edifícios comerciais da Barão de Itapetininga e da Líbero Badaró, dos casarões de Higienópolis e da avenida Paulista, tanto quanto dos sobradinhos classe média de Vila Pompéia ou Vila Mariana e das casinhas operárias de porta e janela do Brás e da Barra Funda. O sistema de transportes urbanos como que fazia a cidade voltar-se toda para o seu próprio centro, cujo coração era a praça da Sé. Embora alguns bairros já tivessem vida própria — um dos programas dominicais era atravessar as porteiras do Brás para jantar numa cantina e apreciar a beleza das "intalianinhas" dos contos de Alcântara Machado, — tal vida não alcançara o grau de independência que hoje tem. Sábado e domingo era de rigor vir-se do bairro para o centro admirar as vitrines iluminadas da Barão de Itapetininga e depois fazer o *footing* na São Bento. Isto é, percorrê-la a passo lento de uma ponta à outra, repetidas vezes, conversando com os amigos e trocando olhares cifrados com as garotas que, engajadas no mesmo ritual, transitavam em sentido oposto. Mais tarde se descia até a Cinelândia, a festa de luzes na São João com ramificações pela d. José de Barros e pela Ipiranga.

Era nesta última que ficava o cinema do mesmo nome, o mais luxuoso da cidade. Nele, supremo requinte, uma organista tocava órgão elétrico antes do início de cada sessão. O requinte estava em que o órgão ia surgindo de sob o palco e ali voltava a desaparecer aos poucos enquanto as luzes diminuíam até apagar-se para a exibição do filme. Filmes americanos, as mais das vezes de guerra. De quando em quando, um dramalhão mexicano: o bolero estava então em moda. O mais famoso desses dramalhões, *Santa*, com Agustín Lara no papel de pianista (um pianista cego…), ficou mais de ano em cartaz, com a sala lotada. Dali, os rapazes de mais idade rumavam para algum *dancing* das proximidades. Isso quando tinham dinheiro de sobra, pois cada número de dança era cobrado, pelas damas contratadas da casa, com um picote no cartão antecipadamente comprado pelo cavaleiro dançarino. Se mais dinheiro sobrasse, terminava-se a noite num dos *rendez-vous* da rua Aurora ou da praça Princesa Isabel, quando não, mais proletariamente, num cubículo da Itabocas ou da Aimorés, a famigerada "zona" que a pudicícia do governo Garcez mandou fechar definitivamente poucos anos mais tarde.

Se depois do bauru com um pingado ou chope só tivesse sobrado dinheiro para o bonde, o jeito era ficar perambulando pela avenida, a apreciar o movimento, até a hora em que o sono convidasse a voltar ao bairro para mais uma semana de trabalho. Aos olhos de interiorianos como eu, que vinha de uma cidadezinha onde às dez da noite não havia viva alma nas ruas, era fonte de perene espanto a vida noturna da capital. Pouco tempo depois de aqui chegado, passei a noite toda de um sábado em vigília pela São João, na companhia de dois ou três amigos, para assistir, sucessivamente, à saída da última sessão de cinema, ao fechamento dos bares e por fim dos *dancings* não muito antes de, no finzinho da madrugada, aparecerem os primeiros varredores de rua que vinham limpar os detritos da noite.

A segunda São Paulo da minha caprichosa cronologia, vale dizer, a São Paulo propriamente histórica, é a dos anos 50 quando, após quatro anos de ausência, voltei para aqui ficar de vez. Esses quatro anos haviam sido passados em Curitiba, onde eu fizera um curso de química industrial e me deixara infectar por dois vírus perigosos. Do vício da política me curei em tempo hábil, embora sem abdicar do sonho igualitário. Do vírus da literatura nunca me quis curar e nem creio que haja cura possível. A pouca química que pude aprender nas horas em que não estava ocupado com poemas e artigos — alguns deles publicados na revista *Joaquim*, de Dalton

Trevisan, um dos meus companheiros curitibanos de ilusão literária — foi suficiente para me arranjar um emprego de analista no laboratório de controle de uma indústria farmacêutica. A indústria ficava no Pacaembu, o mesmo Pacaembu em cujo estádio, perdido num mar de gente, tinha ouvido Prestes discursar e Neruda recitar logo após o fim do Estado Novo.

Fui morar perto do trabalho, numa pensão da rua Lopes Chaves, Barra Funda, vizinha da casa de Mário de Andrade. Com parte do primeiro salário que recebi, comprei a prazo um terno azul-marinho, pois bastava ser um rapaz direito para ter crédito na Exposição. Assim rezava o *slogan* dessa loja que foi pioneira nas vendas por crediário, sistema que o poeta Menotti del Picchia, num arroubo de eloqüência, chamou na época de verdadeira revolução social. Basta atentar nos baús da felicidade e outras arapucas do gênero para perceber no que deu essa pretensa revolução. O restante do salário, descontado o dinheiro da pensão e uns trocados para o cigarro, gastei-o todo na Livraria Francesa. Durante a guerra, estivera totalmente suspensa a importação de livros da Europa, pelo que aquela primeira compra de livros importados, então muito baratos devido ao câmbio favorável, foi um verdadeiro banquete intelectual.

O terno azul-marinho comprado a crédito tinha sido um gesto não de vaidade mas de necessidade. Apesar da modernização dos costumes que se acelerou nos anos de pós-guerra, São Paulo era ainda uma cidade ciosa das convenções, tanto que se andava e se trabalhava habitualmente de terno e gravata. Lembro-me do caso de um cidadão, barrado pelo porteiro de um cinema porque estava de camisa esporte, ter perdido o processo que moveu contra o proprietário do cinema. Assim como me lembro do caso de duas turistas haverem chamado as atenções gerais por aparecerem de calças compridas no centro da cidade, isso até serem detidas por um guarda e levadas à delegacia. Por aí se pode imaginar o reboliço causado pelo pintor Flávio de Carvalho desfilando tempos depois, pelo mesmo centro, numa exótica vestimenta de saia curta, moda ecológica de sua invenção que, como seria de esperar, não conquistou adeptos.

Mas, para mim, o melhor daqueles anos de esperanças democráticas, apesar de reveses como a cassação do registro do PCB, estava no desenvolvimento cultural da cidade. Surgiam grandes livrarias, bem sortidas de títulos nacionais e importados, que ficavam abertas até tarde da noite, a exemplo da Monteiro Lobato, na São João, e do Palácio do Livro, na praça da República. Na Barão de Itapetininga a gente cruzava com artistas plásticos como Aldemir Martins, Clóvis Graciano ou Quirino da Silva; com escritores como Sérgio Milliet, diretor da Biblioteca Municipal, Mário Donato, o romancista do escabroso (para os filisteus da época) *Presença de Anita*, Fernando Góes, o contista do nunca escrito *Boa noite, Rosa*, ou Egard Cavalheiro, em cuja casa da Aclimação eu encontrara, sobrancelhas de taturana, o Monteiro Lobato que ele iria depois biografar. Nas agitadas reuniões do Clube de Poesia os jovens poetas da geração de 45 polemizavam com um Oswald de Andrade já sessentão mas que nada perdera da mordacidade de 22. Conheci-o por intermédio de seu filho mais velho, Nonê, àquela altura diretor do Teatro Municipal, onde tive oportunidade de ver Serge Lifar dançando *A tarde de um fauno* de Debussy e Jean-Louis Barrault representando *As mãos sujas* de Sartre. Havíamos elegido o nosso querido Oswald de Andrade Filho diretor do Grupo Experimental de Ballet, organizado por Dorinha Costa, que montou um espetáculo no Municipal com cenários de Flávio de Carvalho e música de Camargo Guarnieri. Pela mesmo época, o moderno teatro paulista se firmava, no TBC, com atores da envergadura de Cacilda Becker e Sérgio Cardoso. Grudado ao TBC ficava o Nick Bar, onde noivei com Dorinha nos intervalos de aulas da estética do gesto que ela dava aos atores. Praticamente todos os jornais da cidade mantinham uma página ou suplemento literário e circulavam regularmente revistas de idéias como a *Brasiliense*. Além disso, a Associação Brasileira de Escritores promovia cursos de literatura para platéias de mais de mil pessoas. Eu colaborava nos suplementos e participava como palestrista dos cursos da ABDE. Era um típico escritor de fim de semana, já que os demais dias estavam ocupados pelo trabalho no laboratório farmacêutico.

Foi na ilusão de poder dedicar mais tempo à literatura que resolvi trocar o emprego de período integral no laboratório por um emprego de meio período numa editora de livros. Eu não iria demorar a perceber que quem cuida dos livros dos outros acaba não tendo tempo para escrever os seus próprios. Entretanto, os muitos anos de editora, então sediada na Liberdade, me levaram a conhecer uma parte de São Paulo que eu não conhecia. Depois do expediente, eu e Dora íamos às vezes fuçar as lojinhas de quinquilharias do bairro oriental para depois jantar comida típica num dos seus modestos e simpáticos restaurantes e assistir, num dos seus cinemas, a algum filme japonês. Pudemos então curtir, em ambiente congenial, a fase de ouro dessa estranha e vigorosa cinematografia. Uma década antes, eu curtira sozinho, no Cine Santa Cecília, quase em frente da minha pensão na Barra Funda, algumas das maravilhas do neo-realismo italiano, ao mesmo tempo em que ia aprendendo de ouvido o idioma cujos acentos principiara a entreouvir, música de fundo, na fala ítalo-paulista do bairro.

E, sem que percebêssemos, eis que chegam os anos 60, quando, findo o desastroso entreato Jânio-Jango, a jovialidade eleita de Juscelino vai ser sucedida pela carranca dos generais impostos. A eles devemos o milagre econômico que, em nome de um desenvolvimento a toque de caixa (não fossem os tempos militares), acabou nos levando para mais perto do abismo inflacionário que ora nos engole. Da natureza desse milagre, dá testemunho a cidade de São Paulo, onde seus efeitos mais negativos se fizeram sentir como sob uma enorme lente de aumento. A avalanche de veículos posta nas ruas pelas fábricas do ABC lançaram uma pá de cal definitiva sobre os sonhos outrora sonhados pelo urbanista Prestes Maia. À falta de vias que chegassem para dar vazão à avalanche, começaram a surgir monstrengos como o minhocão da Olímpio da Silveira. E enquanto a classe média se deixava enganar por um simulacro de abastança, os magnatas da indústria e as raposas da especulação imobiliária recebiam sinal verde para verticalizar e horizontalizar a cidade até onde os levasse a sede de lucro, empestando-lhe a atmosfera e poluindo-lhe as águas sem se preocupar com a qualidade de vida. Eles nos roubam o espaço de diante dos olhos, o ar de dentro dos pulmões.

De como o desenvolvimento selvagem desfigurou a fisionomia e a alma da cidade, disse-o melhor do que ninguém o contista João Antônio em "Abraçado ao meu rancor", texto incluído no seu livro do mesmo nome. Quanto a mim, dos vinte anos de regime militar, sombrio iceberg cujos afloramentos mais notórios foram em São Paulo o assassinato de Vlado Herzog e a ascensão política de Paulo Maluf, só quero me lembrar, avesso reconfortante, de dois momentos históricos a que assisti em primeira mão: a montagem de *O rei da vela* de Oswald de Andrade no Teatro Oficina e de *Morte e vida severina* de João Cabral de Melo Neto no Tuca.

Os anos 80 iniciam a fase pós-histórica da cronologia do poeta distrital. Advertido pelo exemplo de seu amigo Osman Lins, que só nos últimos anos de vida pôde assumir em plenitude o seu destino de escritor, ele resolveu deixar o emprego na editora para se dedicar só a escrever e traduzir. Passa agora os dias enfurnado entre os seus livros, batucando na velha Remington. Raramente sai de casa, para visitar um amigo dos velhos ou dos novos tempos, atender a algum compromisso de trabalho, fazer uma ocasional palestra sobre literatura. A perna mecânica que hoje tem de usar dificulta-lhe andar sozinho na cidade. Já não pode perambular pelo centro, sem destino, como gostava de fazer há muitos anos atrás. De vez em quando vai a um cinema de *shopping* onde se angustia de ver os adolescentes gastando as horas de lazer naquela atmosfera confinada de penitenciária do consumismo. Aliás, a São Paulo afluente dos hipermercados, dos grandes centros de compra, dos condomínios fechados, dos restaurantes cinco estrelas, pouco lhe interessa. Reverso da medalha, dá-lhe um difuso sentimento de culpa a São Paulo das crianças esmolando nos cruzamentos com farol, dos humilhados e ofendidos morando debaixo de pontes, dos pingentes de trens de subúrbio e de ônibus superlotados, dos garotos de rua a cheirar cola de sapateiro, das vilas de periferia a conviver com a violência e a insegurança de cada dia e de todas as noites.

Mas entre o desinteresse pela riqueza despudorada da cidade e o sentimento de culpa pela sua miséria impossível de esconder abre-se uma fresta de esperança. Que se alarga quando, passando por algum dos seus bairros antigos, os olhos do poeta dão com algum canto de rua ainda não desfigurado, alguma singela pracinha ainda verde. Ou quando, do jardim de sua casa, admira um dia de céu azul após a lavagem da chuva, uma noite de lua em domingo de quase silêncio. Dá-se conta, então, de que, apesar de todas as degradações, a cidade não perdeu inteiramente o caráter. Assim como ele próprio guarda intacto no fundo da memória o deslumbramento de rapazola do interior com as ruas feéricas da capital.

Dentro de dois anos vai fazer exatamente meio século que ele vive em São Paulo. Espera poder ainda assistir aos fogos de artifício com que a cidade irá saudar a chegada do terceiro milênio. Curioso que, nesses tantos anos, ele nunca tivesse sentido vontade de fazer um poema sobre ela. Talvez porque, depois da *Paulicéia desvairada* e da *Lira paulistana* de Mário de Andrade, não sobrasse mais nada de poeticamente fundamental a dizer sobre ela. Tampouco almeja ele, como o mesmo Mário de Andrade, que quando morrer lhe enterrem a cabeça na Lopes Chaves, no Pátio do Colégio o coração paulistano, a língua no alto do Ipiranga para cantar a liberdade. Bem mais modestamente, contenta-se em ser cremado na Vila Alpina para que de lá mesmo a mão de algum amigo sobrevivente lhe espalhe as cinzas ao vento, aumentando assim de mais uns grãozinhos de poeira a poluição da *sua*, por direito de conquista, desvairada Paulicéia.

Notas

APRESENTAÇÃO (PP. 7-14)

1. Alexandre Eulalio, "O ensaio literário no Brasil", em Berta Walman e Luiz Dantas (orgs.), *Escritos*, Campinas, Editora da Unicamp, 1992, pp.11-74.

2. José Paulo Paes, *O lugar do outro*, Rio de Janeiro, Topbooks, 1999, pp. 11-12.

3. Id., *Os perigos da poesia e outros ensaios*, Rio de Janeiro, Topbooks, 1997, p. 9.

4. Id., "Nota liminar", em id., *Gregos e baianos*, São Paulo, Brasiliense, 1985. p. 10.

5. Id., *Poesia para crianças*, São Paulo, Giordano, 1996, p. 9.

6. Cf. a observação de Davi Arrigucci Jr. sobre essa poesia: "Tudo é história", em *Os melhores poemas de José Paulo Paes*, São Paulo, Global, 1998, p. 12, n. 5.

7. Entrevista concedida a Regina Dalcastagnè, datada de 1990, incluída no acervo do escritor, sem indicação de publicação.

8. Paes, *Poesia para crianças*, pp. 10-1.

9. Bernardo Kocher e Eulalia Lahmeyer Lobo (orgs.), *Ouve meu grito: antologia de poesia operária (1894-1923)*, Rio de Janeiro, Marco Zero/ UFRJ, 1987.

10. Paes, "Poesia operária", em id., *Os perigos da poesia*, pp. 56-61.

11. Eulalio, "O ensaio", p. 28,

12. Paes, *Gregos e baianos*, São Paulo, Brasiliense, 1985.

13. Eulalio, "O ensaio", p. 50.

14. Arrigucci Jr., "Tudo é história", p. 22.

15. Paes, "Prefácio" a *Tradução: a ponte necessária*, São Paulo, Ática, 1990, p. 5.
16. "Depoimento de José Paulo Paes", no acervo do escritor, sem indicação de publicação.
17. Cf. Paes, "Um aprendiz de morto", em id., *Gregos e baianos*, p. 30.
18. Carlo Ginzburg, *Relações de força*, São Paulo, Companhia das Letras, 2002, p. 12.

UM APRENDIZ DE MORTO (PP. 17-43)

1. Descolorida, entenda-se, apenas em termos comparativos. Ainda que com menor freqüência ou relevo — como seria de esperar da linguagem de um ex-diplomata confessadamente inimigo da ênfase —, aparecem também no *Memorial* aqueles torneios de estilo que, pelo menos desde as *Memórias póstumas*, caracterizam o humor machadiano. Catacreses como "os meus olhos lá terão dieta absoluta" para dizer que Fidélia não comparecerá a um jantar e com isso Aires, que, adoentado, tem também de moderar-se no comer, não poderá fartar os olhos com a sua beleza; ou como "tecer com o coração", porque para "a boa Carmo bordar, coser, trabalhar, enfim, é um modo de amar que ela tem". Metáforas sustentadas como "a alma dele era de pedras soltas; a fortaleza da noiva foi o cimento e a cal que as uniram naqueles dias de crise". Paradoxos do tipo de "orfandade às avessas", "pobreza elegante", "concordes no desacordo" etc., e hipérboles como "a sua sopa vale para mim todas as noções estéticas e morais deste mundo e do outro". Falsos adágios a vincular *ad hoc* coisas disparatadas: assim, "o ofício dos leilões pode acabar algum dia, mas o de amar não cansa nem morre", dito que o memorialista forja quando, estando a falar da morte do leiloeiro de Rita, lembra-se de repente que esta lhe contara que alguém andava caído por Fidélia; o criado de Aires leva-lhe alguns papéis velhos achados numa sala e ele os queima por desimportantes, mas não sem filosofar: "a gente traz na cabeça outros papéis velhos que não ardem nunca nem se perdem por malas antigas". Alusões históricas aplicadas a situações banais e logo desfeitas com um "não... nem... mas". Aires imagina Fidélia dizendo ao tio que não quer casar com Osório e anota: "Três vezes negou Pedro a Cristo, antes de cantar o galo. Aqui não haveria galo nem canto, mas jantar, e os dois iriam pouco depois para a mesa". Palavras consecutivas a rimarem enfaticamente: Cesária diz coisas de "mel e fel"; na cerimônia de casamento, Tristão e Fidélia aparentam ser pessoas "lustrosas e vistosas"; Rita "não tem cultura mas tem finura". E assim por diante.

2. Há no *Memorial*, inclusive, ecos das *Memórias póstumas* ("nenhum dos meus filhos saiu do berço do Nada") e do Quincas Borba ("eu terei engolido um cão filósofo").

3. Todas as citações do *Memorial* e de *Esaú e Jacó* aqui feitas o são de acordo com o texto estabelecido pela Comissão Machado de Assis (série "Edições Críticas de Obras de Machado de Assis", da Civilização Brasileira, Rio de Janeiro: *Memorial de Aires*, 1975; *Esaú e Jacó*, 1975). As discrepâncias limitam-se à simplificação ortográfica de certas palavras e expressões em que, conforme critérios expostos na "Introdução crítico-filológica", preferiram os organizadores da edição afastar-se da ortografia oficial vigente. Os números apostos a algumas citações nas notas do presente ensaio, cuja finalidade é a de localizá-las no texto do *Memorial* e de *Esaú e Jacó*, são os da numeração de parágrafos adotada na referida edição.

4. Esse gosto é ilustrado anedoticamente numa cena do *Memorial* em que Rita diz ao irmão que lhe vai contar, em cinco minutos, toda a história do primeiro casamento de Fidélia: "Tirei o relógio para ver a hora exata e marcar o tempo da narração. Rita começou e acabou em dez minutos. Justamente o dobro" (*Memorial*, 176).

5. Eis uma outra citação de apoio: "Não gosto de lágrimas, ainda em olhos de mulheres, sejam ou não bonitas; são confissões de fraqueza e eu nasci com tédio aos fracos" (*Memorial*, 473).

6. Importa notar que no *Memorial* ocorrem dois tipos de simetrias: as ostensivas, para as quais o próprio memorialista chama a atenção do leitor, e as embuçadas, que, na semântica do livro, como se verá, são muito mais importantes que as ostensivas. De uma destas se vale o romancista para dar um toque no realismo à sua narrativa: "Há na vida certas simetrias inesperadas. A moléstia do pai de Osório chamou o filho ao Recife, a do pai de Fidélia chama a filha à Paraíba do Sul. Se isto fosse novela, algum crítico tacharia de inverossímil o acordo dos fatos, mas já lá dizia o poeta que a verdade pode ser às vezes inverossímil" (*Memorial*, 329). O toque realístico é reforçado por outra simetria: Aires encontra duas vezes Fidélia na rua e nas duas vezes dá com alguém a admirá-la — Osório, primeira; depois Tristão —, pelo que anota no seu diário: "Se eu estivesse a escrever uma novela, riscaria as páginas do dia 12 e do dia 22 deste mês. Uma novela não permitiria aquela paridade de sucessos" (*Memorial*, 630). Outra simetria ostensiva, ou "paridade de situações", como a chama Aires, é o reumatismo que na mesma ocasião lhe ataca o joelho e o de Carmo.

7. Ver esse verbete em Percy A. Scholes, *The Oxford Companion to Music*, Londres, Oxford University Press, 1950. Tive notícia de que o professor Raymond Sayers escreveu um trabalho sobre as alusões musicais na obra de Machado de Assis. Todavia, não consegui obter um exemplar desse trabalho para consulta.

8. Entretanto, há referências a Wagner no livro. O próprio Tristão toca ao piano um trecho de *Tannhäuser*; logo em seguida, ele e Fidélia põem-se a conversar "de Wagner e de outros autores".

9. Ver esse verbete em Scholes, *op. cit.*

10. Inclusive no nome escolhido para uma personagem secundária, posto que pitoresca, do *Memorial*, há uma intenção alusiva. Trata-se da irmã do corretor Miranda, d. Cesária. Seu nome é a forma feminina de César que, segundo Plínio (*apud* Antenor Nascente), teve origem em *caedere*, "cortar". Como se vê, é pertinente a alusão à língua cortante da "picante Cesária" cuja maledicência encanta o conselheiro: "Esta senhora se não tivesse fel talvez não prestasse; eu nunca a vejo sem ele, e é uma delícia".

11. Ver verbetes correspondentes em Antenor Nascente, *Dicionário etimológico da língua portuguesa*, Rio de Janeiro, 1952, t. II.

12. Em *Esaú e Jacó* (1133) está dito que quem conseguisse penetrar a alma de Aires "Lá descobriria acaso, entre as ruínas de meio celibato, uma flor descorada e tardia de paternidade, ou, mais propriamente, de saudade dela…".

13. Interjeição que, a propósito do duplo amor de Flora, Aires cita explicitamente no capítulo LXXXI de *Esaú e Jacó*, traduzida: "Ai, duas almas no meu peito moram!".

14. Ver José Joaquim Nunes (ed.), *Cantigas d'amigo dos trovadores galego-portugueses*, ed. crítica, Coimbra, Imprensa da Universidade, 1928, pp. 346-54, v. II.

15. Ver o glossário da edição citada de José Joaquim Nunes.

16. A volta de Aires à pátria significa também o reencontro com seu próprio idioma: "cansado de ouvir e de falar a língua francesa, achei vida nova e original na minha língua, e já agora quero morrer com ela na boca e nas orelhas" (*Memorial*, 953).

17. Ver o verbete "Irony" em Joseph T. Shipley (org.), *Dictionary of world literary terms*, Londres, Allen & Unwin, s. d. Cf. também Northrop Frye, *Anatomia da crítica*, trad. de Péricles da Silva Ramos, São Paulo, Cultrix, 1973, especialmente pp. 232-5.

18. É o que pensa Aires a respeito da afeição de Carmo por Fidélia, pelo menos: "Quem sabe se aquela afeição de dona Carmo, tão meticulosa e tão servical, não acabará fazendo dano à bela Fidélia. A carreira desta, apesar de viúva, é o casamento; […] Ela, entregue a si mesma, poderia acabar de receber o noivo, e iriam ambos para o altar; mas entregue a dona Carmo, amigas uma da outra, não dará pelo pretendente, e lá se vai embora um destino. Em vez de mãe de família, ficará viúva solitária, porque a amiga velha há de morrer, e a amiga moça acabará de morrer um dia, depois de muitos dias…" (*Memorial*, 519).

19. Rita acha que Carmo, casando Tristão com Fidélia, "teria assim um meio de prender o filho aqui", opinião com que Aires concorda: "Unidos os dois aqui, amados aqui, tê-los-ia ela abraçados ao próprio peito, e eles *a ajudariam a morrer*" (grifo meu).

20. Há uma antecipação em tom irônico, destas idéias, no episódio da doença do pai de Osório, em virtude da qual este é obrigado a viajar para Recife e

afastar-se de Fidélia, de quem andava enamorado. Sobre o fato, observa Aires: "Os pais fazem muito mal em adoecer, mormente se estão no Recife, ou em qualquer cidade que não seja aquela onde os filhos namorados vivem perto das suas damas. *A vida é um direito, a mocidade outro; perturbá-los é quase um crime*" (grifo meu, *Memorial*, 368).

21. "O que lhe notei bem é que em qualquer parte gosta de política. Vê-se que nasceu em terra dela e vive em terra dela" (*Memorial*, 1027).

22. Ouvi a expressão ao escritor Alfredo Bosi numa palestra realizada na Livraria Informática, de São Paulo, em dezembro de 1975, acerca do *Memorial de Aires*.

23. "O casal Aguiar morre por filhos, eu nunca pensei neles, nem lhes sinto a falta, apesar de só" (*Memorial*, 167).

24. "Talvez eu, se vivêssemos juntos, lhe descobrisse algum pequenino defeito, ou ela em mim, mas assim separados é um gosto particular ver-nos" (*Memorial*, 945).

25. Aires confia nas "afeições de Fidélia", chegando "a crer que as duas (pelo marido morto e por Tristão) formam uma só, continuada". Opina ele que o importante "é que virtualmente não se quebre este laço (a afeição de Fidélia pelo morto), e que a lei da vida não destrua o que foi da vida e da morte" (*Memorial*, 1050). Para atender a essa aspiração de continuidade entre o vivo e o morto, há uma outra simetria embuçada no livro: Eduardo, o primeiro marido de Fidélia, estudou medicina e morreu em Lisboa; Tristão formou-se em medicina e veio de Lisboa. Essa simetria insinua, pois, que Tristão é a continuação de Eduardo, o próprio morto ressurrecto, a quem Fidélia pode, portanto, amar sem "que a lei da vida destrua o que foi da vida e da morte", fazendo das duas afeições "uma só, continuada". Aliás, quando Carmo, depois de tantos anos de silêncio do afilhado, que fora estudar em Portugal, recebe carta dele, chama-lhe uma "ressurreição", idéia que Aires logo confirma quando escreve, de Tristão, ser o "filho morto e redivivo". Indo viver em Lisboa com o novo marido, é como se Fidélia retomasse o curso de sua vida, interrompido lá com a morte do primeiro marido e o regresso dela para o Brasil.

26. "Naturalmente os recém-casados apertaram as mãos, e Dona Carmo adotou o texto da verdadeira mãe com o seu olhar de mãe postiça. *Eu deixei-me ir atrás daquela ternura*, não que a compartisse, mas fazia-me bem" (grifo meu, *Memorial*, 1077).

27. Logo após a anotação de 13 de maio de 1888, em que fala do "grande prazer" que lhe causou a notícia da assinatura da Abolição — embora, pretextando seus "hábitos quietos, os costumes diplomáticos, a própria índole e a idade", se recusasse a participar das manifestações públicas de regozijo —, Aires registra no seu diário a alegria dos Aguiares por receberem uma carta de Tristão. O registro é

iniciado com a frase "Não há alegria pública que valha uma boa alegria particular", frase que marca bem a precedência do individual sobre o coletivo, típica do romance de caracteres.

AINDA MACHADO DE ASSIS (PP. 44-49)

1. Lúcia Miguel Pereira, *Machado de Assis*, São Paulo, Gráf. Edit. Bras. S/A., 4ª edição, 1949, p. 11.
2. Incluído em *Interpretações*, Rio de Janeiro, CEB, 1944.
3. Organização Simões, Rio de Janeiro, 1957.

O POBRE-DIABO NO ROMANCE BRASILEIRO (PP. 50-74)

1. La Fontaine, *Contes*, Paris, Éditions de la Madeleine, 1953, p. 91.
2. Luís da Câmara Cascudo, *Dicionário do folclore brasileiro*, Rio de Janeiro, INL, 1954, p. 235.
3. Citações feitas aqui segundo o texto da 6ª edição de *O Coruja*, Rio de Janeiro, Briguiet, 1940, vol. VIII das obras completas de Aluísio Azevedo, dir. e rev. de M. Nogueira da Silva; procedi apenas à atualização ortográfica.
4. Citações feitas aqui segundo o texto editado por Carmen Lúcia Campos das *Recordações do escrivão Isaías Caminha*, São Paulo, Ática, 1984.
5. Citações feitas aqui pelo texto da 1ª edição de *Angústia*, Rio de Janeiro, José Olympio, 1936; procedi apenas à atualização ortográfica e à correção de uma "gralha" tipográfica evidente.
6. À cabeça baixa de vários personagens de *Angústia* corresponde certa ótica preponderante no texto do romance e a que se poderia chamar de "rasteira" por estar sempre voltada para o chão: daí a ênfase posta nos pés e nos sapatos das pessoas. Liga-se de perto a essa ótica, tanto quanto ao quintal como *locus* simbólico da decomposição, a presença metafórica e literal dos ratos a se esgueirarem pelos cantos das paredes; são eles usados mais de uma vez como termo de comparação por Luís da Silva: "colo-me às paredes como um rato assustado".
7. Citações feitas aqui segundo o texto da 5ª edição de *Os ratos*, Porto Alegre, Bels, 1974.
8. Citações feitas aqui segundo o texto da tradução portuguesa de Alfredo Margarido de *A teoria do romance*, Lisboa, Presença, s.d.
9. São Paulo, Martins, s.d. Citações feitas segundo o texto desta edição.
10. Transcrita em "À guisa de prefácio", in *Os ratos, op. cit.*

11. São Paulo, Difel, 1979.

12. Carlos Drummond de Andrade, "Essa nossa classe média", in *Passeios na ilha*, Rio de Janeiro, Simões, 1952.

13. *Apud* Guerreiro Ramos, *Introdução crítica à sociologia brasileira*, Rio de Janeiro, 1957, p. 60.

14. Incluído em *Introdução crítica à sociologia brasileira, cit.*, pp. 33-51.

O ART NOUVEAU NA LITERATURA BRASILEIRA (PP. 75-95)

1. Alfredo Bosi, *O pré-modernismo*, São. Paulo, Cultrix, 1966, p. 11.

2. Flávio L. Motta, *Contribuição ao estudo do "art nouveau" no Brasil*, São Paulo, s. i. e., 1957, p. 55.

3. Ortega y Gasset, *La deshumanizacion del arte/ Ideas dobre la novela*, Santiago do Chile, 1937, p. 23.

4. B. Champigneulle, *A art nouveau*, São Paulo, Verbo/ EDUSP, 1976, p. 13.

5. Renato Barilli, *Art nouveau*, trad. ingl., R. Rudorff, Feltham, Middlesex, Paul Hasslyn, 1969, p. 10.

6. *Apud* Edmund Wilson, *O castelo de Axel*, trad. J. P. Paes, São Paulo, Cultrix, 1957, p. 185.

7. "São Paulo e o art nouveau". *In* Cristiano Mascaro *et alii.*, *Vila Penteado*, São Paulo, FAU/USP, 1976, p. 93.

8. Motta, *Contribuição*, p. 37.

9. Lúcia Miguel Pereira, *Prosa de Ficção (de 1870 a 1920)*, Rio de Janeiro, José Olympio, 1950, p. 275.

10. *Apud* Eloy Pontes, *A vida inquieta de Raul Pompéia*, Rio de Janeiro, José Olympio, 1935, pp. 218-20.

11. Bosi, *O pré-modernismo*, pp. 63, 65 e 70.

12. David Salles, *O ficcionista Xavier Marques: um estudo da "transição ornamental"*, Rio de Janeiro, Civilização Brasileira, 1977.

13. *Apud* Mário da Silva Brito, "O aluno de romance Oswald de Andrade". Em Oswald de Andrade, *Os condenados*, Rio de Janeiro, Civilização Brasileira, 1970, p. XXVII.

14. Arnold Hauser, *Historia social de la literatura y el arte*, trad. esp. de A. Tovar e F. P. Varas-Reyes, 3ª ed., Madri, Guadarrama, 1964, v. II, pp. 404-5. [Ed. bras.: *História social da arte e da literatura*, São Paulo, Martins Fontes, 1995.]

15. Bosi, *O pré-modernismo*, p. 55.

16. Apud Brito Broca, *A vida literária no Brasil — 1900*, Rio de Janeiro, MEC, 1956, p. 99.

17. *Ibid.*, p. 94.

18. *Os sertões*, ed. de A. Bosi, São Paulo, Cultrix, 1973, p. 29.

19. "Nachwort", in Jost Hermand, *Lyrik des Jugendstill*, Stuttgart, Reclam, 1977, p. 64.

UMA MICROSCOPIA DO MONSTRUOSO (PP. 96-104)

1. J.-K. Huysmans, *L'art moderne/Certains*, pref. de H. Juin, s. L, Union Générale d'Éditions, 1975, pp. 379-92.

2. Renato Barilli, *Art nouveau*, trad. ingl. de R. Rudorff, Londres, Paul Hamlyn, 1969, p. 96.

3. José Paulo Paes, "Augusto dos Anjos e o *art nouveau*", in *Gregos & baianos*, São Paulo, Brasiliense, 1985, pp. 81-92.

4. Anatol Rosenfeld, *Texto/contexto*, São Paulo, Perspectiva, 1973, pp. 263-70.

5. Mario Praz, *Literatura e artes visuais*, trad. de J. P. Paes, São Paulo, Cultrix, 1982, pp. 168 e 182.

6. Apud João Cruz Costa, *Contribuição à história das idéias no Brasil*, Rio de Janeiro, José Olympio, 1956, p. 302.

7. "Augusto dos Anjos: o evolucionismo às avessas", *Novos Estudos* 33, São Paulo, CEBRAP, jul. 1992.

PARA UMA PEDAGOGIA DA METÁFORA (PP. 105-127)

1. Gérard Genette, *Figuras*, trad. de I. F. Mantoanelli, São Paulo, Perspectiva, 1972.

2. Pascal, *Pensamentos*, intr. e notas de Ch.-M. des Granges, trad. de S. Milliet, São Paulo, Abril Cultural, 1984, pp. 199-212.

3. Longino, *Tratado do sublime*, trad. de Filinto Elísio, Rio de Janeiro, Brasília, s.d., notadamente caps. CVI a XXIV. A propósito, comentam William R. Wimsatt Jr. e Cleanth Brooks: "Para um leitor moderno, isso pode parecer algo assim como uma inversão de valores com vistas a dignificar tais torneios pelo nome de 'figura', quando a rainha das figuras (para a qual se volta principalmente o interesse retórico de Aristóteles), a metáfora, juntamente com a comparação e o símile, é tratada sob a rubrica de 'dicção'". (*Literary criticism; a short history*, Londres, Routledge & Keagan Paul, 1957, p. 103).

4. Na divisão básica dos signos proposta por Peirce — ícones, indicadores e símbolos —, o ícone é um representamem por primariedade, ou seja, "é uma imagem do seu objeto". O exemplo por ele dado é o de "fotografias, especialmente fotografias instantâneas [...] porque sabemos que, sob certos aspectos,

são exatamente como os objetos que representam" (Charles Sanders Peirce, *Semiótica e filosofia*, trad. de O. S. da Mota e L. Hegenberg, São Paulo, Cultrix, 1972, pp. 116-8)

5. Acerca do comprazimento infantil na repetição, há uma breve observação de Freud em *Os chistes e sua relação com o inconsciente*, retomada depois numa nota de rodapé em *A interpretação dos sonhos* e mais tarde desenvolvida na "compulsão de repetir" de *Além do princípio do prazer*. Nessa primeira observação, limitava-se Freud a falar, sem aprofundar a questão, do "singular prazer da criança na repetição contínua (perguntas, histórias narradas), repetição que se torna uma maçada para o adulto" [*Der Witz und seine Beziehung zum Unbewubten*, Fischer Taschenbuch, Frankfurt, 1958, p. 185].

6. Johan Huizinga, *Homo ludens: o jogo como elemento de cultura*, trad. de J. P. Monteiro, São Paulo, Perspectiva, 1996, 4ª ed., pp. 14 e 19.

7. Todas citações do capítulo II do livro III da *Arte retórica*, na tradução de A. P. de Carvalho: Aristóteles, *Arte retórica e arte poética*, São Paulo, Difel, 1959, pp. 192-6.

8. Aristóteles, *Arte poética*, trad. cit., p. 286. A propósito da noção de poesia como metáfora do mundo, Massaud Moisés faz observações sobremaneira pertinentes no seu *Literatura: mundo e forma*, São Paulo, Cultrix, 1982, pp. 13-18.

9. Ibid., pp. 312-3.

10. Ibid., p. 315.

11. Tradução minha do grego.

12. Claude Lévi-Strauss, *O pensamento selvagem*, trad. de M. C. da Costa e Souza e A. de O. Aguiar, São Paulo, Nacional, 1976. 2ª ed., p. 153.

13. Ibid., p. 300.

14. Ibid., p. 235. A referência a Jakobson diz respeito evidentemente à sua conceituação da função poética como projeção do princípio da equivalência do eixo da seleção (paradigma) para o eixo da combinação (sintagma). Ver Roman Jakobson, *Lingüística e comunicação*, trad. de I. Blikstein e J. P. Paes, São Paulo, Cultrix, 1969, p. 130.

15. Jean Cohen, *Estrutura da linguagem poética*, trad. de A. Lorencini e A. Arnichand, São Paulo, Cultrix, 1976, 2ª ed., p. 147.

16. Ibid., pp. 104-6.

17. Platão, *Diálogos*, trad. J. Palekait e J. Cruz Costa, São Paulo, Nova Cultural, 1991, p. 159.

18. Aristóteles põe a metáfora acima da imagem, por considerar esta última "menos agradável, pelo fato de ser desenvolvida um pouco mais longamente" (*Arte retórica*, ed. cit., p. 215). Henri Meschonnic acentua, contrariamente, a freqüência do "como" na poesia de Apollinaire e Éluard e cita Desnos, "Je dis comme et tout se métamorphose", para extremar um "*como* poético que

é reconciliação com o Todo, do outro *como* retórico que é relação pela linguagem e nela apenas" (*Pour la poétique I*, Paris, Gallimard, 1970, p. 121).

19. In José Paulo Paes (org. e trad.), *Poesia moderna da Grécia*, Rio de Janeiro, Guanabara, 1986, p. 226.

20. André Breton, *Manifestos do surrealismo*, trad. de L. Forbes, São Paulo, Brasiliense, 1985, p. 56.

21. Freud, *Der Witz und seine*, p. 237. Nas civilizações antigas, a oniromancia reduziu os desvios da linguagem alógica dos sonhos à linguagem lógica da consciência desperta, incorporando-a ao cânone literário, como se pode ver no Apocalipse de João. Em nosso tempo, a análise freudiana dos sonhos e a pintura cubista cumpriram papel semelhante. Aquela possibilitou a incorporação da escrita automática ao mesmo cânone; esta, já antes do surrealismo, incorporara a ele a dicção descontínua, as elipses arrojadas e as colagens intertextuais da poesia "*esprit nouveau*" de Apollinaire, Salmon, Reverdy e Cocteau. Dentro da teoria proposta por Jean Cohen, poder-se-ia então dizer que a redução dos desvios se operou, no caso, metalingüística e extratextualmente, por via da atitude receptiva ao alogismo que a psicanálise e o cubismo induziram no espírito dos leitores.

22. Cf. o meu *Gregos & baianos*, São Paulo, Brasiliense, 1985, p. 136.

23. Genette, *Figuras*, p. 237.

24. Rufino, epigrama V:35 in J. P. Paes (org. e trad.), *Poemas da antologia grega ou palatina*, São Paulo, Companhia das Letras, 1995, p. 73.

25. Apud J. P. Paes (org. e trad.), *Gaveta de tradutor*, São Paulo, Letras Contemporâneas, 1996, p. 85.

26. Julia Kristeva, *Introdução à semanálise*, trad. de L. H. F. Ferraz, São Paulo, Perspectiva, p. 172.

27. José Ortega y Gasset, *La desumanización del arte/Ideas sobre la novela*, Santiago do Chile, Cultura, 1937, p. 29.

28. Hugo Friedrich, *Estrutura da lírica moderna*, trad. de M. M. Curioni e D. F. da Silva, São Paulo, Duas Cidades, 1978, pp. 206-10.

29. *Apud* Gottfried Benn, "Problemas da lírica", trad. de F. W., *Cadernos Rioarte*, Rio de Janeiro, ano I, n° 3, 1985, pp. 4-11.

30. Federico Garcia Lorca, *Prosa*, Madri, Alianza, 1972, pp. 102, 107 e 110.

31. Apud *Manifestos do surrealismo*, ed. cit., p. 52.

32. William Carlos Williams, *Poemas*, sel., introd. e trad. de J. P. Paes, São Paulo, Companhia das Letras, 1987, p. 135.

33. Resumo aqui considerações já feitas em meu *Os poetas*, São Paulo, Cultrix, 1962, pp. 235-240.

34. Paul Ricoeur, *La métaphore vive*, Paris, Seuil, 1975, p. 10.

35. Manuel Bandeira, *Poesias completas*, Rio de Janeiro, América, 1944, pp. 309-10.

36. Apud Philip Wheelwright, *Metaphor & reality*, Bloomington/Londres, Indiana [U. P.], 1967, 3ª impr., p. 53. O neologismo *inscape* foi forjado pelo paradigma de *landscape*, "paisagem"; recorrendo ao paradigma sinonímico de "panorama", pode-se vertê-lo em português por "interiorama".

37. Benedetto Croce, *La poésie*, trad. de D. Dreyfus, Paris, PUF, 1951, p. 8.

38. Acompanho aqui a descrição de Philip Wheelwright (ob. cit., p. 168) da *methexis* ("participação") platônica.

39. Paul Ricoeur, *La métaphore vive*, p. 288.

40. Roman Jakobson, *Linguística e comunicação*, p. 150.

41. Martin Heidegger, "b. Alétheia", in *Os pré-socráticos*, sel. e superv. de J. C. de Souza, São Paulo, Abril Cultural, 1985, p. 131.

42. Ibid., p. 130.

43. Martin Heidegger, *Approche de Hölderlin*, trad. de H. Corbin e outros, Paris, Gallimard, 1962.

44. Croce, *La poésie*, p. 21.

45. Heidegger, *Approche*, p. 57.

O POETA/PROFETA DA BAGUNÇA TRANSCENDENTE (PP. 128-137)

1. Mario Praz, *Literatura e artes visuais*, trad. de J. P. Paes, São Paulo, Cultrix, 1982, cap. VII, "Interpenetração espacial e temporal".

2. Gérard Genette, *Figuras*, trad. de I. F. Mantoanelli, São Paulo, Perspectiva, 1972, p. 240.

3. Mário de Andrade, *O empalhador de passarinho*, São Paulo, Martins, s.d., p. 42.

REVISITAÇÃO DE JORGE DE LIMA (PP. 138-143)

1. Luiz Busatto, *Montagem em* Invenção de Orfeu, Rio de Janeiro, Âmbito Cultural, 1978.

O RÉGIO SALTIMBANCO (PP. 144-149)

1. José Maria dos Santos, *A política geral do Brasil*, São Paulo, J. Magalhães, 1930, p. 8.

2. Ao que parece, o epíteto foi criado por Machado de Assis. Ver, neste mesmo volume, as considerações enfeixadas sob o título de "Ainda Machado".

3. Luís Gama, *Trovas burlescas e escritos em prosa*, org. de Fernando Góes, São Paulo, Cultura, 1944, p. 161.

4. Fontoura Xavier, *O régio saltimbanco (e uma carta do Dr. Lopes Trovão)*, Rio de Janeiro, 1877.

5. Machado de Assis, *Crítica literária*, São Paulo, W. M. Jackson Inc., 1946, p. 222.

6. Manuel Benício Fontenelle, *O porvir* (poema), Rio de Janeiro, Tip. da Gazeta de Notícias, 1879.

7. Lúcio de Mendonça, *Vergastas*, Rio de Janeiro, Tip. e Lit. de Carlos Gaspar da Silva, 1889.

A TRADUÇÃO LITERÁRIA NO BRASIL (PP. 153-181)

1. Usei a 5ª edição, organizada por Nelson Romero e publicada por José Olympio na sua coleção "Documentos brasileiros" (Rio de Janeiro, 5 tomos, 1953-4). As frases entre aspas são do tomo I, p. 797.

2. Wilson Martins, *História da inteligência brasileira*, São Paulo, Cultrix/ EDUSP, 1978-9, 7 vols.

3. *Apud* Wilson Martins, *História da inteligência brasileira*, vol. IV, p. 261.

4. Brito Broca, *Românticos, pré-românticos, ultra-românticos; vida literária e romantismo brasileiro*, pref. de A. Eulálio, Rio de Janeiro, Polis/ INL/ MEC, 1979, p. 100. A informação consta no capítulo "O que liam os românticos", em que há igualmente outros dados sobre as traduções românticas.

5. Osman Lins, *Evangelho na taba. Outros problemas inculturais brasileiros*, São Paulo, Summus, 1979, p. 74. A citação pertence a um ensaio intitulado "Tributo à coleção Nobel", que discute a influência de obras de ficção traduzidas e divulgadas por essa coleção da antiga Editora Globo.

6. Sílvio Júlio, *Fundamentos da poesia brasileira*, Rio de Janeiro, A. Coelho Branco Filho, 1930, pp. 70-2. Sobre a questão do plágio e da paráfrase na poesia de Gregório de Matos, ver também, de Paulo Rónai, "Um enigma de nossa história literária: Gregório de Matos", *Revista do Livro*, Rio de Janeiro, MEC, nº 3-4, ano I, dezembro de 1956, pp. 55-66. A citação de Wilson Martins está em *História da inteligência brasileira*, vol. I, p. 231.

7. Antonio Candido, *Formação da literatura brasileira (momentos decisivos)*, São Paulo, Martins, 1959, vol. I, p. 80.

8. *Apud* Wilson Martins, *História da inteligência brasileira*, vol. II, p. 42.

9. Agripino Grieco, *Evolução da poesia brasileira*, 3ª ed. rev., Rio de Janeiro, José Olympio, 1947, p. 210 (cap. IX, "Alguns tradutores").

10. Antonio Candido, *Formação*, vol. I, p. 221.

11. José Bonifácio fez preceder suas versões de Píndaro, Meleagro e Virgílio

350

de "Advertências" em prosa, nas quais faz interessantes observações sobre a índole das línguas e os problemas técnicos da tradução. Isso vale especialmente para a "Advertência" à sua versão da ode primeira de Píndaro, de onde tirei as expressões entre aspas. Ver: José Bonifácio de Andrada e Silva, *Poesias de Américo Elísio*, pref. e notas de Sérgio Buarque de Holanda, Rio de Janeiro, MEC/ INL, 1946, p. 72.

12. Ver Arthur Koestler, *O iogue e o comissário*, trad. rev. por Sérgio Milliet, São Paulo, IPE, s.d., pp. 31-40, "A 'influenza' francesa".

13. Fritz Ackermann, *A obra poética de Antônio Gonçalvez Dias*, trad. de Egon Schaden, São Paulo, CEC/ CEL, 1964, pp. 31 e 156-9.

14. Wilson Martins, *História da inteligência brasileira*, vol. III, p. 327. Sobre as traduções de Castro Alves, ver, de Cláudio Veiga, *Prosadores e poetas da Bahia*, Rio de Janeiro, Tempo Brasileiro, 1986, "Castro Alves tradutor de poetas", pp. 163-81.

15. *Apud* Wilson Martins, *História da inteligência brasileira*, vol. IV, p. 374.

16. Sobre Caetano Lopes de Moura, além do texto de Brito Broca citado na nota 4, ver sobretudo, de Cláudio Veiga, *Um brasileiro soldado de Napoleão*, São Paulo, Ática, 1979.

17. Wilson Martins, *História da inteligência brasileira*, vol. II, p. 247.

18. Ver o capítulo "O romance-folhetim no Brasil", em Brito Broca, *Românticos, pré-romaticos*, pp. 174-8.

19. Wilson Martins, *História da inteligência brasileira*, vol. III, p. 220.

20. Antônio Soares Amora, *História da literatura brasileira* (séculos XVI-XX), São Paulo, Saraiva, 1955, p. 63.

21. Wilson Martins, *História da inteligência brasileira*, vol. II, p. 306.

22. Agripino Grieco, *Evolução da poesia brasileira*, capítulo IX.

23. Mello Nóbrega, O *soneto de Arvers*, Rio de Janeiro, s.i.e., 1954.

24. Traduções indiretas, via francês, tanto as de João do Rio quanto as de Elísio de Carvalho, conforme mostrou Gentil de Faria em *A presença de Oscar Wilde na "belle-époque" literária brasileira*, São Paulo, 1988.

25. Edgard Cavalheiro, *Monteiro Lobato, vida e obra*, São Paulo, Cia. Editora Nacional, 1955, pp. 532-40.

26. Érico Veríssimo, *Solo de clarineta;* memórias, Porto Alegre, Globo, 1973, pp. 248, 254, 255, 263 e 269, vl. I.

27. Wilson Martins, *História da inteligência brasileira*, vol. VII, p. 211.

28. Ibid., p. 148.

BANDEIRA TRADUTOR OU O ESQUIZOFRÊNICO INCOMPLETO (PP. 182-196)

1. Na época em que José Paulo Paes escreveu este ensaio, de fato não havia

sido ainda publicada essa correspondência, lançada posteriormente pela Editora da Universidade de São Paulo (*Correspondência: Mário de Andrade & Manuel Bandeira*, org. de Marcos Antonio de Moraes, São Paulo, EDUSP, 2000). (N. E.)

2. No decorrer deste artigo, as remissões ao texto do *Itinerário de Pasárgada* (e de outras obras de Bandeira) serão feitas pela numeração da edição Aguilar de *Poesia e prosa* (PP) em dois volumes (I e II).

3. Paulo Rónai, *A tradução vivida*, Rio de Janeiro, Educom, 1976, p. 10. Bandeira traduziu o *Macbeth*.

4. Sérgio Buarque de Holanda e Francisco de Assis Barbosa, "Introdução geral" a PP, XCI, I.

5. Essas "traduções para o moderno" têm particular interesse para o estudo da *performance* de Bandeira tanto como poeta como tradutor. Exemplificam, quando mais não fosse, a sua labilidade no campo da expressão, em que se movimentava com o maior desembaraço entre os dois pólos do formalismo da língua literária tradicional e da desafetação vivaz da fala popular. Da sua intimidade com os clássicos da língua há reflexos confessos na sua versão de 4 sonetos de Elizabeth Barret Browning, de que diz: "O português dessas traduções contrasta singularmente com o dos poemas originais. É que na ginástica de tradução fui aprendendo que para traduzir poesia não se pode abrir mão do tesouro que são a sintaxe e o vocabulário dos clássicos portugueses. Especialmente quando se trata de tradução do inglês ou do alemão. A sintaxe dos clássicos, mais próxima da latina, é muito mais rica, mais ágil, mais matizada que a moderna, sobretudo a moderna do Brasil" [PP 78 II]. Em sentido oposto, do voluntário afastamento da dicção poética tradicional, é esta sua outra confissão: "o hábito do ritmo metrificado, da construção redonda, foi-se-me corrigindo lentamente à força de estranhos dessensibilizantes: traduções em prosa (as de Poe por Mallarmé)" [PP 33 II].

6. Roman Jakobson, *Lingüística, poética, cinema*, org. de B. Schnaiderman e H. de Campos, São Paulo, Perspectiva, 1970, p. 72.

7. Acho o conceito de "aproximação" mais fecundo que o de "equivalência". Equivalência supõe igualdade ou correspondência de valores de um para outro sistema, a língua-fonte e a língua-alvo, o que é muito discutível, precisamente por tratar-se de dois sistemas diferentes. Aproximação é um conceito menos ambicioso e por isso mesmo mais abrangente, particularmente no terreno da tradução poética, em que, mais do que em outro terreno qualquer, o traduzido não equivale ao original mas é um "caminho" até ele, para usar a feliz expressão de Ortega y Gasset em "Miséria y esplendor de la traducción", *Misión del bibliotecário*, Madri, Revista de Occidente, 1967, p. 130.

8. Na época em que José Paulo Paes escreveu este ensaio, de fato o termo não constava nos dicionários; hoje, porém, já consta nos dicionários *Houaiss* e *Aurélio*. (N. E.)

9. Esta e as definições a seguir são do *Novo dicionário da língua portuguesa*, de Aurélio B. de Holanda, Rio de Janeiro, Nova Fronteira, s.d., 1ª ed.

10. Roman Jakobson, "Aspectos lingüísticos da tradução", *Lingüística e comunicação*, trad. de I. Blikstein e J. P. Paes, São Paulo, Cultrix, 1969, p. 65.

11. Ortega y Gasset, "Miséria y esplendor", p. 106.

12. A expressão aparece no *ton* de Platão. Cf. W. K. Winsatt, Jr. e Cleanth Brooks, *Literary criticism, a short story*, Londres, Routledge & Keagan Paul, 1957, p. 6.

13. J.-K. Huysmans, *A rebours*, Paris, Gallimard, 1977, p. 331.

14. *Cartas de Mário de Andrade a Manuel Bandeira*, pref. e org. de M. Bandeira, Rio de Janeiro, Simões, 1958, carta de 1/6/1929.

SOBRE UM POEMA NÃO CANÔNICO DE KAVÁFIS (PP. 197-205)

1. "The 'new' poems of Cavafy". In Edmund Keeley e Peter Bien (orgs.), *Modern greek writers*, Princeton University Press, 1973, p. 126.

2. Ver particularmente "Poesia da gramática e gramática da poesia". In Boris Schnaiderman e Haroldo de Campos (orgs.), *Lingüística. Poética. Cinema*, São Paulo, Perspectiva, 1970. Nesse ensaio, salienta Jakobson que, sendo a poesia a "manifestação mais formalizada da língua" (p. 68), nela "toda reiteração perceptível do mesmo conceito gramatical torna-se um procedimento poético efetivo" (p. 72).

3. *Apud* Keeley e Bien, *Modern greek writers*, p. 125.

O FALSÁRIO VERDADEIRO (PP. 206-216)

1. Os dados para este artigo foram colhidos em: Paul van Tieghen, *Le préromantisme. Études d'histoire littéraire européenne*, Paris, Sfelt, 1948; *The poems of Ossian, translated by James Macpherson*, notas e introdução de William Sharp, Edinburgh, John Grant, 1926; verbete "Gaelic poetry", in Joseph T. Shipley (org.), *Dictionary of world literary terms*, London, Allen & Unwin, 1955; verbetes "Finn", "Fenian" e "Gaelic Ossian", *The Columbia-Viking desk encyclopedia*, Nova York, Dell, 1964; vários verbetes de mitologia celta, Tassilo Orpheu Spalding, *Dicionário das mitologias européias e orientais*, São Paulo, Cultrix, 1973.

2. Para se ter uma idéia da dicção ossiânica de Macpherson, leiam-se os dois fragmentos abaixo, cuja tradução procurou ater-se o mais possível ao original inglês, respeitando-lhe o caráter prosístico, em vez de parafraseá-lo em versos metrificados, como o fizeram os tradutores românticos de Ossian no Brasil:

"Estrela noite que desce! Bela é a tua luz no Ocidente! Ergues a tua coma de longos cabelos acima das nuvens; teus passos são majestosos sobre a colina. O que olhas na planície? Os ventos tempestuosos se acalmaram. Vem de longe o murmúrio da torrente. Ondas fragorosas escalam o distante rochedo. As moscas do entardecer voam com suas frágeis asas; soa pelo campo o zumbido do seu percurso. O que olhas, clara luz? Mas eis que sorris e que te vais. As ondas acorrem com júbilo à tua volta, para banhar-te a cabeleira encantadora. Adeus, silencioso raio! Que surja a luz da alma de Ossian!"

[...]

Colma

"É noite; estou sozinha, ao desamparo, no outeiro das tormentas. Ouve-se o vento na montanha. A torrente despenca pelos rochedos. Cabana alguma me abriga da chuva, a mim que estou ao desamparo no outeiro dos ventos.

Ergue-te, lua! Sai de trás das nuvens. Astros da noite, surgi! Que uma luz me guie até o sítio onde sozinho o meu amor repousa da caçada! Junto ao arco distenso, os cães a ofegar em derredor. Mas devo aqui sentar-me, solitária, ao pé da rocha da musgosa torrente. Bramam os ventos e a torrente. Não escuto a voz do meu amor! O que tarda o meu Salgar, o que tarda o chefe das colinas, sua promessa? Eis o rochedo e a árvore! Eis a torrente a rugir! Prometeste aqui vir quando fosse noite. Ah! Para onde foi o meu Salgar? Contigo eu fugiria de perto do meu pai, do meu altivo irmão; contigo. De há muito são inimigas nossas tribos, mas nós não somos inimigos, Salgar!

Pára um pouco, vento! Silencia um instante, torrente, para que ouçam minha voz. Ouve-me, viandante! Salgar, é Colma quem te chama. Eis a árvore e a rocha. Salgar, meu amor! Estou aqui. Por que tardas em vir? Vede, a calma lua surge. O rio brilha no vale. São pardas as rochas do alcantil. Não o vejo à beira do penhasco. Os cães não vêm à frente para anunciar-lhe a chegada. Devo aqui ficar sentada, solitária. Quem jaz perto de mim, na charneca? O meu amor e o meu irmão? Dizei-me, amigos meus! Não respondem a Colma. Falai-me: estou sozinha! Trago a alma aflita de temores! Ah! que eles estão mortos! O sangue do combate tinge-lhes as espadas. Oh meu irmão, meu irmão! Por que mataste o meu Salgar? Por que, Salgar, mataste o meu irmão? Ambos me eram tão queridos! Que poderei dizer para louvar-vos? Eras belo na colina, entre milhares de guerreiros! Ele era terrível na batalha. Falai comigo; ouvi-me a voz, filhos do meu amor! Mas eles emudeceram, para sempre emudeceram! Frios estão os seus peitos de argila, frios. Oh! desde a rocha na colina, desde o cimo do alcantil dos ventos, falai, espírito dos mortos! Falai, que eu não vos temerei! Onde fostes repousar? Em que furna da colina encontrarei os que partiram? Nenhuma voz ecoa na ventania, nenhuma resposta encoberta a meio pela tempestade. Aqui fico sentada com o meu pesar! Em lágrimas espero que amanheça. Erguei-vos da tumba, vós amigos dos mortos. Não a cerreis até que Colma chegue. Foge-me a vida como um sonho! Por que eu haveria de ficar para trás? Aqui repousarei com meus amigos, junto à torrente da rocha sonorosa. Quando a noite vier sobre a colina, quando soprarem os ventos ruidosos, meu espírito se erguerá em suas rajadas para chorar a morte dos meus amigos. O caçador ouvirá em sua tenda. Não haverá de temer, e sim de amar a minha voz! Pois doce ela será para os amigos meus: deleitosos eram os amigos de Colma!"

SOBRE AS ILUSTRAÇÕES DO ATENEU (PP. 217-235)

1. Mario Praz, *Literatura e artes visuais*, trad. de J. P. Paes, São Paulo, Cultrix, 1982, pp. 41, 54.

2. As citações do texto d'*O Ateneu* são feitas de acordo com a "7ª edição definitiva (conforme os originais e os desenhos deixados pelo autor)", São Paulo, Francisco Alves, 1949.

3. *Apud* Eloy Pontes, *A vida inquieta de Raul Pompéia*, Rio de Janeiro, José Olympio, 1935, pp. 218-9.

4. Ibid., p. 222.

5. Sidney D. Braun, *Dictionary of French Literature*, Nova York, Fawcet, 1964.

6. Charles Sanders Peirce, *Semiótica e filosofia*, trad. de O. S. da Mota e L. Hegenberg, São Paulo, Cultrix, 1972, pp. 116, 120.

FRANKENSTEIN E O TIGRE (PP. 236-244)

1. Ver José Paulo Paes, "Monte-Cristo cibernético", em Id., *Gregos e baianos*, São Paulo, Brasiliense, 1985, pp. 203-30.

2. David V. Erdman, *Blake: prophet against empire*, Princeton, N. J., Princeton University Press, 1954, p. 181.

3. F. W. Bateson, (org., introd. e notas), *Selected poems of William Blake*, Londres, Heineman, 1963 (1ª ed., 1957), p. 118.

4. *Apud* William Blake, *Poems/Poèmes*, trad., pref. e notas de M. L. Cazamian, Paris, Aubier-Flammarion, 1968, p. 14.

5. J. Bronowski, *William Blake: a man without a mask*, Harmondsworth, Penguin Books, 1954 (1ª ed., 1944), p. 17.

6. Bateson, *Selected poems of William Blake*, p. 138.

EPOPÉIA E MISÉRIA HUMANA
(PP. 245-252)

1. Simone Weil, *A condição operária e outros estudos sobre a opressão*, org. e apres. de Ecléa Bosi. Rio de Janeiro, Paz e Terra, 1979.

2. Robert Aubreton, *Introdução a Homero*. São Paulo, Universidade de São Paulo, 1953.

3. In Walter Benjamin, *Documentos de cultura, documentos de barbárie* (*escritos escolhidos*), sel. e apres. Willi Bolle, trad. de C. H. M. Ribeiro de Sousa e outros, São Paulo, Cultrix, 1986, pp. 160-75.

PINGUELOS EM GUERRA NO MATO E NA MALOCA
(PP. 260-270)

1. Ortega y Gasset, *La deshumanizacion del arte/Ideas sobre la novela*, Santiago do Chile, Cultura, 1937.

2. *Apud* Raphael Patai, *O mito e o homem moderno*, trad. de O. M. Cajado, São Paulo, Cultrix, 1974, p. 29.

3. Philip Wheelwright, *Metaphor & reality*, Bloomington, Indiana U. P., 1967, 3ª ed., p. 133.

4. Ernst Robert Curtius, *Literatura européia e Idade Média latina*, trad. de T. Cabral e P. Rónai, Rio de Janeiro, INL, 1957, p. 98ss.

5. Italo Calvino, *Por que ler os clássicos*, trad. de N. Moulin, São Paulo, Companhia das Letras, 1990, pp. 34 e 37.

CINCO LIVROS DO MODERNISMO BRASILEIRO
(PP. 271-303)

1. Em *Cavaquinho e saxofone* (*solos*), *1926-1935*, Rio de Janeiro, José Olympio, 1940, p. 306.

2. Afrânio Coutinho (ed.), *Obra crítica de Araripe Júnior*, Rio de Janeiro, Casa de Rui Barbosa, 1960, p. 479, vol. II.

3. "Manifesto da poesia pau-brasil" e "Manifesto antropófago", in Oswald de Andrade, *Do pau-brasil à antropofagia e às utopias. Manifestos, teses de concurso e ensaios*, Rio de Janeiro, Civilização Brasileira/ MEC, 1972. A "falação" de *Pau-brasil* é uma versão resumida e modificada do Manifesto da poesia pau-brasil; nas citações que se seguem, ambas as versões são utilizadas.

4. *Apud* Serge Fauchereau, *La révolution cubiste*, Paris, Denoel, 1982, p. 91.

5. Antonio Candido, *Literatura e sociedade: estudos de teoria e história literária*, São Paulo, Editora Nacional, 1965, p. 145.

6. Fauchereau, *La révolution*, p. 107.

7. Renato Poggioli, *The theory of the avant-garde*, trad. de G. Fitzgerald, Cambridge [Mass.], Harvard University Press, 1968, p. 62. Ver tb. pp. 35 e 107.

8. "Falação", in *Poesias reunidas. O. Andrade*, introd. e org. de Haroldo de Campos, São Paulo, Difel, 1966, p. 68.

9. As expressões entre parênteses, ao longo de todo este parágrafo, são do "Manifesto da poesia pau-brasil", *cit*. A última delas pertence ao seguinte trecho: "Apenas brasileiros de nossa época. O necessário de química, mecânica, de economia e de balística. Tudo digerido. Sem *meeting* cultural. Práticos. Experimentais. Poetas. Sem reminiscências livrescas. Sem compreensão de apoio. Sem pesquisa etimológica. Sem ontologia". Estas idéias, que serão retomadas por Oswald de Andrade no "Manifesto Antropófago" sob a fórmula do "bárbaro tecnizado de Keyserling" e desenvolvidas amplamente em "A crise da filosofia messiânica" (in *Do pau-brasil à antropofagia e às utopias, cit*.), têm a ver com o conflito filhos × pai subjacente à psicologia das vanguardas. No modernismo brasileiro de 22, o conflito assume conotação própria: a superação da polaridade bacharel × patriarca apontada por Luís Martins na geração abolicionista-republicana pela polaridade engenheiro × bacharel característica da geração que assistiu à (e participou da) industrialização do país. "Engenheiros em vez de jurisconsultos" é o que significativamente reclama o *Manifesto da poesia pau-brasil*.

10. No "Prefácio interessantíssimo" de *Paulicéia desvairada* (in Mário de Andrade, *Poesias completas*, São Paulo, Martins, 1955, p. 21), o poeta fala expressamente em "alma coletiva".

11. Ver *Cartas de Mário de Andrade a Manuel Bandeira*, pref. e org. de M. Bandeira, Rio de Janeiro, Simões, 1958, p. 293.

12. Mortimer Guiney, *Cubisme et littérature*, Genebra, Georg & Cie, 1972, p. 81.

13. Fauchereau, *La révolution...*, p. 138.

14. Ver introdução a *Poesias reunidas. O. Andrade*, cit.

15. Cotejo ainda mais ilustrativo se feito com base na tradução desses poemas para o português realizada por Teresa Thiériot que consta em: Blaise Cendrars, *Etc..., etc... (um livro 100% brasileiro)*, São Paulo, Perspectiva, 1976.

16. Ver Aracy Amaral, *Tarsila — sua obra e seu tempo*, São Paulo, Perspectiva, 1975, p. 75, vl. I.

17. *Apud* Telê Porto Ancona Lopez, *Mário de Andrade: ramais e caminho*, São Paulo, Duas Cidades, 1972, p. 170.

18. Expressão usada por Roland Barthes algures em *O grau zero da escritura*.

19. Frases de "falação", em *Pau-brasil*.

20. Antonio Candido, *Brigada ligeira*, São Paulo, Martins, s.d., p. 16.

21. Ver Aracy Amaral, *Tarsila...*, pp. 77 e 99.

22. Ver *Cavaquinho e saxofone*, cit., p. 341.

23. Citações de acordo com o texto de: Oswald de Andrade, *Obras completas*, vol. II, *Memórias sentimentais de João Miramar*, 3ª ed., *Serafim Ponte Grande*, 2ª ed., Rio de Janeiro, Civilização Brasileira, 1971.

24. Oswald de Andrade, *Um homem sem profissão — memórias e confissões. I- 1890-1919: Sob as ordens de mamãe*, Rio de Janeiro, José Olympio, 1954, p. 122.

25. *Op. cit., p.* 119.

26. As citações entre aspas, de declarações de Mário de Andrade, foram colhidas nos escólios de ordem crítica incluídas por Telê Porto Ancona Lopez na 2ª e 3ª partes de sua edição crítica de *Macunaíma*, Rio de Janeiro, LCT, Biblioteca Universitária de Literatura Brasileira, pp. 336 e 265.

27. Ver *op. cit.* na nota anterior, p. 338.

28. *Ibid.*, p. 38.

29. Ver Telê Porto Ancona Lopez, *op. cit.* na nota 17, pp. 111-6.

30. Ver *op. cit.* na nota 26, p. 325.

31. Ver *op. cit.*, na nota 1, pp. 250-1.

32. *Ibid.*, p. 379.

33. Antonio de Alcantara Machado, *Brás, Bexiga e Barra-Funda/Laranja da China*, São Paulo, Martins, s.d., p. 31.

34. Ver *op. cit.* na nota 1, p. 379.

O SURREALISMO NA LITERATURA BRASILEIRA (PP. 304-321)

1. Mário de Andrade, *Aspectos da literatura brasileira*, São Paulo, Martins, s. d. Primitivismo indígena no qual se inclui, quase escusava dizer, o *Macunaíma*. Às personagens dessa rapsódia emprestou Mário de Andrade "o processo onírico", observa Nestor Vítor, que acrescenta: "Como nós sonhamos à noite, assim vivem os seus personagens de dia. Tudo em torno desses imaginados seres é sonho e sonho". Também nas elipses de pensamento de *Clã do Jaboti* encontrou o mesmo crítico algo do "processo dos supra-realistas" (Cf. Nestor Vítor, *Os de hoje*, adiante cit., pp. 159 e 170).

2. Damaso Alonso, *Poetas españoles contemporaneos*, Madri, Gredos, 1952, pp. 286-7.

3. Antonio Candido, *Brigada ligeira*, São Paulo, Martins, s. d., p. 111.

4. *Apud* Wilson Martins, *História da inteligência brasileira*, São Paulo, Cultrix, 1978, v. II, p. 378.

5. *Apud* Basílio de Magalhães, *Bernardo Guimarães; esboço biográfico e crítico*, Rio de Janeiro, Anuário do Brasil, 1926, p. 116.

6. *Apud* Jacques Dubois et alii., *Retórica da poesia; leitura linear, leitura tabular*, trad. de C. F. Moisés, São Paulo, Cultrix, 1980, p. 61.

7. Ibid., p. 227.

8. Xavier Placer, *Adelino Magalhães e o impressionismo na ficção*, Rio de Janeiro, Liv. S. José, 1962, p. 44.

9. Nestor Vítor, *Os de hoje; figuras do movimento modernista brasileiro*, São Paulo, Cultura Moderna, 1938, p. 203.

10. Eugênio Gomes, *Prata de casa*, Rio de Janeiro, A Noite, s. d., p. 136.

11. *Apud* Gilberto Mendonça Teles, *Vanguarda européia e modernismo brasileiro; apresentação dos principais poemas, manifestos, prefácios e conferências vanguardistas, de 1857 até hoje*, Rio de Janeiro, Vozes, 1976, 3. ed. rev., p. 185. Todas as citações de Breton aqui feitas pertencem a essa tradução do manifesto de 1924.

12. Alfredo Bosi, *O pré-modernismo*, vol. V de "A literatura brasileira", São Paulo, Cultrix, 1966, p. 72.

13. Mário de Andrade, *A escrava que não é Isaura; discurso sobre algumas tendências da poesia modernista*, São Paulo, Liv. Lealdade (depos.), 1925, pp. 47, 73, 74 e 86.

14. Ibid., pp. 71, 70, 141 e 148.

15. Id., "Luís Aranha e a poesia preparatoriana", em id., *Aspectos da literatura brasileira*, pp. 58-60.

16. Mário de Andrade vê em Luís Aranha um "sobre-realismo *avant la lettre*" (Ibid., p. 59).

17. "O surrealismo no Brasil", comunicação ao XVII Congresso do Instituto Internacional de Literatura Ibero-americana em Filadélfia, EUA, 24-29 agosto 1975. Em *O processo da descolonização literária*, Rio de Janeiro, Civilização Brasileira, 1983, p. 131-42.

18. Reimpressão promovida por José Mindlin, São Paulo, Metal Leve, 1978.

19. Mário de Andrade, *O empalhador de passarinho*, São Paulo, Martins, s. d., p. 42.

20. Id., *Aspectos da literatura brasileira*.

21. In *Jornal do Brasil*, *Caderno B*. Rio de Janeiro, 12 de outubro de 1974.

22. Antonio Candido, *Brigada ligeira*, p. 114.

23. Ibid., p. 113.

24. In *Jornal do Brasil*, *Caderno B*. Rio de Janeiro, 12 de outubro de 1974.

25. M. Cavalcanti Proença, *Estudos literários*, Rio de Janeiro, José Olympio, 1971, p. 520-1.

26. Mário de Andrade, *O empalhador*, p. 54.

27. In A. Coutinho (dir.), *A literatura no Brasil*, Rio de Janeiro, Liv. S. José, 1959, v. III, t. I, p. 651.

28. Sábato Magaldi, *Panorama do teatro brasileiro*, São Paulo, Difel, 1962, p. 191.

29. Id., "Teatro: Marco Zero", in Oswald de Andrade, *O rei da vela*, São Paulo, Difel, 1967, p. 15.

30. Id., *Panorama do teatro brasileiro*, p. 206.

31. Não pude conseguir um exemplar desse livro para exame. Louvei-me em informação de Benedito Nunes (*Jornal do Brasil, op. cit.*). Nesta ordem de idéias, não devem ser esquecidos os poemas que, segundo confessa no seu livro *De poetas e de poesia*, Rio de Janeiro, MEC, 1954, p. 109, Manuel Bandeira compôs em sonho: "Palinódia" e "O lutador". Ambos, diz ele, foram surrealisticamente elaborados "de maneira inapreendida na franja da consciência", donde o hermetismo de que se revestem, até mesmo para o seu próprio autor.

32. Sérgio Milliet, *Panorama da moderna poesia brasileira*, Rio de Janeiro, MEC, 1952, p. 67.

33. Em *Pavão parlenda paraíso*, tentativa de descrição crítica da poesia de Sosígenes Costa, assinalava eu que "O dourado papiro" constituía uma descida profunda até as "camadas arquetípicas da simbologia ofídica". Procurei também ali demonstrar como esse poema de reverberações entre surrealistas e psicanalíticas antecipava as posições da moderna antipsiquiatria.

34. Frase de Péricles Eugênio da Silva Ramos citada por Domingos Carvalho da Silva no verbete "Neomodernismo" do *Pequeno dicionário de literatura brasileira*, org. por M. Moisés e J. P. Paes, São Paulo, Cultrix, 2. ed. rev. e ampl., 1980.

35. Lawrence Lipton, *The holy barbarians*, Nova York, Grove Press, 1959, p. 227.

Fontes

Obras de José Paulo Paes das quais foram selecionados os ensaios deste volume

Mistério em casa. São Paulo, Conselho Estadual de Cultura/ Comissão de literatura, 1961 ("O régio saltimbanco" e "Ainda Machado de Assis").

Gregos e baianos. São Paulo, Brasiliense, 1985 ("Um aprendiz de morto", "Sobre as ilustrações d'*O Ateneu*", "O *art noveau* na literatura brasileira", "O surrealismo na literatura brasileira", "Sobre um poema não canônico de Kaváfis", "Frankenstein e o tigre").

Tradução: a ponte necessária. São Paulo, Ática, 1990 ("A tradução literária no Brasil", "Bandeira tradutor ou o esquizofrênico incompleto").

A aventura literária. Ensaios sobre ficção e ficções. São Paulo, Companhia das Letras, 1990 ("O pobre-diabo no romance brasileiro", "Cinco livros do modernismo brasileiro").

Transleituras. São Paulo, Ática, 1995 ("Uma microscopia do monstruoso", "O falsário verdadeiro").

Os perigos da poesia. São Paulo, Topbooks, 1997 ("Para uma pedagogia da metáfora", "Erudito em grafito", "Revisitação de Jorge de Lima", "O poeta/profeta da bagunça transcendente").

O lugar do outro. São Paulo, Topbooks, 1999 ("O escritor que fugia de si mesmo", "Pinguelos em guerra no mato e na maloca", "Por direito de conquista", "O amigo dos bilhetes", "Epopéia e miséria humana").

Índice onomástico

Ackerman, Fritz, 162
Aguiar, conde de, 158
Aillaud, J. P., 165
Albuquerque, Lucílio de, 82
Alencar, José de, 166
Almeida, Fernando Mendes de, 316
Almeida, Guilherme de, 179, 184
Almeida, Manuel Antônio de, 166
Almeida, Moacir de, 93
Alonso, Damaso, 305
Alves, Castro, 47, 128, 162
Amado, Genolino, 177-8
Amado, Gilberto, 52, 70
Amado, James, 179
Amado, Jorge, 72
Amaral, Amadeu, 93
Amaral, Tarsila do, 286
Amoedo, Rodolfo, 219
Anacreonte, 160, 168
Andrade Filho, Oswald de (Nonê), 334
Andrade, Carlos Drummond de, 72, 129, 176, 178, 318

Andrade, Cordeiro de, 70
Andrade, Mário de, 12, 72, 128, 130, 136, 182, 196, 260-1, 271, 274-5, 277-9, 286, 292-5, 297-9, 304-5, 308-9, 311-2, 316, 328, 333, 337-8, 358n
Andrade, Oswald de, 86, 88, 130, 184, 218, 273-5, 279, 283-4, 286-8, 290-3, 298, 316-7, 334, 336, 357n
Andres, pe., 215
Anglas, Boissy d', 158
Anjos, Augusto dos, 84, 95, 99-104, 128, 221, 307
Antônio, João, 336
Apollinaire, Guillaume, 130-1, 274, 347-8n
Aragon, Louis, 308
Aranha, Graça, 84, 86, 88
Aranha, Luís, 309
Araripe Júnior, 88, 169, 272
Araújo, Paulo, 172
Araújo, pe. Antônio de, 156-7

Aretino, Pietro, 325
Arinos, Afonso, 87
Aristófanes, 266
Aristóteles, 109-1, 113, 346-7n
Arrigucci Jr., Davi, 13
Arrojo, Rosemary, 181
Artaud, Antonin, 321
Arvers, Félix, 169
Ascher, Nelson, 179
Ash, Sholem, 175
Assis, Machado de, 11, 19, 22, 30, 44-6, 48-9, 147, 166, 168, 170-1, 220, 291, 341n
Assolant, A., 187
Ataíde, Tristão de, 75-6, 296
Aubreton, Robert, 246
Auden, W. H., 179
Aymard, Gustave, 166
Azevedo, Aluísio, 53-4, 56, 63, 70, 171
Azevedo, Álvares de, 154
Azevedo, Artur, 171

Balzac, Honoré, 176
Bandeira, Antônio Rangel, 319
Bandeira, Manuel, 92, 123, 125, 129, 176, 178-9, 182-3, 185, 187-90, 192-4, 196, 205, 352n, 360n
Barbosa, Adoniran, 11
Barbosa, Domingos Caldas, 159
Barilli, Renato, 79, 99
Barrault, Jean-Louis, 334
Barreto, Lima, 56, 58, 63, 70
Barreto, Rozendo Muniz, 145
Bastos, Tavares, 163, 169, 172
Bateson, F. W., 240
Batista, Josely V., 179
Baudelaire, Charles, 102, 122, 168, 171-2, 179, 265, 280, 304
Beardsley, Aubrey, 78, 83, 173, 218
Beaumarchais, Pierre de, 171

Becker, Cacilda, 184, 334
Beethoven, Ludwig van, 25-6
Belinky, Tatiana, 179
Benjamin, Walter, 248, 249
Benn, Gottfried, 100
Bernadelli, Henrique, 219
Bernard, Charles, 166
Bernardini, Aurora Fornoni, 179
Bester, Alfred, 236
Bilac, Olavo, 171, 278
Bing, Samuel, 78
Blake, William, 136, 179, 208, 218, 236, 238-42, 244
Bocage, 159
Bonaparte, Napoleão, 165, 208
Bonifácio, José, 160-1, 209, 350-1n
Bonvicino, Régis, 179
Bopp, Raul, 135, 293
Borges, Jorge Luis, 125, 179, 314
Bosch, Hieronymus, 98
Bosi, Alfredo, 11, 75, 85-6, 308, 327, 343n
Bosi, Ecléa, 245-6
Bourget, Paul, 170
Braga, Gentil Homem de Almeida, 164
Braga, Rubem, 178
Braun, Sidney D., 223
Brecheret, Victor, 299
Brecht, Bertolt, 179
Breton, André, 116, 304-6, 308, 310, 313, 315, 318, 320-1
Brígido, Leopoldo, 173
Brito, Glauco Flores de Sá, 324
Brito, Paula, 48
Broca, Brito, 10, 13, 45, 76, 83, 154, 165
Broch, Hermann, 178
Brontë, Emily, 178
Browning, Elizabeth Barret, 185, 193, 196, 352n
Brueghel, pintores, 98

Bruna, Jaime, 180
Buckle, Henry Thomas, 170
Buechner, Georg, 101
Burroughs, Edgar Rice, 187
Busatto, Luiz, 142
Byron, Lord, 154, 161-4, 168, 208

Cabral, Álvaro, 179
Caetano, Batista, 166
Cajado, Octavio Mendes, 176
Caldas, Sousa, 159
Calímaco, 142
Callado, Antônio, 179
Callot, Jacques, 98
Calvino, Ítalo, 270
Caminha, Pero Vaz de, 285
Camões, Luís de, 142, 250-1
Campos, Augusto de, 93, 172, 180, 237
Campos, Geir, 179, 181
Campos, Haroldo de, 86, 180, 283
Camus, Albert, 64
Candido, Antonio, 157, 159, 274, 289, 305, 314, 320
Cardoso, Lúcio, 178
Cardoso, Sérgio, 334
Carlos, J., 82
Carneiro, Cecílio J., 70
Carneiro, Diogo Gomes, 157
Caro, Herbert, 176
Carone, Modesto, 179
Carpeaux, Otto-Maria, 184
Carroll, Lewis, 314
Carvalho, Elísio de, 173
Carvalho, Flávio de, 334
Cascudo, Luís da Câmara, 51
Cassirer, Ernst, 264
Cavalheiro, Edgard, 175, 254
Cavalheiro, Egard, 334
Céline, Louis-Ferdinand, 304

Celso, Afonso, 170
Cendrars, Blaise, 273, 284
Cepelos, Batista, 172
Cervantes, Miguel de, 67
Cesarotti, Melchiore, 209
Cézanne, Paul, 273
Champigneulle, B., 78, 87
Chardin, Teilhard de, 177
Chateaubriand, François René, 165-6, 208
Cícero, 36
Clark, 208
Claudel, Paul, 273
Cocteau, Jean, 278, 348n
Coelho Neto, 87, 220
Coelho, Furtado, 46
Cohen, Jean, 113, 348n
Coleridge, Samuel Taylor, 122, 182
Comte, Augusto, 169
Cooper, Fenimore, 165
Correia, Raimundo, 49, 168
Cortázar, Julio, 314
Costa, Cláudio Manuel da, 157
Costa, Cruz, 176
Costa, Dorinha, 334
Costa, Hipólito José da, 158
Costa, Samuel Guimarães da, 324
Costa, Sosígenes, 94, 116, 319, 360n
Costallat, Benjamim, 85, 86
Courbet, Gustave, 99
Cousin, Almeida, 180
Coutinho, Afrânio, 75, 310
Couto, Pedro do, 45
Croce, Benedetto, 125
Cruls, Gastão, 178
Cruz e Sousa, 172
Cunha, Euclides da, 84, 88, 89, 170, 221, 272, 291
Cunha, Fausto, 13, 87, 322
Curtius, Ernst Robert, 267

D'Abeville, Claude, 285
D'Annunzio, Gabriele, 83, 92, 289
D'Eu, conde, 171
Damasceno, Darcy, 179
Dante Alighieri, 67, 169, 171-2, 180, 229-30
Darwin, Charles, 88, 98, 101
Daudet, Alphonse, 170
De Chirico, Giorgio, 310
De Maistre, Joseph-Marie, 17
Debussy, Claude, 173, 334
Dehmel, Richard, 91
Dekobra, Maurice, 292
Di Cavalcanti, Emiliano, 82
Dias, Gonçalves, 162, 287
Dias, Teófilo, 168
Dickens, Charles, 176
Dickinson, Emily, 192
Diderot, Denis, 208
Doellinger, 169
Donato, Mário, 334
Doré, Gustave, 169
Dória, Franklin, 164
Dostoiévski, Fiódor, 52, 170, 178
Dubois, Jacques, 307
Dubugras, Victor, 82
Dumas, Alexandre (filho), 167-8
Dumas, Alexandre (pai), 165-6, 236
Dumonoir, 167

Eckman, Carlos, 82
Eggonópoulos, Níkos, 115, 117, 120, 126
Eliot, T. S., 132, 179, 214
Elísio, Américo (pseudônimo de José Bonifácio), 160
Éluard, Paul, 185, 308, 347n
Emmery, 167
Endell, August, 80

Ésquilo, 164
Eulálio, Alexandre, 8, 12, 313

Faria, Idelma Ribeiro de, 179
Faria, Otávio de, 178
Fernandes, Millôr, 179
Ferreira, Ascenso, 140
Ferreira, Sousa, 219
Feuillet, Octave, 166
Fielding, Henry, 176
Figueiredo, Guilherme, 179, 181
Flaubert, Gustave, 68, 99
Fleiuss, Henrique, 46
Fonseca, Gondim da, 173
Fontenelle, Manuel Benício, 147-8
Fontes, Martins, 94
Freire, Ezequiel, 219
Freitas, José Antônio de, 171
Freud, Sigmund, 116-7, 144, 321, 347-8n
Friedrich, Hugh, 118-9
Frobenius, Georg, 108
Fusco, Rosário, 305, 313

Gallé, Émile, 78, 80
Galvão, Ramiz, 166
Gama, José Basílio da, 157-8
Gama, Luís, 145
Gama, Marcelo, 93
Gandavo, Pero de Magalhães, 285
Garcez, Lucas Nogueira, 332
Garcia Márquez, Gabriel, 314
Gaudí, Antoni, 78, 81, 86, 95
Gauguin, Paul, 80, 99
Gautier, Théophile, 168
Genet, Jean, 178, 304
Genette, Gérard, 105, 117, 135
Georg, Stefan, 78
Gibbon, Edward, 211

Ginsberg, Allen, 179, 321
Ginzburg, Carlo, 14
Giordano, Cláudio, 254
Godwin, William, 240
Góes, Fernando, 91, 93, 174, 334
Goethe, Johann Wolfgang von, 31, 68, 162, 184, 193, 209, 326
Gold, Michael, 177
Gomes, Eugênio, 169, 308
Gonçalves, Ricardo, 172
Goncourt, Edmond de, 84, 78
Goncourt, irmãos, 84, 170, 222, 223
Góngora, Luís de, 119, 157, 194
Goulart, João (Jango), 335
Gourmont, Remy de, 174
Govoni, Corrado, 186
Goya, Francisco de, 98
Graciano, Clóvis, 334
Grasset, Eugène, 80
Gray, Thomas, 216
Greimas, A. J., 199
Grieco, Agripino, 159, 169, 179
Grindel, Paul-Eugène, 185
Grünewald, José Lino, 180
Guarnieri, Camargo, 334
Guérin, Charles, 186
Guimaraens Filho, Alphonsus de, 192
Guimaraens, Eduardo, 171
Guimarães, Bernardo, 306
Guimarães, Pinheiro, 154, 163
Guimard, Hector, 78
Guinsburg, Jacó, 179
Gumplowicz, Ludwig, 88

Haddad, Jamil Almansur, 178
Haeckel, Ernst, 101
Harold, Edmond de, 208
Hauser, Arnold, 86
Hegel, Georg Wilhelm Friedrich, 238

Heidegger, Martin, 126, 127
Heine, Heinrich, 161-2, 168, 171, 184, 186
Hemingway, Ernest, 175
Heráclito, 126, 127
Herder, Johann Gottfried von, 162, 209, 211-2, 215
Heredia, José María de, 168, 172
Hermand, Jost, 90-5
Herzog, Vlado, 336
Hesíodo, 160
Hesse, Hermann, 314
Hitler, Adolf, 177
Hobbes, Thomas, 88
Hofmannsthal, Hugo von, 118
Hokusai, Katsushika, 98
Holanda, Aurélio Buarque de, 176
Holanda, Sérgio Buarque de, 187
Hölderlin, Friedrich, 126, 184
Home, John, 207
Homero, 66, 111, 114, 142, 160, 211, 212, 246-51
Hopkins, Gerard Manley, 125
Horácio, 36
Horta, Victor, 78, 81
Houaiss, Antônio, 161
Huber, 169
Hugo, Victor, 49, 54, 161-3, 166, 168, 171, 278
Huizinga, Johan, 108
Huxley, Aldous, 175
Huysmans, J. K., 96-9, 102-4, 195

Ingres, 98
Ivo, Ledo, 143, 179, 189, 192

Jacob, Max, 274
Jakobson, Roman, 112, 126, 190, 192, 198, 199, 347n, 353n
Jesus Cristo, 105-7, 132, 141

João da Cruz, são, 179
João VI, d., 145, 158-9
Joyce, James, 132, 161, 176, 180, 214,
  305, 322
Junqueira, Ivan, 179

Kafka, Franz, 9, 314
Kannelopoulos, 139
Kaváfis, Konstantinos, 197-9, 202-5,
  214
Kazantzákis, Nikos, 142, 178
Keeley, Edmund, 197, 198
Keyserling, Hermann, 273, 287, 297,
  357n
Khayyam, Omar, 178
Khoury, Mário da Gama, 180
Kilkerry, Pedro, 93, 172
Kipling, Rudyard, 175
Klimt, Gustav, 78
Klopstock, Friedrich, 209
Koch-Grünberg, Theodor, 295
Koerne, 162
Koestler, Arthur, 161
Krähembuhl, Olívia, 179
Kristeva, Julia, 114, 118
Kubitschek, Juscelino, 335

La Fontaine, Jean de, 51, 164
Labiche, Eugène, 171
Lacerda, Nair, 179
Laforgue, Jules, 179
Lamartine, Alphonse de, 161-2, 164,
  168, 208
Lara, Agustín, 331
Lautréamont, Comte de, 179, 304, 321
Lavernay, A. de, 166
Leal, Antônio H., 162
Leão, A. Carneiro, 163
Lear, Edward, 116
Leitão, Lima, 159

Leite, Sebastião Uchoa, 179
Leminski, Paulo, 179
Lemos, Cirilo de, 164
Lemos, Miguel, 169
Lenau, Nikolaus, 162, 184, 186
Leonardos, Stela, 179
Lessa, Pedro, 170
Lévi-Strauss, Claude, 111-2
Lévy-Bruhl, Lucien, 111, 274
Lifar, Serge, 334
Lima, Jorge de, 138-42, 172, 179,
  310, 313
Lima, Sérgio, 179
Limeira, Zé, 151
Linhares, Temístocles, 323-4
Lins, Osman, 155, 336
Lipton, Lawrence, 320
Lisboa, Rosalina Coelho, 173
Lobato, Monteiro, 172-5, 218, 253-9,
  326-7, 334
Lochner, Stefan, 98
London, Jack, 175
Longfellow, Henry, 164
Longino, 106
Lopes Neto, Simões, 87
Lorca, Federico García, 119, 179
Lorrain, Jean, 83
Loti, Pierre, 170
Luís, Pedro, 169
Lukács, Georg, 66, 68

Macedo, Joaquim Manuel de, 145,
  167, 188
Machado, Alcântara, 271-2, 289,
  299-303, 331
Machado, Aníbal, 315
Machado, Dyonélio, 51-2, 63-4, 70
Machado, Gilka, 93
Machado, Leão, 70
Mackintosh, Charles Rennie, 78

Macpherson, James, 163, 206-8, 210-6, 353-4n
Madách, Imre, 176
Maeterlinck, Maurice, 172
Magaldi, Sábato, 316-7
Magalhães Júnior, R., 45-6, 179
Magalhães, Adelino, 86, 307-8
Magalhães, Gonçalves de, 161
Magalhães, Valentim, 219
Maia, Alcides, 87
Maia, Prestes, 336
Malfatti, Anita, 299
Mallarmé, Stéphane, 113, 123, 128, 168, 172, 180, 189-90, 317, 352n
Maluf, Paulo, 336
Manet, Édouard, 99
Mann, Thomas, 176
Maranhão Sobrinho, 94
Marinetti, Filippo, 278
Marques, Oswaldino, 179
Marques, Xavier, 85
Martins, Aldemir, 334
Martins, Luís, 144, 357n
Martins, Wilson, 154, 157, 162, 165, 167, 177, 323-4
Martius, Carl von, 162
Marx, Karl, 238, 245-6
Masé, Jean, 170
Matos, Gregório de, 157, 272
Mattos, Dalton de, 181
Mattoso, Glauco, 150-2
Maughan, Somerset, 176
Maupassant, Guy de, 170
Maurois, Andre, 187
Meireles, Cecília, 176, 179
Meleagro, 160, 350n
Melo Neto, João Cabral de, 129, 317-9, 336
Melville, Herman, 175
Mendelssohn, Felix, 210

Mendes, Manuel Odorico, 142, 160
Mendes, Murilo, 129, 131-2, 135-7, 310-3
Mendonça, Lúcio de, 148, 169
Merchert, J. A., 170
Metastasio, Pietro, 157-8
Miceli, Sérgio, 71
Michelet, Jules, 48
Mickiewicz, Adam, 161, 168
Milhaud, Darius, 273
Millay, Edna St. Vincent, 192
Miller, Henry, 320
Milliet, Sérgio, 179, 184, 194, 318, 334
Milton, John, 142, 238
Mindlin, Betty, 261-3
Mindlin, José, 206, 325
Miranda, Marlui, 262
Moisés, 106
Moisés, Massaud, 157
Molnár, Ferenc, 176
Monet, Claude, 99
Monteiro, Maciel, 161
Montoya, pe., 166
Morais Neto, Prudente de, 310
Morand, Paul, 292
Moréas, Jean, 172
Moreau, Gustave, 89, 99
Morejón, Julio Garcia, 180
Morgenstern, Christian, 179
Morris, William, 77-8
Motta, Flávio L., 76, 82, 345n
Moura Jr., João, 179
Moura, Agenor Soares de, 179
Moura, Caetano Lopes de, 165
Mucha, Alphonse, 78
Munch, Edvard, 78, 86
Muricy, Andrade, 91, 94, 128
Musil, Robert, 178
Musset, Alfred de, 161-2, 168, 186, 208

Nabuco, Joaquim, 87, 154-5
Nejar, Carlos, 179
Neruda, Pablo, 179, 333
Nery, Ismael, 131, 310
Nieremberg, 157
Nietzsche, Friedrich, 79, 88, 91, 100, 173-4
Nóbrega, Mello, 169
Nogueira, Almeida, 306
Nunes, Carlos Alberto, 180

Oliveira, Mendes de, 94
Oliveira, Valente d', 157
Olona, Luis de, 171
Ortega y Gasset, José, 78, 118, 195, 262, 352n
Ossian, 160, 163, 206-8, 209, 211-6, 353-4n
Otaviano, Francisco, 163, 209
Otoni, José Elói, 159
Ovídio, 159, 264, 270

Pacheco, Felix, 171
Palazzeschi, Aldo, 186
Paranapiacaba, barão de, 164
Pascal, Blaise, 105-6, 108
Passos, Pereira, 83
Pavlovitch, Anton, 327
Paz, Octavio, 181
Pederneiras, 82
Pedro II, d., 144-5, 147, 164, 183-4, 219
Peirce, Charles Sanders, 224, 346-7n
Peixoto, Afrânio, 83, 85
Peladan, Sâr, 173
Peletan, 48
Pennafort, Onestaldo de, 94, 176
Pereira, Astrogildo, 45
Pereira, Lúcia Miguel, 44-5, 84, 176
Péret, Benjamin, 179

Perse, Saint-John, 214
Pessoa, Fernando, 168, 204
Picasso, Pablo, 132, 274
Picchia, Menotti del, 299, 333
Picchio, Luciana Stegagno, 129, 131-2
Pignatari, Décio, 180, 217
Píndaro, 160, 350-1n
Pinheiro, Xavier, 169
Pinto, Armando Ribeiro, 324
Pinto, Carlos, 170
Pissarro, Camille, 99
Pitágoras, 173, 309
Piva, Roberto, 321
Placer, Xavier, 307
Platão, 114, 125, 176, 263, 347n, 353n
Poe, Edgar Allan, 142, 168, 173, 352n
Poggioli, Renato, 274
Pompéia, Raul, 84, 86, 217-23, 225, 227-8, 233, 235
Pontes, Eloy, 219, 222
Pope, Alexander, 158, 163
Portinari, Candido, 134, 312
Pound, Ezra, 142, 180, 214
Prado, Paulo, 271, 276, 283, 289, 296
Praz, Mario, 92, 100, 130, 218
Prestes, Luís Carlos, 333
Prévert, Jacques, 315
Proença, Cavalcanti, 315, 359n
Proust, Marcel, 176
Prudhomme, Sully, 186
Putnam, Samuel, 177

Quadros, Jânio, 335
Queiroga, Antônio Augusto de, 163
Queiroga, Salomé, 163
Quevedo, Francisco de, 157
Quintana, Mário, 176

Racine, Jean, 171
Ramos, Alberto, 173

Ramos, Graciliano, 59, 61, 63
Ramos, Guerreiro, 73
Ramos, Hugo de Carvalho, 87
Ramos, Péricles Eugênio da Silva, 179, 316, 360*n*
Rangel, Godofredo, 179, 254-8, 326
Rebelo, Marques, 302
Redon, Odilon, 80, 98-9, 102, 104
Rego, José Lins do, 178
Reis, Álvaro, 172
Reis, Antônio J. F. dos, 170
Reis, João Gualberto F. S. dos, 164
Renan, Ernest, 164
Renault, Abgar, 179, 185, 190
Renchino, 157
Reverdy, Pierre, 120, 280, 348*n*
Ricardo, Cassiano, 93
Ricoeur, Paul, 123, 125
Riemerschmid, Richard, 81
Rilke, Rainer Maria, 78, 179
Rimbaud, Arthur, 117, 179, 189, 216, 265, 304
Rio, João do, 83-5, 173
Rocha, Justiniano José da, 165
Rodenbach, Georges, 172
Rodrigues, Nelson, 317
Romains, Jules, 277, 278
Romero, Sílvio, 73, 153, 160, 163-4, 170, 272
Rónai, Paulo, 176, 179, 181, 186
Rosa, Guimarães, 322
Rosas, Ernâni, 92
Rosegarten, 162
Rosenfeld, Anatol, 100
Rossetti, Cristina, 193
Rossetti, Dante-Gabriel, 173
Rostand, Édmond, 172
Rousseau, Jean-Jacques, 158, 159, 203, 211, 273
Roux, Saint-Pol, 318

Rubião, Murilo, 314
Ruskine, John, 77

Sá-Carneiro, Mário de, 92
Saint-Exupéry, Antoine de, 175
Sales, Artur de, 94
Salles, David, 85
Salomão, rei, 159
Samain, Albert, 172
Santarrita, Marcos, 179
Santiago, Silviano, 315
Santos, Ismênia dos, 47
Santos, José Maria dos, 145
Sartre, Jean-Paul, 334
Savídis, Giórgios, 197, 198, 204
Schieffer, professor, 219
Schiller, Friedrich, 162, 168, 184, 212
Schmidt, Augusto Frederico, 178
Schnaiderman, Bóris, 178, 180
Schongauer, Martin, 98
Schopenhauer, Arthur, 79, 100
Scott, Walter, 165
Serrurier-Bovy, Gustave, 78
Seurat, Georges-Pierre, 99
Shakespeare, William, 27, 169, 171, 176, 179, 186, 238
Shelley, Mary, 167, 236, 240-1, 243-4
Shelley, Percy Bysshe, 29-30, 40-1
Silva, Domingos Carvalho da, 179
Silva, Dora Ferreira da, 179
Silva, J. Alexandre da, 159
Silva, João Manuel Pereira da, 165
Silva, Quirino da, 334
Silveira, Brenno, 179, 181
Silveira, Joel, 179
Silveira, Valdomiro, 87
Simon, Iumna Maria, 181
Singopoulos, Alekko, 198
Smiles, Samuel, 170
Smith, 208

Soares, A. J. de Macedo, 162
Soares, Órris, 128
Sócrates, 195
Soffici, Ardengo, 186
Soído, Antônio Cláudio, 163
Soupault, Soupault, 306, 308
Sousa, Afonso Félix de, 179
Sousa, Colombo de, 324
Sousa, José Cavalcanti de, 180
Sousa, OtávioTarqüínio de, 178
Souto, J. J. Vieira, 167
Souza, J. Galante de, 45, 46
Spalding, Tassilo Orfeu, 180
Spix, Johann Baptiste von, 162
Spronceda, 162, 164
Steene, Edla van, 129, 139
Stendhal, 84, 222
Sterne, Laurence, 17
Stowe, Harriet Beecher, 167
Stravinski, Igor, 132
Svevo, Italo, 178
Swinburne, Algernon, 92
Sylvestre, Armand, 171

Tácito, Hilário, 85-6
Tagore, Rabindranath, 171, 179
Taunay, Visconde de, 170
Tavares, Bráulio, 151
Teixeira, Múcio, 168
Teles, Gilberto Mendonça, 139
Theo Filho, 85
Theodor, Erwin, 180-1
Tieghen, Paul van, 207
Tiffany, Louis, 78
Toorop, Jan, 78
Toulouse-Lautrec, Henri de, 78, 80
Trevisan, Dalton, 52, 302, 323-7, 332-3
Trótski, Lev, 245
Trovão, Lopes, 146

Turgueniev, Ivan, 170
Tzara, Tristan, 274, 283, 304, 308

Uhland, Ludwig, 162
Ungaretti, Giuseppe, 186

Valéry, Paul, 179, 189, 190, 315
Valloton, Félix, 78
Van Gogh, Vincent, 99
Varela, Fagundes, 46, 163-4, 209
Várzea, Vergílio, 187
Velde, Van der, 78
Vellinho, Moysés, 51-2
Veloso, Dario, 172
Verhaeren, Émile, 172, 186, 277-8
Veríssimo, Érico, 176
Verlaine, Paul, 171, 176
Verne, Jules, 170-1
Verona, Guido de, 292
Viana, Ferreira, 145
Vico, Giambattista, 212
Vieira, José Geraldo, 176
Vila da Barra, barão da, 169
Vilar, Pethion de, 172
Villon, François, 179, 186
Virgílio, 142, 160, 229, 350n
Visconti, Eliseu, 80, 82
Vítor, Nestor, 172, 308, 358n
Vizioli, Paulo, 179
Voltaire, 158, 160, 208, 211, 275, 297
Voltolino, 82, 301

Wagner, Richard, 27, 209, 341n
Wald, Fanny, 166
Wallace, Edgar, 175
Walpole, Horace, 216
Walters, Judith, 168
Weil, Simone, 11, 245-51
Wells, H. G., 175

Wheelwright, Philip, 264

Whistler, James, 78, 80, 95

Whitman, Walt, 131, 179

Wilde, Oscar, 78, 83, 92, 173, 317

Willer, Cláudio, 179, 321

Williams, William Carlos, 120, 142

Wollstonecraft, Mary de, 167

Woolf, Virginia, 176

Woolstonecraft, Mary, 240

Wordsworth, William, 179

Xavier, Fontoura, 46, 145-8

Xenofonte, 183

Yeats, William Butler, 179

Young, 160, 208

Yourcenar, Marguerite, 178

Zagury, Eliane, 179

Zaluar, Emílio, 166

Zola, Émile, 170

Zorro, Joham, 34

ESTA OBRA FOI COMPOSTA PELA PÁGINA VIVA EM MINION E IMPRESSA
PELA GEOGRÁFICA EM OFSETE SOBRE PAPEL PÓLEN SOFT DA SUZANO
PAPEL E CELULOSE PARA A EDITORA SCHWARCZ EM OUTUBRO DE 2008